决战职场

跨国公司总裁邢军给你的贴心忠告

邢 军 —— 著

复旦大学出版社

序言一 一首绚丽的生命之歌

李一诺

没有告诉过邢军,我第一次知道她是在很多年前,从济南姥姥家的一份报纸上看到的人物报道上。

那时候,我博士毕业,在麦肯锡工作,刚刚回到中国,在医药领域做项目,因此看到这篇报道印象深刻——女博士,海归,医药行业高管,还是山东人。虽然报道的具体内容我记不清了,但那是一篇优秀的报道,展现出来的邢军能力强,人大气,作风干练,又特别有亲和力。

几年后,我们做一个战略咨询项目,我带麦肯锡团队竞标。客户那一边坐着的一排人里面,有邢军,她是抗肿瘤业务的负责人。项目会议虽然很严肃地开着,但是我心里面,有一种在现实中见到报纸上看到过的新闻人物的新奇和兴奋感。开完会我们都到茶水间,我去和邢军搭讪,说起我们是老乡,我至今还记得她爽朗的笑。

后来项目做完了,我们成了朋友。再后来到 2014 年,我们有了"奴隶社会"公众号。同一年,邢军的生活也发生了不曾预期的巨大转折,她的小儿子,十岁的乐乐,被诊断出恶性脑瘤,他们全家回美国给孩子治病。

我知道这个消息的时候,完全失去了回应的能力。那时候,我的老三刚出生,老大、老二也都很小,我完全无法想象那种孩子得了绝症的决堤般的痛苦。2015 年,邢军写了一篇文章,题目是《选择坚强因为爱》,讲了她在孩子治疗最初大半年的心路历程。她提到,从孩子确诊,到手术,到术后的挑战,痛苦和坚持。她写到:"妈妈切身体会到了心疼的滋味,那是心被刀一块一块分割的滋味,我希望世界上任何一个妈妈都不要有机会体会那种滋味。"我看得泪如雨下,心疼不已,很久都不敢回看那篇文章。

但就是在这样的绝境里,邢军坚持全职高管工作,照顾孩子,安排生活,做着家庭的精神领袖,和她先生一起,托举着孩子,每天和病魔进行着没有硝烟的战争。她说,疲惫的时候,看到她先生的朋友圈签名是丘吉尔的话:"If you are going through hell, keep going",中文意思是:"如果你在经历地狱,那继续前行",就又给自己打了鸡血,抖擞精神,再坚持下去。这种精神和力量,让我肃然起敬。

在漫长的孩子治疗过程中,邢军内心一直保持着积极的状态。2017年圣诞节前的一天,我俩通话,她说她准备写职场系列文章,一周一篇,我们商定发表在"奴隶社会"上。我当然很高兴,她职场打拼多年,横跨大洋两岸,从基层做到高管,从科研人员华丽转身到商场精英,把这些经历提炼出来,对读者肯定是无价的馈赠。但我自己也写文章,我很清楚地知道写一篇好文章需要耗费怎样的时间和精力。她还在全职工作,家里有患癌的小儿子和马上申请大学的大儿子。所以当她说可以每周一篇的时候,我虽然满口答应,但心里觉得可能做不到,我想,做不到也没关系,她什么时候写就什么时候发。没想到,从2017底到2019年初的一年多的时间里,邢军果真是一周不停,六十多周的时间写了六十多篇文章。每周她的文章准时发来,从不迟到,连圣诞和新年都从未爽约。文章涉及职场的方方面面,从面试,到处理同事关系的棘手问题;从时间管理,到职场影响力;从如何应对难搞的领导,到如何自己做领导。看到这一篇篇充满亲和力又干货满满的文章,我心里只有无限的敬佩。

其实写这六十多篇文章的一年多里,乐乐的病情一直在向不好的方向发展。邢军告诉我,这每周一篇的节奏,让她在压力和无助中找到了一片宁静和寄托。2017年,乐乐与病魔斗争三周年,邢军做了一次英文 TED 演讲,她把演讲翻译成中文,写了一篇文章叫《勇于相信并创造奇迹》。她讲到家里的四个英雄:乐乐,乐乐的哥哥,爸爸,和他们收养的一只狗 Reese。每个家庭成员,都用自己的方式乐观面对生活的巨大挑战。她讲到乐乐的化疗:"Chemo wiped away his hair, but not his sense of humor",中文意思是:"化疗夺走了乐乐的头发,却夺不走他的幽默感。"我记得文中有一张照片,是乐乐把一个大柚子皮扣在掉光头发的头上当帽子,还说那是世上最独一无二的帽子。看着乐乐苦中作乐,我心疼,更多的却是感动。邢军说:"勇敢的人,不是从不落泪,而是愿意含泪奔跑。"邢军和她的家人,就是一直在这样奔跑的人。

后来,在与病魔顽强斗争了近五年后,乐乐还是离开了我们。我很难想象在生命的最后阶段,乐乐、邢军和她的一家人都经历了什么。失去年少的孩子,这大概是人生之最痛吧。在生命深处的告别,我不知道是怎样的历程,我想应是无尽的空洞和黑暗,也是不得不放下,在黑暗的尽头,去努力寻找光吧。

在静默了四个月后,邢军接受了新的挑战,回到中国,担任大型跨国公司的全球高级副总裁和大中华区总裁,她又一次踏上了新的旅程,又一次以她积极向上的精神,开启了生活新篇章。现在再回头看这六十多篇文章,有着特殊的价值和意义:它不仅是职场过来人写的一本职场完全手册,也是一段被至暗时刻洗礼过的人生记录,是一首无比绚丽的生命之歌。

2021 年 9 月 13 日

(李一诺:曾任麦肯锡全球董事合伙人、盖茨基金会中国区首席代表,创办"奴隶社会"公众号,一土教育创始人。)

序言二 将帅之才,心安理得

李元旭

人生离不开智慧,职场是体现智慧的主战场,如何决战职场是一门学问。"学问之道无他,求其放心而已矣"(《孟子·告子章句上》),安心为第一步功夫,心安,不简单;然后理得,则心静如水;理得不易,用理更难。本书作者邢军博士求学于美国顶级名校,深耕于世界500强跨国公司,从普通员工到基层管理者、中层管理者乃至高层管理者都做得有声有色,现任世界级企业中国区CEO及全球副总裁,乃商界将帅之才,在心安、理得、用理三个方面均有较深的感悟。作者以礼齐家,勇入商海,十磨九炼,事业终有所成,她结合自己的经历,现身说法,为世立言。整本书体现了作者仁、智、勇的品德,引导人们道器兼修,理性、智慧地生活和工作,展现了作者奉献社会的格局和境界,展现了其通志除患、发光做盐的境界和修为。

本书以当下青年读者关心和焦虑的职业发展为中心,重点围绕不同情形下企业员工和管理者的自我提升、职场发展、人际关系,以及工作和生活两者的平衡来展开,对人生多种角色的行为方式及逻辑进行思考。每个主题以现实问题为导向,提出了切实可行的应对措施,通志除患,发光做盐,与读者共享宝贵的人生经验,主要涵盖以下内容——

首先,自我提升,达到强己、强家、强国的目的。在大变局时代,奋斗者需要争分夺秒,本书告诉读者如何高效、精细地管理时间,即使只有15分钟,利用好了,也能起到良好的效果。"不可为典要,唯变所适"(《周易·系辞下》)。面对世界的强大和自我的渺小,终身学习是应变之策,是保持清醒、自信及活力的法宝。面对压力及负面情绪,找对方法,也能安然度过低谷期。提高公众演说能力,提升领导力,未雨绸缪,甚至培养"狼性"精神,都是作者大力提倡的提升自我的有效手段。将相本无种,人人当自强,强大才有力量,既要强己,更要强家、强国。

其次,职场发展,应该充满正知正见。"蒙以养正"(《周易·蒙卦》),"正"是与身俱来的,失正,则拨乱返正。养正的入口处在于改变器质,自成器,成大器,最后则"君子不器"(《论语·为政》)。作者详细再现了职场发展的各种场景,手把手教授应对技能,告诉读者要用心做人、认真做事以及适度"作秀"。做事不要大而化之,要用心深细,可以孤而听之,但不要孤而行之。从职业规划、年度总结、会议组织等日常工作,到升职、加薪、跳槽、空降等特殊场景,作者都从领导和员工的角度进行了全面的剖析,提出了"德位相配"的力行之术。对于一般职场书籍容易忽略的负面事件,作者也给出了专业周到的解答,例如怎样与小人斗争,职场人士阅读后可以现学现用。职场中既有团结也有斗争:团结能人干大事,团结好人干实事,团结小人不坏事;不回避斗争,即使斗争,也要斗智、斗勇、不斗狠,不做斗争牺牲品。

再次,人际关系,尊重人性,群而不党。处理人际关系是职业发展的重要环节,作者提供了拓展人脉、选择职场导师和教练等高阶玩法。本书不仅强调与现任领导的有效沟通,把领导看成人而不是神,也提供了化解尴尬的妙招。比如如何对待前任领导,做到好聚好散;如何对待未来领导,做到择善而从;甚至当昔日平级变成领导时,如何及时做好角色转换。面临人际关系问题时,拓展与加固是我们常有的思维,作者在书中反其道而行之,提出了"留白"的艺术,值得我们深思。但是,仅靠关系能对社会有多大贡献?人必须有所长,才能为政、为师、为商,有专长至少可以谋生。一个人要有所为,既要有良好的人际关系,也要有技术专长,乃至于有大格局、高认知。专业人士在专业之外往往还不如常人,做事不要太主观,要承认自己智慧的不足。尊重人性,利用人性,而不挑战人性！天下没有一个人做成的大事业，必须有二三知己，群德群力，以组织对组织，而不是以个人对组织。

最后，平衡家庭和工作，齐家才能平天下。工作是人生的一部分，家庭是人生的港湾，"夫妻聚于义，阴阳合其德"，"妻者，齐也"（《白虎通·嫁娶》），男女完全平等，齐家以礼。在一个个小故事中，作者结合自己的亲身经历，讲述了平衡好家庭和工作关系的技巧和艺术。"万物皆有备于我"（《孟子·尽心上》），作者感同身受地给出了应对压力、焦虑等负面情绪的建议，对于大家未曾关注的朋友圈的困扰，作者也给出了平衡的良策。对于工作和生活的挑战，作者的态度不是见义必逃，而是见义必为，有破、忍、化、立的功夫，也有义、能、周、乐的境界。

作者凭借丰富的人生经验，以"过来人"或"同路人"的身份，与社会新人、职场同仁分享所思所想，娓娓道来，来一次一对一的畅谈。与其它职场类书籍相比，本书确有独到之处，其特点在于简易实用，充满理性，努力探求职场"进退存亡"（《周易·乾卦》）的箴言——

首先，敢说敢言，真诚动人。书中没有陈词滥调，读者难以找到答案的问题在本书中也有探讨，尤其是对于职场潜规则、公司政治、现实压力、"坑"和"套路"等问题都给出了应对之术，给读者带来了启发。"人心惟危，道心惟微；惟精惟一，允执厥中"（《尚书·大禹谟》），"大道之行也，天下为公"（《礼记·礼运》）。敞开了说，摊开了聊，在职业生涯中，摒弃小气、娇气、傲气，要有大气、义气、忠厚的品质，积极向上的人生态度和爱国情怀，遇到挫折时"意诚心正"，不忘人生的价值和意义。

其次，分阶段讲述，简易可行。在当今社会，求学、求职、升迁、跳槽、育儿等阶段性问题都非常有代表性。升迁时做到"时至而不失之"，斗争时斗智不斗气，自保时靠"仁、智、勇"。无论从事什么工作，无论身处什么级别，读者结合自己的经历，或许会产生共鸣，感到被人理解，如释重负。当然，部分读者可能还未经历一些阶段，不妨将作者的分享作为故事来读，为自己的未来锚定方向。

再次，返璞归真，温暖心灵。本书言辞犀利、真诚动人，用词朴实无华，不讲大道理，不秀专业术语。作者用亲身经历教会读者直面自己的需求，了解自己的人生，挥别不经意的疲惫状态，做好自己能做的一切，把握今天，着眼未来。儒家言"正"，道家言"真"，道家所谈的"真人"就是儒家所谈的"直人"，"人之生也直"（《论语·雍也》）。好名者必作伪，贪利者必智昏，好权者必跋扈。做人不可迷信，不能惑于欲，用"真"对待整个世界。相信本书会给陷入焦虑的青年人带来慰藉，给茫然无助的职场人带来希望，给躁动不安的社会带来宁静。

最后，女性视角，不让须眉。在职场竞争中，由于家庭及社会对女性有更多的角色要求，她们不会因为性别受到任何的优待，往往承载着更多的压力。作者从女性视角出发，以职业发展为主线，结合自己作为女儿、妻子、母亲等多重角色的经历，分享人生不同阶段的经验和感悟，为广大女性读者解惑，也向男性读者展示不一样的奋斗历程，真正做到了巾帼不让须眉。

本书旨在涤荡心灵，宽慰人生。作者以其跌宕起伏的人生经历和沉着冷静的深刻思考，为读者展现人生的各种可能性，预测可能面临的困难，在为读者提出可操作的建议和方法的同时，为大家带来正能量。人生沉浮，细读此书，帮助读者在初出茅庐时多点从容，职场拼搏时知己知彼，功成名就时保持清醒，失意倦怠时获得安慰，既能勇攀人生的高峰，也能安于人生的低谷，"素其位而行"（《礼记·中庸》），接纳自己，享受人生。

请思考一下，在"太平世"有哪个年轻人没有志向，而又有多少人能成其志？有成者必是上智者、天机深、有功力，也需要高尚的品德，天下之大，有德者居之。"博学之，审问之，慎思之，明辨之，笃行之"（《礼记·中庸》）。本书是否有所立？有待于读者和时间的考验，是为序。

2021年9月26日　于思源教授楼

（李元旭：复旦大学管理学院教授、博士生导师。）

自序　职场 or 生活，勇敢跑步前进

邢　军

我的 2021 年，只有一个 Flag，就是手捧这本书，把它的油墨醇香献给我的小儿子乐乐，这是我作为妈妈的念想和心意。

书中收录的六十篇文章，是我以专栏作者的身份发表在热门公众号"奴隶社会"专栏"职场邢动力"上的优质文章集结，其中十多篇成为"10 万+"爆款文。这些文章发表于 2017 年 12 月至 2019 年 2 月间，每周二早上 8 点与网友见面，从未爽约。那段时间，正是我生活旅程中最艰难的时段。彼时，我的小儿子正在与恶性脑瘤进行着艰苦卓绝的斗争；大儿子正处在申请大学的最关键时刻；而我，则在制药头部企业的美国全球总部担任高管，职场上过的是每天"晨总会"（早晨总开会）与"夜总会"（夜里总开会）交织的日子。

压力山大的时光，每周要写三四千字，还要保证可持续性和每篇文字的"含金量"，这确实是一个不小的承诺。我为啥要自讨苦吃，给自己加这个码？原因大致有如下几个——

第一，把经验系统化，给成长中的"后浪们"提供一些帮助。

这么多年，我自己从"后浪"成长起来，既当领导又做下属，纵、横两轴的零散经验俯拾皆是，掉过坑也摔过跤，好在咱不算笨，从吃过的亏中，归纳总结，总有些东西可以提炼，总有些东西可以透过现象看本质，透过皮毛看精髓。幸运的是，我从小被父母教育"得语文者得天下"，虽然一直学理科，但积累了一点文字功底，用理科的逻辑把脑子里的那点料用文字的方式表现出来，倒也是件愉悦的事儿。下笔的过程也是一

个自我批评的过程。因为要写出来给那么多人看,必须倒逼自己去把那些我平常自以为正确的东西再思考一遍,世上虽没有完美的理论,但是经过三思的东西,通常可信度会大一些。

因为有了专栏的归纳,我应邀在各种论坛中做职场、管理,或者领导力之类的演讲时,准备工作变得相对容易,因为原料早已被预先炮制,拿起一个应景的话题延伸出去,可以洋洋洒洒或中文或英文脱稿讲上几十分钟。有时,同事或朋友找我商讨职场问题,因为有专栏的系列文章在,很多问题的讨论也变得更有条理,更有效率,更加有的放矢。

第二,对教育孩子有用。

受我父母的影响,我一直在努力做孩子们的导师。专栏文章开篇的时候,我的大儿子正处于水深火热的大学申请阶段,而整个写专栏文章的过程,我目睹了他从写申请材料的惶恐、等待面试的焦虑直至收获被多所学校录取的喜悦,以及做出最终抉择的纠结。我用专栏文章中说的一些道理,陪伴他走过了这人生中最重要的章节之一。无论是时间管理,还是面试准备,抑或是正确缓解压力,这些都从侧面给儿子提供了一些帮助。能被极难取悦的零零后接受,我这个当妈的有点受宠若惊。我准备继续和天下许多自愿"犯贱"的父母一样,追着他成长的脚步,奉上岁月为我们打磨出的智慧。这,算是超出我预期的额外收获。

第三,给重压下的自己,创造一片宁静的空间。

写这些文章的一年多的时间,正是我的小儿子与恶性脑瘤做最艰苦斗争的时段。尽管我们竭尽全力,孩子的病情还是一步步地走向恶化,作为妈妈,经过好多个无助夜晚的思考后,我想明白了,无论孩子的病情发展多么凶险,我必须做孩子的天,做全家的啦啦队长。要做好这个双重角色,必须持续地给自己创造并输入正能量,只有给自己不断输入正能量,才能可持续地把斗志和精神输出给家人。对我来说,写作能帮助我在重压中找到一片宁静和寄托,每周六晚上,在规定的时间(9

点到12点），规定的地点（厨房一角的书桌），我安静地做文字生产者。构思素材的时候，想象着厨房那边正慢炖快炒，一碗一盘人间烟火，而我在厨房这边精雕细琢，一字一句职场春秋，把苟且与诗和远方糅在一起，加工处理，就烹制出每周一篇的职场文字。这些文章，因为糅进了烟火气，所以更加接地气。每篇文章，力求以拨云见日为宗旨，谢绝所有油腻废话，力争干货当道，直奔职场热点与痛点。

每篇文章在公众号发表后，我都能收到很多读者的中肯反馈和积极转发。其中十多篇被多个公众号转载，成为"10万+"爆款文。我也因为专栏文章而结识了诸多志同道合的朋友，这些朋友，成为我在帮助儿子与恶疾顽强斗争过程中的温暖使者，是我在一次次几近被打倒的人生至暗时刻的难能可贵的支撑。朋友们的鼓励，帮我撑过了今天又撑明天，让我一天天熬了过来。

这本书有机会与读者见面，首先要感谢复旦大学出版社的李又顺编辑及刘西越编辑，他们认真负责、精益求精，把书中的每一篇文章细致打磨，力求经得起推敲，也感谢出版社其他人士的努力和幕后默默无闻的劳动。

感谢公号"奴隶社会"的创始人一诺和华章，以及费腾和志芳两位编辑，是他们的信任和努力，让这些职场文章有了最初的传播途径。感谢我的两位职场密友，自愿当每篇文章的第一读者，给出各种中肯、犀利的建议。感谢所有认识的朋友和不认识的读者的阅读鼓励和批评建议。感谢不分晴天雨夜支持我逐梦赶路的亲人和友人。感谢与我风雨同舟的职场小伙伴们。我一直坚信，职场和生活是相通的，很多职场上的道理，生活上同样适用。比如，勇敢的跑步前进，虽不能保证成功，但至少能够增加成功的几率。这种坚持，在长期主义的复利下，可以积累成奇迹。

2021年9月5日

目录

01 职点迷津

谁说"职场女性破不了天花板"？4招帮你解决它！ / 003
这个原则，让你在职场如鱼得水 / 008
8条干货让你的时间翻倍 / 013
15分钟的碎片时间可以做什么？ / 018
去精细管理时间，别被时间精细管理 / 024
开会要都能这么高效又融洽，该多好 / 030
在各款交活期限压力下不差地活好 / 035
6招帮你成为靠谱达人，立马可用 / 041
那个一定要掌握的本领 / 046
那些高尚的"投机取巧" / 052
职场拽英文很难吗？并不！ / 058
当众讲话，真的比死亡更可怕？ / 063
职场中说"不"的学问 / 068

02　识人职道

高质量人脉,是所有职场上行的加速器	/ 077
与领导高效沟通?实用8招帮你制胜	/ 082
对付小人和负能量的5个有效招数	/ 088
职场得意,怎能没有幕后推手?	/ 093
让我们来谈谈"前任"	/ 099
想知道,你在领导心中有前途吗?	/ 103
当昔日平级上位成为你领导……	/ 108
想摊开说说公司政治	/ 113
职场如江湖,你够义气吗?	/ 118
那些潜台词,都是话里有话	/ 122
让我们吵一场有技术含量的架	/ 128
领导的得力干将,长这样	/ 134
遭遇领导发脾气,可以这么办!	/ 139
遇上不喜欢的人,如何打交道?	/ 144

03　品牌职造

素养如怀孕,早晚会凸显	/ 153
留白有术分寸有度,是高段位的成熟	/ 158
勤奋,自律,说人话	/ 163
厚道才是真精明	/ 169
脸皮厚,走得远	/ 174
改天是哪天?别让随意性毁了个人品牌	/ 179
有一种不堪叫用力过猛	/ 185
有点狼性,才能成为狠角色	/ 190
挣五千花一万,大气者成大器	/ 195
打造职场影响力的3张王牌	/ 199
还不是领导?先学学领导范儿	/ 204

04　求职必得

你人有所值，薪情大好了吗？　　　　　　　　　　/ 213
年末盘点 7 件事，让你今年不白干　　　　　　　　/ 218
想跳槽吗？且慢，看完这篇再跳不迟　　　　　　　/ 224
年底了，你会把自己"卖"个好价钱吗？　　　　　　/ 229
新年新气象，从更新简历开始　　　　　　　　　　/ 235
新年马上要做的自私事儿　　　　　　　　　　　　/ 241
春节假期，这 7 件"要事"你做了几件？　　　　　　/ 247
舒适区舒服，却不是该常待的地方　　　　　　　　/ 252
面试官的"阴暗"心理，你知几分？　　　　　　　　/ 258
你不可不知的 6 个面试潜规则　　　　　　　　　　/ 264
揭秘面试 6 大陷阱问题，帮你绕过那些经典"坑"　　/ 270
职场空降兵成功生存的 8 大黄金法则　　　　　　　/ 276

05　人间职得

滚蛋吧！压力君　　　　　　　　　　　　　　　　/ 285
情绪银行理财秘笈　　　　　　　　　　　　　　　/ 291
负面情绪来袭，要智取　　　　　　　　　　　　　/ 296
比兴趣和热爱更重要的　　　　　　　　　　　　　/ 302
送你一碗去油腻的清澈鸡汤　　　　　　　　　　　/ 307
你的人生世界杯怎样巧妙晋级？　　　　　　　　　/ 311
脆弱时刻，我曾获赠的金玉良言　　　　　　　　　/ 316
在薄情的微信朋友圈中深情地活好　　　　　　　　/ 322
车行老司机点醒我的 8 个人生道理　　　　　　　　/ 327
留美 20 年，一路走来的 4 点置顶提示　　　　　　　/ 331

职 点迷津

谁说"职场女性破不了天花板"？4招帮你解决它！

我曾经对三八妇女节很抵触，因为我坚定地认为这个节日的设立本身就是对女性的最大歧视。直到有一天，我在机场听到两个男人之间互赞"够爷们儿"，引发了我的头脑风暴。我的故乡山东有俩词儿，名义上是名词，实则多数时候当形容词用，且褒贬明确。这俩词就是"爷们儿"和"娘们儿"。"爷们儿"指的是性情大气不磨叽，做事果断敢担当的男人，这词简直是高度褒奖没商量。"娘们儿"往往指的是黏黏糊糊、斤斤计较，前怕狼来后怕虎的女人，明摆着的贬义。

偶尔，我看到磨磨叽叽、优柔寡断的男人，不禁会发牢骚，这男人怎么这么"娘们儿"！我说这话时总是脱口而出。我家人回敬，你名义上是碾压了男人，其实贬低的是你的同类，当然也包括你自己。还真是！有时夸姐妹超级能干，经常张口就来一句"女汉子"，还加上"比爷们儿还能干"。这哪是表扬女性，分明是给男人贴金呀。"爷们儿"代表着能干，"娘们儿"嘛，好像就没多少出息的意思。

想到这，我吓了一跳。我经常被人贴上"成功职业女性"的标签，也曾在无数场合宣扬女性绝不比男人差。结果日常生活中的我，字里行间透着对自己性别的贬损。看来，革命尚未成功，同志尚需努力。我们的确需要有仪式感的节日来一遍遍地提醒、倡议、呐喊，为女性的美丽绽放创造更好的社会生态。

今天拿打破职场玻璃天花板来说事儿。

▶ **女性职场玻璃天花板**

玻璃天花板用来比喻职业女性的无形壁垒,特指有能力的女性被限制而无法晋升到高层位置。我曾被问过:您认为职场玻璃天花板存在吗?当然!我们看看周围,从商界到政界,从厨师到裁缝,在初级以及中层水平,性别比例都还算均衡。然而看看高层,女性不及男性的几分之一。对这种现象,我们经常听到两种绝对的声音:第一种是简单粗暴的"女性成不了大器"的错误结论;第二种是怨妇声音,抱怨社会不公,对女性不友好。很少有人问为啥会有针对女性的职场玻璃天花板。东西方职场走了好几遭后,我发现了几个原因——

第一,榜样少,优秀参照少。都说榜样的力量是无穷的。男性们信手就可以找出好几个他可以称之为努力目标的优秀人物,而因为做到高层的女性少,"她力量"就变得难得,这也影响了不少女性奋斗的信心,因为她们会在心底质疑:成功的几率这么低,值得尝试吗?

第二,多数女性会有几年的生理延误期。我们在生活中要承担许多男人不必承担的天职,包括生育职能以及社会赋予母亲的许多理所当然的义务。生一俩娃,孕期加哺乳期,两三年就过去了,你认为职场男人会等你公平竞争吗?你认为职场会专门停摆把晋升机会留给孕产妇吗?当然不会。职场是没有性别的,占天时地利人和者胜出,所以,没有生理负担的男性多了优势。

第三,贵人相对少。职场的晋级,不是所谓的越努力就越成功,不是仅靠自我奋斗就万事大吉的简单线性逻辑。这中间,需要有多维的推手——肯为你说话、肯为你争取、肯为你花政治资本推你前进的力挺你的贵人。有些男性领导,因为性别顾虑,怕招致不必要的风言风语,为了避嫌,未必愿意做女性的贵人。而且女性领导本来就不多,还不是每个人都肯做后辈们的贵人,更何况有的女性领导尤其不爱帮助女性,因为她有个奇怪的心理：我自己没啥人帮忙披荆斩棘，好不容易走到今天，凭啥我给你做人梯，为你找捷径？唉，无语！

第四，我们接受的乖巧教育帮了倒忙。横贯东西方，多数女孩子从小被鼓励听话、懂事、遵守规则，而具备这些素质会使多数女性因为执行力强，在初级岗位上完美胜任。然而，越往高层，规则下的完美表现所体现的价值变得越来越低，随着职位的提升，更被看重的素质是突破性思维，勇于冒险的精神和打破常规的创新意识。而这些是与乖巧教育背道而驰的。相比之下，男人们因为少有这些乖巧教育的束缚，而多了一些优势。

▶ 打破玻璃天花板的四条对策

我们探究了女性职场玻璃天花板的可能成因，那么该怎么办？我们知其然，又知其所以然，就是为了探究出解决方案。

◉ 对策一：找个好榜样

找个身边的或远方的榜样级人物，观察、揣摩此人的关键成功因素。这个榜样，可以是女性，因为她经历的挑战，遭遇的障碍可能和你相似，或许她的成功更容易借鉴。但榜样也可以是男性，这也许可以帮助你跳出性别思维定式，获得额外收获。毕竟，优秀的人的特质很多时候是有共性的。

◉ 对策二：杜绝怨妇心态，积极面对

这一条其实非常重要，却常常被我们忽视。我们对生理延误期带来的劣势照单全收，因为这是我们自己的家庭选择，毕竟我们收获了孩子、收获了母爱。如果我们决定重返职场再续晋级梦，我们要做的，是跑步前进，把失去的时间补回来，当然这意味着付出更多的努力，牺牲一些睡眠和娱乐，也意味着需要更高效的精力管理和时间管理。我们应努力改变自身，而不把时间浪费在抱团当怨妇上。因为那样既改变不了现状，更帮不了自己。

● 对策三：勇敢地去想、去要、去争取

做管理这么多年，我发现了一个现象：当有一个吸引人的位置出现时，假如有十条资格要求，男性们往往会去主动争取，一条一条地说自己是如何如何可以胜任，哪怕其实他只符合其中七条，他也会铆足劲儿去争取。而多数女性呢，往往会谦虚地对着那十条，看哪一条自己还不够资格，心想：这十条，我其实只符合七条，我可能不行吧。这就是典型的"自制天花板"。你需要知道，这世上几乎从来没有完美的候选人，只要你符合大部分资格，就去争取，去给自己创造机会。

● 对策四：找一个好队友

人生战友，也就是你的配偶，很重要，他决定了你职场成功指数的一半。因为当你成家以后，职业决定是个家庭决定，如果你的梦想是在职场不断进军，那么另一半的支持不仅重要，而且必须。这意味着他要帮你分担家务，他要在你需要冲刺的时候适当牺牲，他不一定非要为你摇旗呐喊、加油助威，也不需要逢人就说以你为荣，他却需要有意愿以行动为你托底，做你真正意义上的队友和盟军。毕竟，职场上行的路本身就已充满艰辛，家里再多个拖后腿的得让你多么心力交瘁。

玻璃天花板其实是个讨论了好几代的话题了。虽然情况在改善，但距离本质改变，距离真正意义上的性别平等还差得远。怎样系统性地解决这个问题？怎样帮助我们的下一代，使她们在职场上不用经历我们经历的这些困惑和纠结，我想到了从影响我们自己的孩子做起，从今天做起，用鼓励赋予她们改变现状的勇气。我也想起了我父亲的教导。

二十多年前我出国留学之际，我爹和我说："优秀男人有两个标配素质，缜密的理性思维和强大的心理素质。如果女人有了这两样，她会比男人更出色，因为女人比男人更清醒、更自律、更经得起各种诱惑。我希望你朝这个方向努力。"用今天时髦的词儿来说，我爹堪称女性领导力的先驱,他不只倡导,还有理有据,令人信服。

多年的鸡汤熬成了鸡精。我爹教科书级的熏陶渗透融进了我的血液。这种渗透一直带给我勇敢、信心和力量,无论是在我春风十里之时,还是雨雪交加之际;无论是在我职场顺利上升时,还是遭遇瓶颈时。我始终觉得是"老爹牌"的赏识教育,把积极正向的人生态度注入了我的基因,我用同样的态度对待玻璃天花板,用主观能动性去推动改变,从自己可以改变的地方做起。

这个原则,让你在职场如鱼得水

写这篇文章的灵感,来自一个我亲身经历的小故事。

年底休假前的一天,我赶着把各项任务落实,从一大早开始开会,中午连饭都没吃,一直忙到下午近四点,突感饥寒交迫,忙赶去咖啡厅,想趁他们打烊前去买个面包或者香蕉什么的。可是我忘了,因多数人已休假,那一周公司咖啡厅在下午三点就提前关门。

我急匆匆赶到时,只剩下一位女士在收拾东西,她笑盈盈地对我说:"抱歉我们打烊了!我也可以回家抱儿子了!"我无奈地边转身边说:"祝我好运吧,一天汤水未进,希望我身上剩下的能量能撑到回家。"要知道,我们公司这里是非美国大都市的地广人稀的乡下,不像京上广那样出门就是便利店。方圆几里地内,能觅到食的地方仅限公司的这间咖啡厅了。

那位女士听到我的自言自语,愣了一下,叫住我,转身从冰箱里拿出一个标价一块九毛九的小果盘说:"拿去吃吧!"我赶紧拿出两块钱,连声道谢。她却说:"你忙得一直没吃饭,这个果盘算我们年末答谢客人的吧,不要钱。"我说:"你关门了还卖货给我,我已很感谢了,哪能还不给钱?"她说:"你我都工作努力,明天我和老板打个招呼,我相信老板一定会赞成我回馈辛苦工作的客户的!再说收银机已经关了,按照规定我不该再收钱,快吃吧,新年快乐!"

我不知再怎样谢绝,看了一眼果盘有效期,三天以后才过期。我说:"那让我换个快到有效期的吧,把明天到期的给我就行。这一盒你还可以再卖两天。"她连忙摆手说:"No,No,No,我诚心给你的,别管那么多了,快吃吧!"两分钟的温暖交流,让我感动不已。普通打工女一枚,想客户所想,遵守规矩(关了收银机就不能再收钱)却又善于通融(回馈特殊情况下的老客户),她的老板一定也是心地好并善于授权之人,否则她难有如此的主人公态度。

恰好我来,恰好她在,她的善举,如冬日暖阳,热度刚刚好。这位女士,是把原则与实际进行合理通融的典范。

在职场上,铿铿锵锵不打折扣死守原则其实不难,因为这不需要思考,只需要机器人式的执行力。难的是能够在不违背大原则的前提下,审时度势,必要时作适当妥协,达到最佳平衡的结果。

写到这里,我想到了飞蛾扑火的另类解读。也许飞蛾是刚正,拼死坚持自己的原则和理念,然而,纵然火里有自己在坚持或者想坚持的东西,可是只有活下来,你才有可能去让原则实现啊!自己先投身火海了,殉葬能起到多少警醒作用尚不知,它还能追求什么呢?所以,坚持原则也有个度。

必要的时候,把原则揉一揉,揉成椭圆形,我将它简称为"椭原则",意为原则的灵活化,貌似不可解决的事情也许就迎刃而解了。这适当的妥协,在舞场上也体现得淋漓尽致。跳双人舞时,能进时,向前跨一步;不能进时,就后退一步,总之双方要保持舞步和谐,至少避免踩到对方的脚。懂得进退方为智者。

职场上规矩多多,原则多多。规矩在很多时候不仅是必要的,而且是必须的。否则,没有规矩,不成方圆。然而,我们更应该清楚地认识到,规矩如流程一样,是我们管理的工具,我们不能沦为规矩的奴隶。规矩既然是人定的,就应该允许特事特办,在特定情况下打破规矩。

例如,公司里,晋升往往有在本公司最少工作年限的规定,这个规矩是有道理的,是基于多年的经验而制定的。然而,我们必须留有破格晋升这个口子。这个特殊通道,可以鼓励优秀者冒尖,吸引外部优秀人才加入,推动团队内良性竞争,起到激励留才的积极作用。

当然,打破规矩必须有两个前提:第一,这样的案例必须少而精,打破规矩不能成为常规操作,而且必须有严格的审批程序,否则如果人人都想着去无原则地破坏规矩,说明这规矩本身有问题,或者人们对规矩没有敬畏,迟早要出乱子。第二,其实也是第一条的延伸,打破规矩的受益人必须是经得起推敲的,是令人信服的。为Ta打破规矩能让人心悦诚服。若此,管理者会得到"人性化管理"的美誉,而此举的受益人也将备受鼓舞,再接再厉。

那么,什么情况下可以考虑把原则揉成"椭原则"?这真是个含金量很高的问题,要视情况而定,很难一概而论,对是否可以把原则椭圆化的判断需要经验、智慧,和对此时此刻具体情况的全面了解,需要一事一议,很难教科书化。遇到拿不准的时候,请教信得过的职场导师现场指导或者遥控把脉,很有帮助。

这里我分享以下三种可以考虑"椭原则"的情况,抛砖引玉——

第一,不触及职场雷区。

举几个简单的雷区例子:上下级之间的婚外情,财务欺骗,公报私仇等,这些都是触及道德底线的原则问题,无法椭圆化。

第二,经过风险评估,预计这个破例不会引起公愤,不会影响大局稳定性。就上面提到的破格晋升来说,如果此人能力平平,纯粹凭关系就平步青云的话,做决定的领导需要掂量此举可能导致的严重挫败集体积极性的后果,甚至会直接导致能人离职等损失。

第三,以人为本的特事特办。比如有些公司实行末位淘汰制,这是公司的硬性制度。但是,即使坚硬如金属,还有在不同物理条件下的柔软性灵活度。如果按照规定即将被淘汰的员工面临家庭重大变故,此时对规则的适当变通就充满人情味。不把人逼到死角,不把事情做绝,在任何状况下留有余地,是每个职场人特别是管理者都应该铭记并落实到行动上的原则。

给原则提供灵活性是挑战大众的做法,不从众很多时候是有风险的，是要付出代价的。为了减少不必要的风波，在决定把原则椭圆化的时候应做好三件事，这三件事的核心是沟通：和领导沟通，和平级沟通以及和受益方沟通。

第一，和领导达成共识。不要抱着侥幸心理，认为可以偷偷把这事儿做了，天知地知领导不需要知道。得到领导共识有几个好处：一是你有人托底。既然是"椭原则"，很可能被别人挑毛病，万一捅了娄子，你需要有人罩着你或者帮你把灾情最小化，你的领导是"消灾"的第一人选。二是如果你选择背着领导，Ta一旦通过别的渠道知道此事，可能使你们之间的信任关系遭遇灭顶之灾。三是如果你那么害怕让领导知道此事的话，我劝你仔细想想，这事儿是不是真的不应该做。

第二，与领导达成共识后，在领导在场的时候，知会平级并简单解释破例的道理。例如上文中提到的，如果你决定破格晋升你手下某人的话，提前知会你的平级是把控风险的做法，相比于让他们和全世界其他人一起知道的做法，这样做能让他们感受到你的信任，从而减少他们在背后煽风点火的可能性。

第三，如果你的"椭原则"是让别人受益的话，务必叮嘱受益方低调谦恭，不要招惹不必要的麻烦。人在职场，敢想敢为，敢于在正确的时候把原则椭圆化的同时，必须有正确对待别人指责的平和心态。很多时候，按"椭原则"采取的行动不一定都正确，若发现错误苗头，必须立即改正，以免错误被放大，发展到不可收拾的地步。即使采取的行动是正确的，也不一定能短平快地收到即时效果，短视的人往往会借机泼来冷水甚至脏水。我们必须内心有定力、够强大，才能用后来的结果赢得众人的认可，真正做到笑到最后。

事情的另一面，是如何对待别人的原则椭圆化。

有的时候，你的同僚做了不符合原则的事，如果是明显的违法乱纪，这个没话说，理当照章办事。如果这件事更像是对原则的变通，你可以悄悄地问一下领导此事背后的道理和隐情。如果对你自己有直接影响的话,表明你的顾虑并争取到领导的必要支持。但是,态度上必须是:我这样做的目的并不是要搅黄别人的破例,而是想帮助同僚把此事的可能副作用降到最低。毕竟,请你记住,很可能在不久的将来,你自己也有需要原则椭圆化的事,你也需要别人的理解和共情。

这世界上,并没有太多非黑即白的事情,职场和生活一样,学会容纳一些"杂质",是我们一生的必修课。

正所谓:做人留一线,日后好相见。

8条干货让你的时间翻倍

"时间永远不够用"是很多职场人的口头禅。本文谢绝大道理,聚焦于与职场紧密相关的实用时间管理术。以下8条是我亲自实践过的有效小技巧。

▶ 坚持列每日任务清单

每条任务不超过八个字。这个貌似传统的做法在今天的高科技时代仍有意义。我通常会用 iPhone 的备忘录(notes)功能,将明天或后天的要做的事,想起一条写一条,到当日早上再做一次浏览和修正。

列任务清单的好处至少有五个:一是白纸黑字写下来,避免浪费时间去回忆。二是帮助你将要做的事按重要性、时间性去排序,然后逼自己先做紧急而重要的事。三是有助于帮助你把同类任务归类,事半功倍。四是今天的事如果没做完,明天觉得还有必要做就直接移到明天,不用再想。五是做完一项、划掉一项,带给你的小小仪式感以及满足感和成就感。我们人人都需要被鼓励,包括被自己鼓励。这个习惯我已经坚持了三十五年,小小的任务清单帮助我在多数的日子里忙而不乱。

▶ 保护自己的时间,学会说"不"

职场上至少有两个立马可用的做法可以省时间:推掉不重要的会

和逃避没有主题的随机多人聚餐。当然如果你是职场新人,需要一段时间体察哪些会议可以逃掉,哪些聚餐可以避开。每一个会议你都应该有贡献或者领到能学到东西的任务。如果这两条都不沾边儿,下次这样的会你就应该认真地考虑是否还去参加。聚餐也一样,过了初来乍到混脸熟的阶段之后,就应该把小规模聚餐当成学习机会和联络感情的机会。同事之间,对话沟通本是每日工作必需,但是在太多时候,总有人比你闲或者脑子里没有尊重别人时间的概念,随时随地找你聊上几句。也许对话起始于一个工作相关话题,但三五句后就开始东扯葫芦西扯瓢,完全进入与工作不相关的频道。

有几个办法对付这种人:一是在需要集中精力时躲进会议室,把自己封闭起来;二是戴上耳机,间接释放"请勿打扰"信号;三是主动结束对话,可以用"我要去厕所"或"我要赶往另外一个会议"的说辞来逃脱。对不速之客的打扰严防死守。

▶ **高度自律,防止自扰**

很多时候,真正打扰我们的是我们自己。我们都被电子产品包围,被各种社交媒体轰炸,被工作电子平台绑定。学会做这和些工具的主人而不是奴隶,会避免"时间都去哪儿了"的重复无效感慨。比如给自己定下规矩:只在整点回电邮;只在固定的时间读微信;只用碎片化的时间去适当刷屏;只精选两到三个电子新闻媒体及两到三个专业媒体作为主要信息获取渠道,对一个星期都没浏览的公众号取消关注等。

▶ **把单元时间段可做的事情最大化**

经常做饭的人都有这样的体会:炖汤耗时,可以先炖上,然后去洗、切、炒别的菜,而且多个灶头同时用,快捷高效。工作中,其实我们经常无意中在做时间统筹的事,例如午餐工作会,例如根据顺路程度安排客户拜访计划,例如耳机听着培训的同时在公司楼梯间锻炼健身等。我们要做的,是多多挖掘这种一心多用的机会,让工作效率最优化。

▶ 先答应重要任务,倒逼自己完成

不少繁忙的职场人士是以最后期限为导向来完成任务的,也就是事情等到要交账之前赶出来。我虽不完全赞成这种做法,但不得不承认,在压力下我们经常很高产,因为期限就在眼前,没时间去犹豫和分散精力,更容易逼自己在规定时间、规定地点把这个重要任务完成掉。我三年多前写"邢走职场"专栏和这次写"职场邢动力"专栏就都是用的这种办法。车到山前必有路,截止日前定出活。当然,这需要对自己肚里的料有信心。否则,承诺出去却交不了差,个人品牌严重受损。但是一旦做到,"I made it"的成就感爆棚,你会越来越有信心,越来越高产。

▶ 积极休息,避免过度疲劳

无数案例证明,长时间透支体力,把工作战线无节制拉长,习惯性疲劳战术得不偿失。身体累时,心往往也累。表现为失去耐心、失去正确判断力、情绪低落、满足感丧失等。工作排山倒海般压来时,尝试用这个排序:先干紧急又重要的,再着手紧急的,若可以快速应付紧急事件,至少处理到不使危机恶化的程度,再去集中精力对付重要但不紧急的,至于不紧急、不重要的,先拖着。很多事,拖着拖着就自生自灭了。紧锣密鼓地工作数天后,一定要强迫自己用最适合自己的方式去换个频道,比如去跑个大汗淋漓,比如去睡个十二小时,再比如去买个小醉,怎么舒服怎么轻松就怎么来。休憩之后,你会愈战愈勇,事半功倍。

▶ 做个有心人有意识积累

出彩的职场人,既知识面广,又有精深的专业知识储备,还动作快。问 Ta 什么信息,三下五除二,Ta 可以很快把结果给出来。这种"立即有料"的人都是有心人,他们的出彩不是偶然的,而是源于平常的各种积累。这种积累,关键时刻能节省时间,厚积而薄发。

我有个建议:在电脑里建几个文件夹,按工作需要分类。例如:"公司年度报告精华"可以收集自己公司及密切相关公司的主要产品和主要财务数据,"行业趋势"可以概括专家对业内未来的走势分析,"竞品动向"可以搜罗你关注的对手公司的各种研发和新产品公开信息,"年底大数据"可以集合各路投资机构及专家总结的年度重要行业数据,"文献摘抄"应该包括你精读或泛读过的重要资料。注意养成随时随地画重点的习惯,重要信息在第一次阅读时就可以在电脑上用颜色标出来,不同颜色可以代表不同的重点类别,这样再次查阅时可以直奔主题,避免二次寻找。这些平时的积累会让你在与人谈话时表达的内容丰富,年底写总结时上下文充实,出去面试时信心满满。当然,回归主题,在有机会表现时,可以省时间又有质量地爆发。

▶ 在力所能及的情况下,帮助别人

这貌似与时间管理不搭界,实则关系大着呢。同事之间,人人术业有专攻,把自己精通的领域与别人分享,一方面为自己收获美誉,另一方面也帮助别人学习成长。你赋予别人短平快的帮助,别人也会在你需要的时候帮你走捷径,帮你短时间内学会某样你之前没接触的东西。我无数次地由此获益。你贡献时间,也储蓄厚道,积累人情。

曾经,我把自己科研精通的一个领域用通俗语言系统地讲给同事听,又曾经,我把在生物科技领域工作的经验精华分享给有兴趣的药企的朋友,还曾经拿出大量的时间指导年轻的同事。结果,我收获的是来自同事们三百六十五度的全方位、无条件帮助:有人帮我系统性地速成财务知识,让我初做总经理时少费了不少功夫;有人在我刚转入新的疾病领域时帮我提纲挈领地普及产品知识;有的同事把自己苦钻了好几个月的新领域和竞品动向毫无保留地与我分享,并从她研读的无数篇文献中精选四五篇,让我用最短的时间掌握了最新的前沿动态。

这些互帮互助,与级别无关,靠的是一颗无条件帮助别人的心。你对人投入热情,别人会对你回报真诚;你对人投资时间精力,别人会记住你的好,在你需要的时候挺身而出。这种互相提携,是间接时间管理上的双赢、三赢甚至多赢,是智商全天候在线的表现。

时间最公平,每人都是每天 24 小时;时间也最不公平,因为不同的人,单位时间的产出可以是天壤之别。如果我们能经常自省,提炼出最适合自己的时间管理要领,我们就已经在成功的路上先行一步了。

15分钟的碎片时间可以做什么?

碎片时间如边角料,如不用心去利用,则会轻易地被刷屏看热闹的时间吞噬,让光阴白白溜走;若有心利用,则集腋成裘,可以用碎片化时间完成多个小任务,让其显现红利。安排碎片时间,要带着警觉和认知,否则,如若放松警惕,不仅会平白丢掉许多本可利用的时间,还有把整块时间碎片化的风险。

让时间和任务相匹配,是高效利用碎片化时间的关键。破碎的、不长的时间段,找完成周期短的任务做。这种时间段,不适合进行深度思考或者执行高难度的任务。通常,用碎片化时间可以用来做:不太需要动脑的事情,容易做成的事情以及不需要连贯思维的、没啥任务切换成本的事情。

这第一和第二条都好说,至于第三条,这里需要特别举例说明一下,因为许多人可能都没意识到这个问题——

你正专心地在写一份市场报告。小刘走过来说:"我可否耽误你1分钟,问一个问题。"他的"1分钟要求"打断了你的思路,他和你聊了1分钟后走了,你却需要再花上10分钟才能重新回到刚才的思路中。这个思路切出再重新切入的过程,就是耗费任务切换成本的过程。

在这个例子中,任务切换成本是 1 + 10 = 11 分钟。

通常越是复杂的任务,切换成本越高。本来碎片时间都很短,一旦任务切换成本高,这一段的碎片时间就一事无成了。

总而言之,碎片化时间适合做简单的事情。把这个期望值管好了,许多的碎片化时间就能被利用来完成一个个小任务,产生自我满足感,并产生正向的心理暗示，让你更有动力去挖掘更多合适的任务。相反，如果有太过不切实际的雄心壮志，总想在小时间段做大事，则会屡屡因完不成任务而沮丧焦虑。

下面就以 15 分钟的碎片时间为例，看看可以做哪些事。这些例子不一定适合所有人，旨在抛砖引玉，引发思考。我们每个人都可以根据自己的情况，度身定做自己的碎片时间，拿出适合自己碎片化时间的任务清单。

▶ **短平快的简单计划**

十几分钟时间完全可以搞定一个简单的工作计划。比如预习下午会议的发言，浏览本周的重要活动，或者想想能帮周五要出差的老板做什么？再就是想想年底可以搞一个什么样的团队建设活动等。

这些计划都不需要深谋远虑，都属于小任务，即使中间思路被人打断了也不怕。别看是小任务，为了防止自己的记忆断片儿，应该把即时的思想火花记录下来，防止忘记以及不必要的重复思考。

▶ **思考一下最近需要联络的人**

几乎任何一个任务的完成，都需要团队合作或者跨部门沟通。人熟了好办事，朋友多了路好走，这是在职场、在生活中都亘古不变的真理。

一个有心的职场人，需要经常性地反思一下自己的相关工作圈子是否需要加大、需要更新。把自己的社交网络半径增大，往往是职责增大的必要和有效前奏。

可以调出公司的人事架构以及汇报线，把和自己工作密切相关以及存在松散合作部门的关键人物弄熟悉，与他们主动沟通并提供适当的帮助，这种时间和人际关系的投资，会为你今后的工作带来红利。

▶ 集中回复两三封简单邮件

绝大多数工作邮件都只要作简单问答，不需要长篇大论。同时，多数工作邮件是不需要秒回的。利用自己的碎片时间集中回两三封邮件，可以显现"批次处理"的省时效应。

如果没在电脑旁，手机上也没有公司邮件链接的话，可以根据记忆，先在手机上打个草稿，等到电脑旁正式回复的时候，就省去了一定的思考时间。

▶ 批量删除邮件和文档

在这个信息爆炸的年代，我们要面临的挑战之一是及时删除过时、无用的垃圾信息和文档。邮箱和文件夹干净清爽了，找真正有用的东西时会省很多时间。

每过一段日子，都应该清理一下自己的电脑，就像给自己家里做大扫除一样，不让无用的信息有容身之地。和清理同样重要的是整理，趁清理的功夫将信息分门别类，相当于用做不成大事的碎片时间挣得了将来急需查找某个文件时的时间成本。

▶ 看一场 TED 演讲

TED 是"Technology，Entertainment，Design"的简称，在上世纪80年代刚刚兴起 TED 时，其演讲题目主要覆盖了这三个范畴。时至今日，TED 演讲风靡全球，题目已扩大到所有领域。TED 组织机构对演讲者有详细的规定：为了最大限度地抓住观众的注意力，TED 演讲要求不超过 18 分钟（其实绝大多数 TED 演讲都在 10 到 15 分钟）；内容必须积极正向，没有政治和商业色彩。宗旨只有一个：为观众提供精神营养，给予正能量。

大家可以搜索"ted.com"，到上面挑选自己感兴趣的话题，既学英文，又学演讲技巧，还能激发思考，一举多得。去年，我荣幸地受邀参加了一场 TED 演讲，亲身经历了两天魔鬼式的速成苦练，包括对内容的严格筛选，以及着装、幻灯片、语速等各方面的高规格要求。我可以很负责任地说，TED 出品，必是精品。经常听一听 TED 的演讲，是积累式的学习方法。

▶ 读一篇三至五千字的文章

如果你平常有喜欢看的、有深度的公众号，可以坚持每天阅读一篇文章。这里的阅读是指严肃阅读，最好是三五千字独立成篇的有深度的文章，花边报纸及八卦杂志不在此列，这两种信息的时尚感、时效性太强，反而容易速朽。严肃阅读不一定指的真的是笔调严肃的文章，而是指能引发你思考的文章。

从这类文章中得到的，不是立竿见影的秘籍诀窍一二三，而是绕梁多日，常驻心灵的袅袅馨香。三五千字，通常用六七分钟可以读完，关键的是，要留五六分钟时间让自己思考。

这个思考，可以是：这篇文章的关键信息是什么？可以是：如果我是作者，我会怎样阐述这个观点？也可以是：如果我持反面观点，用什么逻辑去阐述更令人信服？这样的思考，能让你的阅读更有痕迹、更有收获，让你的思想境界更高、更有深度。这样连读带思考的 15 分钟，含金量挺足。

▶ 快走一公里

走得快的人，10分钟可以走一公里，剩下的5分钟可以换鞋换装，15分钟就可以完成任务。当极端天气无法外出时，可以利用楼梯间。

运动，其实是职场必修课。运动和职场看似是两个不相干的话题，但是与坚持运动相关的三个短语——优秀的习惯、良好的自律和强大的毅力，若被用在职场，同样可以成为关键性的成功因素。所以，运动和职场之间，多了一层天然的联系。

当你有朝一日成为管理者，貌似拼的是智力和能力，其实最终拼的是耐力和体力。喜欢大汗淋漓、爽透透的运动坚持者，大都耐力、体力俱佳，有条件、有资本去承担更多任务，职业上行顺理成章。这也就解释了为什么许多管理者都是运动的倡导者和身体力行的实践者的原因了。

▶ 偷空小憩

在我们想方设法压榨碎片时间的同时，不要走向另一个极端——一秒钟都不肯放过。我们每天都应该给自己留点放松充电的时间。只有这样，才能保证自己的旺盛精力可持续。15分钟，可以喝杯咖啡，可以吃个茶点，可以从办公室向外远眺，可以做个腿脚放松操等。

洋洋洒洒写了这么多，顺手拈来一个眼前的利用碎片化时间的例子。这篇文章，以及本书中大部分文章（如《舒适区舒服，却不是该常待的地方》的素材产生于跑步机上，《比兴趣和热爱更重要的》是在买水的时候偶尔想到的话题，《挣五千花一万，大气者成大器》是在加油站产生的灵感等）都是利用碎片化时间写就的。

拿本文来说，过去一周，我每每想到文中可能使用到的一个素材，就写在手机上,周末用了半个小时把原来的十二个素材浓缩成了八个。文中的每一个素材都是用做家务过程中的十几分钟的碎片时间写就,我将这些素材串连成文,最后再用一个多小时的时间确认连贯性,确保内容的前后呼应。这就成了。

说个题外话,我在碎片时间的锻炼和写作许多时候都是在瑞斯这个"狗儿子"的陪伴下完成的。今年四岁的他,是我们三年前从动物庇护所领养的,这真是个英明决定。

事实证明,碎片化时间用对了,可以高产。我能,你也能!

去精细管理时间，别被时间精细管理

《8条干货让你的时间翻倍》一文曾引起不少读者共鸣，那篇文章也成为"10万+"爆款文。

这一篇文章又总结出时间管理干货新八条，助各位从时间神偷中突围。

▶ **走路步伐加快一点**

这一点做起来不难。上班路上、会议途中，有意识地提醒自己加快步伐，给自己的脚力加加码，每天进步一点点，可以从走路的概念延伸出去，逐渐提高做事节奏。

走路快一点，不仅仅能集腋成裘，从多个时间段里挤出许多分钟，还有一个优秀的协同效应，就是脚下生风的人往往会给人雷厉风行、做事麻利的好印象，给自己的个人品牌也加了分。

▶ **熟知自己的生物钟，管理精力**

我们的身体是部机器，还是部聪明的机器。它拒绝单一节律的枯燥运转，它的工作效率有起伏高低的变化。

我们需要掌握好自己的生物钟，在高峰时刻去做不容打扰、最费脑力的事情，在低谷时段去做相对轻松、即使被打扰也无所谓的低风险工作。

比如，你下周有职称晋级的考试，临阵磨枪很重要。你知道自己上午 10 点至 11 点以及晚饭后的 8:30 到 10 点这两个时段头脑一贯清醒，那就把未来几天的这些时段锁定，除非有重要会议冲突，雷打不动，谢绝打扰，把自己单独关在房间里强化复习，因为你选择了身体机能最高效的时段来聚焦于最重要的任务，往往会事半功倍。投入时间不多，却因为投入到了点子上，产出往往令你喜出望外。

▶ **果断放弃负能量的人和事**

无论我们处于什么圈子，或多或少总有一些携带负能量的人或事。这些人和事面貌各异，却都有一个共同特点，就是不带入附加值。你若混迹其中，基本属于浪费时间。或者说，即使小有收获，却远远抵不过你的时间投入。

同事间无聊的午间八卦嚼舌头，亲戚邻里间的家长里短，鱼龙混杂又毫无主题的大吃大喝……请快速判断，果断远离。

有一种人，惯于释放负能量，自己事业无成，还逢人就怨声载道，愤世嫉俗，叹世道不公，对 Ta 自己毫无益处不说，还拖别人上进的后腿；也有人似祥林嫂再世，自己受点挫折，逢人就抓来倾诉，把别人随意当成情绪垃圾桶。

对于这种情况，两回三回尚可，安静做听众给予安慰、给予鼓励是做朋友的本分。然而，如果你发现，你的反复劝说、开导毫无用处，你自己的情绪也因此受到污染，自己的时间在这些没有成果的死胡同般的拉锯谈话中悄悄溜走，除非挚友至亲，请果断抽身，及时止损。

毕竟，能够互相照亮、互相受益的关系，才有持续温暖力，才值得你花时间去维系。

▶ 不事事追求完美

著名高科技公司脸书Facebook的公司箴言里有一句话:"Doing is better than perfect",意思是:"动手去做,胜于一切完美。"

多数事情是不需要完美的。事事追求完美要额外花去太多时间。如果花那些用来追求完美的时间去做更有价值的事情,收获会更多。

我有个理论叫作"五分不完美经济学"。我认为无论是在学生时代还是在职场生涯中,都应该把时间分配功利化,只在个别至关重要的事情上追求完美,而对多数事情不强求完美。

因为绝大多数时候,一百分和九十五分之间没有质的区别。若从七十分做到九十五分需要拿出七成时间的话,从优秀的九十五分到完美的一百分,可能需要额外五成的时间,因为从优秀到完美的每一小步都需要格外用力,所以格外费时间,不仅花费了百分之百的时间,还会挤占两成其他重要事情的时间。

五成的时间得到五分的成绩回报,投入产出比明显不划算。若有那五成的时间,去学一些新知识,拓展新技能,收获可能更大。而且,因为不时刻都处心积虑地去追求完美,更容易对手头的学习和工作保持热情,避免学业和职业倦怠感。

▶ 随手做笔记

哪怕你记忆力惊人,哪怕你有本事过目不忘,请爱护好这个天分,不要滥用。俗话说:"好记性不如烂笔头。"

日新月异的智能手机让记笔记一事变得不能更容易。学会用手机里的备忘录功能,随手记笔记,可以避免你事后浪费脑力、浪费时间去回忆。

无论是工作上的一个新点子,还是要给父母买的东西;无论是即时生成的一个灵感,还是今天必须带孩子做的一件事,随手记下来,备忘录就是我们随时随地的贴身秘书。

我写"职场邢动力"专栏以来,不知有多少次,文章的思路以及精彩的挠到痒处的一段话,来自出差途中,来自会议间歇,来自锻炼的时候……这些都被我随手记录下来,那些转瞬即逝的思想火花,因为及时被抓住,省去了痛苦回忆的时间。在我繁忙不停歇的工作之余写就的过去的这十二万字,随手做笔记的习惯是功不可没的。随时记录是对碎片时间的最好利用,请接着看下一条。

▶ *用好碎片时间*

大片的时间对多数职场人来说是奢侈的,但是我们每个人都会有时而冒出来的碎片时间。我给碎片时间的定义是不长的,随时会被打扰的,或即使不短,环境却不允许我们集中精力的时间段。上下班路上、会议间隙、午饭前后等都属于典型的碎片时间。

对职场人来说,每天碎片时间的总和,其实并不少,但我们多数人却不知道这一个个小段时间跑哪里去了。

如果你属于这一类人,可以尝试拿出一个星期的时间,诚实地对自己做个小调研,看看自己在过去七天的时间里,哪些碎片时间可以利用起来干点有意义的事情,并去付诸行动。

比如在单位放双运动鞋,用午饭后的 20 分钟出去走走,锻炼一下,或者在楼梯间上下跑楼梯;利用会议间隙的 15 分钟,打电话约个年度体检,或者在手机上读一本好书的一个章节……这些都是不错的选择。上班路上,想想今天的会议,虽然你不是发言主角,但思考一下你可以分享哪些观点以推进项目进行等。

要想你的碎片时间不白白溜走,关键是要刻意地去做一下安排并立即行动。当然,别忘了,给自己留 20 分钟打个小盹,这也是行动,也是很有意义的。

▶ 请习惯来帮忙,这会对一些任务的完成大有好处

习惯是我们生活的和工作的最高统治者。一旦习惯形成,就变成了我们的舒适区,做起事来就得心应手,事半功倍。

我一度要求自己每天喝两升水,却发现要想真正做到,难于上青天。因为一旦早上进入工作状态,大会套小会,午饭往往不是被挤压就是吃工作餐,真的完不成足量喝水这个任务。

后来我想了个办法逼自己养成习惯。每天早晨一起床,先用大茶壶装上一升热水,泡上我挚爱的家乡绿茶,然后才去洗漱,早餐前后到出门之前大概一小时的时间,我把这一壶茶喝完,保证一天的喝水任务完成一半。进到公司后,到办公室之前先到茶水间,接大概七百五十毫升温水带到办公桌,一上午的供水有了保障。

中午的时候,尽量再喝一些,即使午餐的水无法保证,下午和晚上总能补上那短缺的二百五十毫升。在这个例子中,一大早的喝那一壶茶和一进公司的接那一大壶水这两个习惯一旦形成,帮助我节省了刻意在满满的日程中抽出空去找水的时间,让习惯帮我实现了喝水目标。

其实在工作中、生活中,这种例子比比皆是。培养一个习惯,需要花时间、花精力,最重要的是需要自律。但一旦形成习惯,这个习惯会驱使着你轻而易举地完成一些必须完成的任务,省时又省力。

▶ 适当放过自己

时间的精细管理并不是把每一分钟都填得满满的。相反,需要经常留点时间给自己思考和反思。天天忙着做事而无暇思考,其实是在

用形式上的勤奋来掩盖战略上的懒惰。

　　只有让脑子空下来，才能孕育创造力，再生新火花，为下一个台阶蓄力助跑。像个陀螺般身陷高强度工作时，尤其需要刻意偷空抽出身来做做局外人，否则永远没机会发现自己的盲点。

　　还有一点很重要，却往往容易被忽视——不要浪费时间去责备自己浪费了一点时间。总有些时间被花在不那么有价值的事情上，生活过得太有目的其实也是一种无聊。不去苛求每一分钟都有意义、有价值，何尝不是一种洒脱！

开会要都能这么高效又融洽，该多好

我主持过、参与过的大小会议无数，会议的效率和质量参差不齐，高下有别。这一篇中我们来讲讲职场人都会面临的组织和参与会议一事。

许多人可能没有意识到，会议室里虽然没有真金白银，开会却是实实在在地在花公司的钱，而且是很多钱。因为开会的过程，是 N 个人拿出等量的时间来商量事情、推动结论的过程。一个会议如果持续 1 小时，十人参会的话，那么这个会议所消耗的公司时间成本就是 10 小时。无论作为组织者还是参与者，如果没有在会议中积极地贡献才智、推动项目进展的话，既是对公司资源的浪费，也是对自己时间和同事时间的不尊重。

▶ 如何成为一个讲效率的会议组织者

以下几条供大家参考——
● 明确知道自己想通过此会来达到什么目的
开会的目的通常有三个：一是集体通知，二是推动集体做决定，三是针对重要决定集体请领导批准。

如果是集体通知，应该慎重考虑是否非得用开会这种形式，可否用电子邮件替代？当然，有时需要通知的是敏感信息，也有时是前几次开会有些分歧意见，经过会后的进一步工作和跟进后，新做了一个决定，须开个会通知大家为什么最终做了这个决定。

推动集体做决定往往牵涉到多个部门，要就某一件事、某一方案达成共识。这需要组织者有周密的思考和细致的准备。本文后半部分会讲具体的操作方法。

针对重要决定请领导批准则往往是行动小组在开会之前已经初步达成了共识。通过开会，请所有人在场，以便于如果领导做决定的时候有问题，相关部门可以即时回答。

● *精准邀请参会人员*

只邀请相关人员参会是对所有人时间的尊重。"精准"的衡量标准是有贡献，这个人对此会要推动的事情有贡献。这个贡献可以是出主意，可以是提示风险，可以是具体事项的执行。我们不需要打酱油者。通常你会发现，精准邀请与会者的小型会议，因为职责分工清楚，每个人都无法逃避，无论是执行力度还是后续跟进，都会相对好一些。

● *细致的会前准备*

在明确了目的，挑选好参会人员之后，请准备好会议日程并至少在会前 24 小时发出去，发日程的这个邮件正好也是个对会议的小提醒。如果是讨论比较复杂的问题而你需要大家带着思考来参会的话，还可以准备一点预读文件作为背景资料。预读文件不宜太长，三页纸以内为佳。我不建议把会议要讲的全部内容作为预读文件发出去，那样的话会"鼓励"大家参会时以读过预读文件为借口而精力不集中或者完全不参会。如果某一个人对此会要做的决定至关重要，请提前确认 Ta 的出席，保证你开会达到要达到的目的。

● *全面的会中掌控*

这个会议是你主持的，会议当中你的表现是你个人靠谱系数的直接体现。可以在以下五点上下功夫——

一是掌握好时间。即使为了某某领导而不得不推迟几分钟开会，也要想办法砍掉一点次要内容而使会议按时结束。否则，如果后面有别的会议的同事到点要离开，而你还没讲到最后的结论，大家步调就不一致了。

　　二是紧贴议题。议题是你定的，讨论过程当中有时会跑题，或出现议题延伸。如果你看到时间被这些延伸内容消耗，就应该立即打住，让大家回到主题。但有时这些延伸内容也是与主议题紧密相关的，可你在立题时没想到，这时应该果断把延伸内容放到待议事宜中，会后立即跟进，而不要在会议当中让这个延伸内容扯走你的主线。

　　三是多问大家意见。会议中，总有人相对活跃，有人相对沉默。少言的人或是性格使然，或因表达有问题，但这并不代表他们没有好的想法以及强的执行力。所以作为主持会议者，应主动在会上问这些人的意见，鼓励他们发言，使所有人的声音都被听到。同时，现在有越来越多的电话会议，经常问问电话上的同事的意见也是很有必要的。这样做让所有人都有参与感，也避免了参会人员会后说你没给他们发言机会的微词。

　　四是责、权、利、时间落实到人。对于达成的共识，要给每一个行动计划确定一个负责人，并定下完成日期。这样责任明晰，便于跟进。

　　五是用明确的思路指导会议的进程。比方说在会议开始时重申一下会议目的，让在会海中赶场奔忙的同志把思路转到你的会议中来；在会议结束时就达成的共识及跟进条款进行分享，这样避免会后扯皮。

● 及时的会后跟进

　　会后应在几小时内发出不超过一页纸的会议记录，并问大家的意见，如果没有异议就意味着大家同意按照共识去执行。对到了时间没有按时交任务的小伙伴，需要一对一去跟进，敦促其后续行动。如果是一个重要里程碑式的项目或者是后续进度完全依赖当前进展的项目，不要等到最后期限，而要分阶段、分步骤地去跟进，确保不会出现掉链子的情况。还有一点很重要，要及时鼓励。一个项目顺利完成后，给参与人员一封表扬电邮并抄送他们的领导是重要的会后跟进步骤。人都是需要鼓励的，人家帮你干了活，及时给予认可和褒奖，会使下次的合作更加愉快。

当然,愉快的会议都是相似的,不愉快的会议各有各的苦衷或者冲突。

▶ 如何使自己变成有贡献的参会人

首先你要意识到,多数时候,若你被要求参会,说明组织者认为你对此项目有用,说明你有价值,你要做的是把自己的价值最大化。你做的贡献多了,自然会出彩。你在会中、会后的表现,也是积累个人品牌的好机会。以下是三点建议——

● 不打无准备之战

请提前看会议议题,做点功课,看看自己在此项目的系统工程中起的是什么作用、扮演的是什么角色。如果是个重要项目,可以和组织者提前见面,问问具体需要你做什么,这样你有备而来,带着思考进入会场,会让你的发言更加有分量。

● 会上积极发表意见,并拒绝外界干扰

提前做的功课会让你在阐述自己观点时更加有理有据,在为会议项目做贡献的同时也赢得了表现自己的机会。发表不同意见在开会时是常见的,其核心是对事不对人,同时提意见时确保提的是建设性的意见。也就是说,你若想枪毙掉别人的建议,麻烦你给另外一个或者几个建议,只否定别人观点不贡献新点子的人是懒汉。

有些时候,我们会看到很恼人的一幕,就是参会人在会议当中手机不放静音,来了电话就接,或者在不停地看手机、电脑,因为没集中精力参会,也很难有效地参与讨论或给出好建议。这样让组织者很没面子,让其他参会同事觉得不被尊重。我们不做这种会议"不良公民"。

● 会后积极做分内之事

如果你被指定了任务,就请去履行承诺,保质、保量,按时完成自己的部分。如果你负责的部分是承上启下或与项目其他环节紧密相关的，请在赛事过半时给个进度报告，项目结束时给个通报。这样，会议组织者会对你感激不尽，因为你以行动证明，你不仅自己靠谱，同时也无言地帮助和敦促负责项目其他环节的同事加紧赶进度。这种积极主动的态度和按时交活的表现，从一个侧面反映了你的领导力，下一个机会没准就在拐弯处。积累久了，你会成为大家都愿意合作的人。

后文《职场中说"不"的学问》中有一条提到保护自己时间的诀窍之一是对无效会议说"不"。愿每一位朋友都擅长组织高效会议并以积极参会人的身份帮助提高会议效率，不成为同事说"不"的靶子。你也许会发现，时间久了，组会参会之事都会给你的个人品牌添上一笔，品牌好的人组织的会大家都愿意参加，你也因为精于贡献而被邀参加重要会议，日复一日，你的个人影响力也会不同凡响。

在各款交活期限压力下不差地活好

Deadline 译成中文叫完成期限或者截止日期，也就是必须交活的日子。繁忙的职场人，经常活在各种 Deadline 中，偶尔有被它赶死的感觉也不足为奇。完成了一个又接着来一个，让人着急、焦虑、放不下，这种种感受你是否似曾相识？别急，今儿个咱们分享点杀出重围的诀窍。

▶ 承认与各种截止日期为伍是常态

我们生活在一个追求生产力，也就是追求产出率的年代。在任何一个追求效率的单位，员工们都是上紧了发条，人尽其用的。从个人到所在团队的节奏，都是在朝快的方向走的，因为不进则退。

提高效率的有效追踪方式之一，就是设定截止日期，按期交活。如果你或你的团队同时担当多个任务，那么经常与各种 Deadline 为伍也就不足为奇了。

既然是常态，就没啥可焦虑的。完成期限密度合理的时候，做好计划，按部就班。若完成期限突发性降临，则兵来将挡，水来土掩，想办法应付过去，心态上先不能被它们打趴下。

▶ 用好日历提醒功能，合理规划

只要计划得当，绝大多数任务是可以按部就班地如期完成的。这个计划有几层意思：如果你是这个任务的负责人或者负责人之一，而这个任务又相对独立，不受上下游制约，那么你对此任务的完成期限可以有比较大的掌握度，可以依据此任务的紧急、重要程度来定完成期限，并相应做出时间安排。

很多时候，你的这个任务是更大的任务链中的一个环节，完成期限不一定是你能左右的，要根据上下游的进度来定你的完成期限。这种情况下期限松动的余地恐怕不大，应该以不拖团队进度为前提，来规划任务完成时间。

用手机和电脑里的日历提醒功能，可以有效地帮助你管理各种期限，降低顾此失彼、丢三落四的几率。还可以考虑形成一个习惯，在每个周末，浏览一下未来一两周到截止期限的事情有哪些，是否需要根据工作进程中的实际情况而提前或者推后期限等。

▶ **大活拆小，降低难度，有助于尽早完成任务**

很多时候，任务拖到最后一刻是因为有畏难心理，是因为此任务大、难度高，所以心理上迟迟不愿意开始。

如果能花点时间把任务分解，"大卸八块"，从小目标开始，会帮助你克服畏难心理。每天完成一小部分，一个硬骨头分成几块啃，就没那么难啃了。

有些任务一旦开始，你会琢磨出新窍门，发现任务没你想象的那么难，进度也迅速加快。如果你不开始干，是没机会发现这种惊喜的。

如果这个项目是你领导的，那么很重要的一个点就是及早把任务分解，合理授权出去。授权有点技巧，一是要早，要给别人留足时间完成任务，二是把交活日期定清楚。如果是重要的大任务，为了保证被派活的人及时干活不掉队，可以设立几个进度节点，你作为项目负责人及时公布项目进展情况，起侧面监督的作用。

▶ 寻找工作中的重复性和参考模板

这世界上没有那么多的工作是完全新的、完全没做过的。相反,多数的任务是可以从以前干过的工作中寻找章法的或者是有参考模板的。就拿年底许多职场人要做的年终总结来说,每年的内容会有不同,但大的章节无非如下几个:今年主要的成绩亮点,薄弱环节,关键成功要素,对今年工作的反思,对明年工作重点的思考。

根据自己的情况写好一个模板,每年不换骨架只换肉(内容),可以省去许多思考时间,如此自然不会对交总结的截止期限发怵。类似的有可参考模板的工作任务还有不少,这种用上心思的"投机取巧"往往会让你事半功倍,应付起截止日期来也就更气定神闲了。

▶ 用平常积累的万能案例帮忙

无论是面试,是职称晋升答辩,还是别人请你去分享业内经验等,都需要你平常积累的经验,如果你在演说时有例子可举,不仅会使你演说内容的真实性、可信度增强,而且会节省你准备的时间,还能舒缓你的紧张情绪。把这些例子讲成故事,功夫在于平常的积累。要凭自己的经验,建立个"万能案例库",能够信手拈来。

万能的案例故事积累多了,你的笔头会更快,口头表达思路也会更快。不瞒大家说,我的专栏文章,素材基本来自我自己的例子库,所以当我面临每周二的专栏交稿截止日期,就多了一份从容。

▶ 面对生疏任务,及早寻求帮助

工作中,总会涉足新领域,接受新任务,有的任务属于让人完全摸不着头脑的，"这辈子都没见过"的。然而，Deadline 已定，你必须杀出一条路，把任务保质、保量完成。这种情况下，千万不可拖到最后一刻，因为你很可能会落入完全抓瞎、束手无策的境地。

正确的做法是：尽早借力，寻找懂行的人求教，让自己在短时间里速成，或者至少摆脱"盲状态"。因为是你生疏的领域，你对开展工作时可能出现的连带状况也完全没数，请教的时候需要让对方多举例说明。这样，便于你思考可能会出现的影响工期的复杂状况，以便你留出一些缓冲时间。

有一条需要注意，那就是你请教的是方法，并不是让别人帮你干活，所以肯下苦功，展现自己的学习能力，学了就立马动手是关键。

▶ **用大块时间集中做事**

重要的、有难度的事往往需要大块时间完成，零打碎敲往往会事倍功半。所以，找出相对完整的时间集中攻克重要任务，会减少截止日期带来的压力。完整时间段需要你刻意去找，很容易被各种可有可无的会议、不速之客的随意闲聊以及无处不在的充满诱惑的刷屏给碎片化了。

关于时间管理，我写过三篇文章：《8 条干货让你的时间翻倍》《去精细管理时间，别被时间精细管理》，以及《15 分钟的碎片时间可以做什么？》前两篇都成了爆款文，第三篇也颇受欢迎，可见时间管理是大家共同的痛点。可以考虑从以下几个方面去创造整块的时间——

第一，逃掉一些非重要会议。

何为非重要会议？身处不同的级别，这个定义有所不同。大的方向是：一个会议，如果你非召集人、非任务主角，你没有发言任务，没有大领导在场，以及开会的内容事后找个人问问就可以补课，这都可算非重要会议，可以考虑"逃会"。当然不可一概而论，但用这个方法去筛选，基本不会离大谱。

第二，找后援。

下班后单位通常会清静不少，为了避免回家后被家务琐事缠身，可以申请家庭后援，躲在办公室集中精力完成任务。这一招的使用频率需要掌握好，天天用就算不上找后援了，而成了逃避家务。

第三，躲起来。

为防止闲人有意无意的聊天骚扰，可以找个没人的会议室，把自己关在里面，集中做事几个小时，雷打不动，可以逼出效率。

▶ *必要时申请延后交活时限*

我们必须承认，有很多的所谓 Deadline 的制定，有些随意性。如果你在那个时段已经忙得不可开交，不妨审视一下哪些交活日期是可以谈判并申请延后的。

这个谈判要尽早发生，不要等到最后一刻。因为等到最后一刻再去申请延期，不仅会给对方一个措手不及，而且还显示出你欠缺计划性，以及你对自己的工作进度、对工作的难度欠缺认识。相反，如果早一点去谈判，告诉对方你手头有很多任务，并帮着分析一下，如果晚交几天对大局应该没有太多影响的话，别人往往容易产生共情，接受你的建议。这种谈判要注意几点——

第一，既然是谈判，就不一定能谈成。如果对方说这个工作是整个大项目的瓶颈，这个时限就很可能是不可动摇的，你要做好准备如期交活。

第二，既然是谈判，就要有理有据，态度温和。不要带着情绪去逼宫。要拿出换位思考的态度，替对方分析，如果宽容你几天，可以如何补救而使大进度不受影响。

第三，这种谈判属不得已而为之，不应该成为常态。只有你在绝大多数时候都能靠谱地按时完成任务,别人才愿意偶尔为你破例。

我们生活在光速发展的社会,需要在各种Deadline中博弈。有了对付的招数,就会坦然不少,也会降低焦虑感。

我想起一句话:同样面对一片海,有人觉得那是能淹死人的水,有人觉得那是星空和美人鱼的摇篮。真是一切看心态。对付交活期限,也是这个道理。从容的心态,周密的计划,加上爆表的行动力,一定能在各款Deadline中不差地活好。

6招帮你成为靠谱达人，立马可用

家里浴缸的维修问题，让我萌生了写"靠谱"这篇主题文章的灵感。

我家浴缸坏了一阵子了，我先是跟维修公司打了五六个电话，好不容易来了个人，说是一个小零件坏了，承诺几天后拿到零件后再回来。结果几个星期过去，仍杳无音讯，打电话过去问，说零件早就有了，会尽快来修。又几个星期过去，依然没消息，再打了三个电话之后，维修工才姗姗来迟，把浴缸修好了。我们为这个小问题付出的精神成本是：近十个电话，一个月的等待，和对方不定时履行承诺而引起的心情不畅。我当时暗自评价：这修理工真不靠谱！

靠谱是指可靠、值得相信和托付。靠谱与否，被我们越来越多地用来评价一个人。这个通俗又接地气的词儿用多了后，我们不难发现，靠谱的人都是相似的，不靠谱的人各有各的不靠谱。是否靠谱是别人对我们的评价，不是我们的自我感觉。换句话说，如果我们的自我认知有问题，自己感觉是个靠谱之人，但可能在老板、同事、朋友眼里，靠谱系数远远不够。

成为靠谱之人是个长期的修炼。下面六个招数可行性和实操性都不错，可以尝试去做做，可以提高自己的靠谱系数，使我们在走向靠谱达人的路上少走一些弯路。

▶ 凡事必有交待，说到做到

生活中家人、朋友交代的事，职场上领导、同事吩咐的事，只要答应了,就说到做到。事情做完,给个交代,一件事情了结,这是所谓的沟通闭环。有的人,办事算挺得力,就是办完事从来没有音讯。每每需要领导追问,才知道此事可以翻篇了。

小王就是这样的人。小王曾问我:"领导吩咐的事我早就做完了,他每次都来问我结果,是不是对我不放心?"我和他说:"这个不放心是你自找的,本来你办事得力是个大大的优点,如果用好了,是个杰出的个人品牌,结果,因为你没有完成沟通闭环,给领导的错觉是你善始却未必善终,交代给你的事领导始终得操着心,因为结果怎样是个未知数。每个领导都有多个下属,如果每个人都像你这样做完事情不汇报,这领导每天得操多少心!因为你未必知道,领导可能等着你这件事的结果去部署下一步的工作,我们每个人都是工作链条上的一节,我们沟通的畅快与否可能影响整个链条的效率。所以,及时完成沟通闭环,是工作不掉链子的具体表现。"小王恍然大悟,再三道谢。

在当下的时代,微信、短信的沟通往往代替了电话的实时对话。对待同事、朋友,尽量做那个信息对话中的"关门人",哪怕这个关门信息仅仅是"Ok"或者"谢谢"这么简单。因为任何发信给你的人都希望知道你收到信了,你小小的一个动作显示出你的在意和你的修养。特别当你在对话中是晚辈或是下属时,你这样做,是靠谱的一种表现。

履行承诺说到做到的关键是,确保自己做的承诺是可实现的。有的人不会拒绝,不管对方提的任务和要求合理与否,一口气都答应下来,结果一时口头上逞了强,承诺后却无法交付,给人的感觉就是不靠谱。靠谱的正确打开方式是:承诺时不高调,交付时让对方感觉超出预期,喜出望外。有拒绝困难症的朋友,可以参考《职场中说"不"的学问》一文。

▶ **聚众谈话时对听众的级别和专业有敏感度,不要事事唱主角**

我见过这样一类人,拿小张做代表吧。小张是个财务新秀,在财务领域确实知识渊博、看法独到。但是,有小张在场的关于任何专题的谈话中,他必高谈阔论,时时刻刻充当专家,即使有王总这个财务大拿在场,小张也对当前股市、汇市、房市侃侃而谈,旁若无人(这个算是对级别没有敏感度);即便有老赵这个市场总监在场,小张也会把他对当前市场的看法发表一通;明明大家都知道小钱因为家族生意对各种葡萄酒精通,小张也要不甘落后,把肚子里那半瓶子醋般的葡萄酒知识倒出来,说得唾沫星子四处飞(这两个例子是对别人是专家没有敏感度)。

小张这种人,对何时该当主角、何时该让位当配角拎不清,这不仅仅体现出他情商低,更让人觉得不靠谱。我们每个人的专长都有限,什么都能扯上大半天的人往往是既不精又不深的万金油,恰恰不是专家的人才想处处充当专家,而这种人往往不是可靠的专家,所以不靠谱。

▶ **熟记关键数字,出口掷地有声**

职场上,特别是关键业务部门的人,对数字敏感度高的同事经常让人刮目相看。对数字是否敏感,有天生的成分,更多的是需要用心。公司的季度报、年报,竞争对手的关键产品信息、市场份额,工作中需要熟记的数字并不是特别多,好记性不如烂笔头,可以把关键数字存在手机的备忘录里或者记在随身携带的笔记本里,随时熟记,随时引用。准确、干脆的关键数字可以有效吸引别人的注意力,提高自己在别人心中的靠谱系数。

▶ **着装与身份和场合相匹配**

我们每个人或多或少都会以貌取人。一个人的外貌衣着可以给Ta的靠谱系数成功加分或者无情减分。穿着得体,也可以叫作"衣商高","衣商"也是情商的一部分。得体就是合适,符合环境、符合职业、符合特定场合中的身份。环境和职业都好说,这特定场合中的身份是有学问的。我们每个人都在不同的情况下转换着身份,今天是主人,明天可能是客人;今天是主角,明天可能就是配角。在不同身份下需调整衣着是有必要的,特别要注意首先映入别人眼帘的色彩,可以体现一个人是否善解人意、心思缜密。

就拿亮色来说,皮肤好、身材佳的人八成穿不出大错。但如去参加闺蜜的生日宴会,就得带着甘当绿叶的好心态,因为你是去捧场的,是让人开心的,不是去抢风头争眼球的;去参加别人当主角的会议,也没必要极端盛装,唯恐人家看不见你的花红柳绿。不对别人产生威胁感的端庄衣着,更加彰显你的内秀和气质,实在不必每时每刻都把自己演成主角。亮而不闪,光而不耀,是"衣商"高的体现,更是成熟的人格美。会着装者,等于给自己贴了个靠谱招牌。

▶ 在力所能及的情况下,把基本的人情功夫做到位

人情功夫,是表示你肯为别人使用自己的精神资源和物质资源,说到底是关照别人。不自私的、肯为别人着想的人往往可靠,让人信任,值得托付。这样的人,人品不会差,而人品是我们最高段位的名片。在别人需要的时候伸出援手,其实是在积累自己的信用财富,这些信用财富会生红利,创造出附加机会。今天你帮了别人,明天别人也可能为你两肋插刀。为别人着想的人周围总会有朋友,朋友多了路好走,靠谱的人运气往往不会太差,就是这个道理。

▶ 坚决不做大嘴巴

大嘴巴有很多表现方式,包括嘴巴快、守不住秘密,喜欢对别人的隐私津津乐道,说话随意不得体等。归根结底,一个人管不住自己的嘴

巴,无论是消费别人的隐私,还是随意开别人的玩笑,都是不同程度的不自重,是成熟度低的表现。若此,如何让别人放心将重任交予你!本来嘛,控制不了嘴巴,何以控制人生!嘴巴严实是做事严谨的前提,拒绝听传小道消息,保持严谨的口头作风,等于向全世界彰显你的靠谱。

在走向靠谱达人的旅途中,招数还有很多,这些招数共通之处在于,需要有意识地去付出努力。从上面六条做起,把这些基本功修炼进血液里,靠谱两字会成为你的品牌和光环,你走到哪,它都会忠实地熠熠发光。

靠谱的人,因为人品好、情商高、执行力强、作风严谨,命运分给 Ta 的粥往往不薄,生活也往往肯为 Ta 网开一面。

那个一定要掌握的本领

有很多微友发信息给我，让我写写在外企工作的种种。说实话，头绪很多，线索无数，有利有弊，有得有失。但有一条是肯定的，在外企，大小环境都会敦促你学习英文。

从入职第一天起，你就能感受到，英文作为当前的国际通用语言，是外企人级别高度的重要影响因子之一。若有雄心飞跃到高层，英文是必备的功力。

我曾经读过一篇文章，里面提到，中国占全球五分之一的人口，干吗需要处心积虑地学什么英文，应该让全世界人民都学习中文才对！我心想：还真有如此抬杠之人，印度人口和中国不相上下，是否也得让全球人民都去学印度语？

说到印度，我顺手举个例子来证明学好英文的重要意义。世界五百强企业中，有好几个出生于印度的CEO，像微软、谷歌，以及今年八月才退位的百事CEO，他们都是成年后才到美国的土生土长的印度人。对不少印度人能做到企业高管这一现象曾有过不少讨论，其中有共识的就是在印度的教育中，英文占很重的比例，不少课程直接是英文授课。所以尽管印度英语可能有口音，人家的英文是从娃娃抓起的重点工程。

不论我们是否喜欢、是否接受，英美多年的经济霸主地位，让英文当仁不让地霸占了国际语言这个座位，我们若想在国际市场一战雌雄，必须精通这门国际语言。等哪一天我们成为真正的经济龙头，不用呐喊，不用振臂一呼，我们自己的语言地位定会被人哄抬上去。

扯远了，有辩论的时间，不如专注来讲讲学习英文的干货。

▶ 从简单的入手,让学习的心理门槛放低

职场人一般都有一些英文基础,语言是个熟能生巧的学问,不用即荒废。即使你所在的单位不是外企,也要创造机会,让英文始终在自己的熟悉区。

毕竟,世界越来越平,如果你在政府机构,早晚会遇上走出去请进来的外事活动,你若有本事就有可能有表现机会;如果你在国内企业,单位真正做大做强后,走向国际市场不仅指日可待,而且是大势所趋。

掌握英文这个硬技巧可以强化自身的核心竞争力,享受它的持续红利。理解了这个,就相当于从理论上帮助自己调整了心理门槛,学好英文不是 Nice to have(值得拥有),而是 Must have(必须拥有)。

无论在你的工作环境中是否要经常接触外国人,你上网读资料、看电影的机会俯首皆是,如果日常工作中很少有机会接触英文,请每天拿出固定的时间(10 分钟不嫌少 1 小时不嫌多)浸淫在英文中。

可以是看有中英文字幕的电影,可以是浏览当天的重要新闻,可以是读读重要的文章等。尽量找自己已经有点了解的主题,减轻自己的畏难心理,不至于完全摸不着头脑。

就拿新闻来说,你可能已经从《新闻联播》或者网上的即时新闻推送中了解了中文语境下的当日要闻,在此基础上再去看看英文的新闻,相当于有了内容提示,理解起来就少了一些难度,更容易体会相应的短语以及表达方式的真正意思。每天小有收获,会对自己产生积极的正向心理暗示,增强继续学习的积极性。

▶ 随手记录,建一个自己的小词典

自己亲手采撷的知识往往记得牢。学习过程中,碰到印象深刻的或者觉得以后会用到的短语以及表达方式可以及时记录下来，事后反复看，就会印在脑子里，变成自己的表达方式。

我至今清楚地记得我读大一时头一回接触外教，她说了一个短语"Long distance romance"，我连猜带蒙是"异地恋"的意思，赶快记录下来，从此就成了自己的词汇。把这种偷师学步变成习惯，就积累出了自己的小词典。

自己的小词典与现成词典最大的不同是：自己词典里的，都是自己看到或者听到过的，所以你已经有了第一印象，这记录的过程就已经是二次入脑了，以后再翻看就是三次强化，记住的几率大增。

要做到这一点，手勤是关键。可善用智能手机的备忘录功能，随时随地记录积累。假以时日，你会发现，坚持的力量无比强大，常用的词汇和表达方式越积累越多。汉语的两三千字已经可以满足绝大多数沟通需求，其实英文和汉语一样，真正常用的短语没有多到爆表，只要日积跬步，可以行至千里，把英文学到得心应手的程度，不是不可实现的梦。

▶ **巧用移花接木法**

英文的基本功无非读写听说。其中"读"相对最容易，借助字典和上下文，总能把大概的意思搞个八九不离十，而"写"依靠的是长期的修炼。

其中比较难过的一关，是"形成英文思维"，只有这样，才能写出地道的英文，否则，容易写成中国式英文。所以，符合学习英文语境的表达方式就变成了关键。这时，就凸显了建立自己小词典的重要性。

在不断积累的基础上，死记硬背一些最常用的表达方式，在不同情况下，巧用例句，移花接木，把主语和宾语换成自己想表达的内容就变成了自己的句子。常用例句哪里找？下面几个来源供参考。

第一，你认为表达能力强的母语是英文的同事或者朋友。

这样的人给你发的邮件可以认真读一读，摘录几个常用句子，以供日后做例句。这个来源的好处是和你工作生活的相关性较强，移花接木起来比较容易操作。

第二，著名杂志。

好比 *Time*（时代周刊）、*Newsweek*（新闻周刊）、*Economist*（经济学人）等。这些出版物上发表的文章，都是经过高水平编辑严格把关的，语句用法精准简练，不失为好的教科书。

第三，公司年报。

这个来源的好处是与你的业务紧密相关，日后在工作上用到的几率大一些。如果你服务的单位是内资企业，没有英文年报，可以到网上找同行业的外资企业季报和年报。一般的上市公司都会有，这种报告都是经过仔细推敲的，通常文字精准，不拖泥带水。

▶ *利用身边资源，强化听说*

经常听人讲，自己英文不过关，是因为没有环境、没有机会训练听说，这话只说对了一半。工作在非英文环境很可能是事实，也是实实在在的困难。但只要有心，办法总比困难多。

许多大学都有免费的网上公开课程，如果每天能自律地拿出一两个小时的时间学习，日积月累，必有成效。

如果只有碎片时间，可以考虑看一场 TED 演讲（我在《15 分钟的碎片时间可以做什么？》中有提到）。

英文 TED 演讲短小精悍，容易吸引注意力，而且因为覆盖的话题广泛，很容易就能找到与自己有共鸣的感兴趣话题。

带着兴趣去听，每日一讲，贵在坚持，相当于给自己创造了英文语境，耳朵会越听越灵。至于"说"的能力，可以从朗读做起，用智能手机给自己录音，通过回放录音，自己纠错，找差距。朗读得多了，就多了些"说"的底气。有些底气后，就可以找机会与真人对话。

▶ **多积累英文的谈资**

即使日常的工作中与老外打交道的机会不多，也需要积累几个话题，把内容组织好，遇上沟通的机会，这是很好的谈资。

例如，繁忙的春运，有魔力的微信，庞大的电商以及双十一之类的具有中国特色、容易引发老外兴趣的话题，组织一下用英文并把它写下来，每个话题再延伸出一个小故事，自己诵读练习。

这样，遇到与老外沟通的机会时，脑子里有现成的材料，你可以引出话题，也可以问他们自己国家的节日返乡、社交媒体以及假日经济等话题。

还有一个渠道，现在出国留学的孩子越来越多，亲戚朋友中总能有几个，节假日团聚的时候，向这些孩子请教一下国外的热点话题，请他们纠正一下你的发音及表达方式，都是不难做到的。只要有好奇、好学的心和主动出击的意识，有许多渠道是可以利用来强化自己的英文的。

▶ **学英文的精髓是逐渐精通西方文化**

像学习其他语言一样，学习英文，记单词、啃语法是初级阶段，学习表达方式是中级阶段，真正了解英文国家的文化，把语言放到文化中去理解应用，才是渐入佳境。

举几个例子。西方国家多数讲究隐私，比如不分享、不打听别人的婚姻、病情和工资等，这和中国的文化有差别。那么我们在和老外朋友、同事们聊天的过程中，不要去主动触碰这些敏感话题。

还比如西方文化中，工作时间和个人时间的界限比较明显，尊重界限规则有利于创造和维护和谐的关系。再比如,老外们接受礼物和得到帮助时,常常有写感谢卡的习惯。我们和他们打交道时,可以参考这个习惯,会让彼此的礼尚往来多一些痕迹。多做一些这样的事,会自然地收获更多的友谊,赢得更多学习文化的契机。

  学好英文的好处还有许多。我们生活在光速发展的社会,国与国的界限越来越淡化,多精通一门语言就多一个机会和可能。如果说不善英文限制了我们的眼界和想象力,那么比这个更可悲的,是我们甘于不善,自觉舒适不错。而那些行动力爆表的有志之士,敦促自己脱离舒适区,卖力学习,就会与你渐行渐远。至少在此刻,世界语言还是英文,那么掌握它、精通它,才有可能在充斥着它的世界里赢得竞争权。

那些高尚的"投机取巧"

投机取巧这个词向来被视为贬义。然而在这篇文章中,投机取巧意为找准机会、善用技巧,是成功的关键因素之一。投机取巧在这个语境中变成了百分之百的褒义。

这篇文章主要讲如何与领导进行高效的一对一谈话。这里说的领导,多数情况下是你的直线汇报领导。定期与领导见面,汇报工作,听取反馈是下属的天职。所以"投机取巧"的第一条铁律是积极主动与领导进行高效对话。

▶ 与领导高效对话中的"投机"

● 主动约见

在年初的工作计划中,应该和领导达成共识,根据工作性质,与领导协商好一对一谈话的频率。对于善于用日历来安排工作节奏的领导,你可以提前把未来一年的一对一会议记在 Ta 和你的日历上,让双方脑子里都有了"一根弦"。

在日历上给一对一会面占好位置,就给了双方一个共同的约束。如果领导没有按照日历工作的习惯,那么你需要在日历里面给自己设提醒功能,每过一段时间就去约见领导。规律性地与领导见面,是给自己树立品牌,获得成长机会的重要渠道。

通常获得重用的人才,都是经过第一步被领导熟悉、第二步被领导深入了解、第三步赢得领导信任、第四步获得领导重用这四部曲的。从这个角度讲,规律性地见领导是给自己创造表现机会的窗口,也是积极争取资源,使工作维持正循环的有力手段。

如果是重要会议,建议提前给领导发个消息,把要谈的事情列个简单清单,让领导心里有数。如果对方是有一定级别的领导,通常是通过助理安排会议的,与领导助理维持良好关系是一个考验情商的事儿。不论对方级别如何,都应与人为善,做个让别人不好意思不帮你的人,是真正的让人舒服、让自己得利的高情商达人。

- 会面也要随机应变

你只是领导的下属的几分之一,领导通常比你忙。

如果你想及时见到领导,应看准机会,灵活地利用小时段。比如,当领导离开办公室去往另一座楼开会,你恰好有件短平快的事情需要请示,这时可以果断地跟上去,问问领导是否方便、是否允许你边走边谈。如果你能在一两分钟内把一件事情说利索,完成任务的同时还可能给领导留下一个干脆利索、干活麻利的好印象。

再比如,你和领导提前约了会,但领导当天正外出开会,人在几公里之外,不能按时赶回来。

遇到这种情况,如果你的事情对时间有要求,就应尽快和领导商量,你赶到领导开会的地点去等 Ta,Ta 可以会议结束就谈你的事儿。这种做法释放出两个信号:一是你对工作主动认真;二是你尊重领导,能按照领导的行程调整你们的会议安排。只要可能,领导通常都会挤出时间满足你的要求。

- 谈话备课,随时准备好精华版

我们都曾遇到过这样的情况:你和领导约了 40 分钟,结果进门领导就告诉你:抱歉,我只有 20 分钟了。这时你需要根据原本要谈的五件事的轻重缓急而做出取舍。

其实,在与领导见面前,应该有个习惯,做个 5 分钟的备课,把今天计划谈的几件事列个优先次序,并在脑子里准备一个精华版,先拣重要的、紧急的事件说，根据现场谈话情况决定是讲完整版还是精华版。

因为即使没有上面的这种会议时间被砍一半的情况，也可能会有领导临时接到紧急电话，或者被 Ta 的老板临时抓差的情况。若你的见面时间打了折扣，而你最重要最紧急的事情还没讲完的话，此次会议的效率就被打折了。

● 注重干货，减少没事找事的纯聊天内容

我看到过一个报道，领导最头大的几件事之一，包括下属汇报时不能一针见血，东扯葫芦西扯瓢，半天抓不到重点。相反地，领导觉得最有成效的与下属的一对一谈话，是那些让他们学到了新东西的谈话。领导虽然可能比你见多识广，知识层次也可能高一些，却仍会欣赏你带给 Ta 的新视角、新技术、新进展。

在出色完成本职工作的同时，把与业务相关的市场信息以及行业动态分享给领导，你收获领导指教的同时，也为领导做了反向导师，多数领导会感谢你这种求知欲强以及市场敏感度高的下属。这种互相学习的双向互动，是增进信任的催化剂。

有些时候，家常式谈话会拉近与领导的距离，这的确不假，但需要掌握好分寸，分享工作干货的时间应是压倒性的。任何一个上进心强的领导，都不会有太多时间和你闲聊天，而你若对工作不相关的内容太过津津乐道的话，只会让人质疑你的专业性和对工作的投入度。

上面的几条是与领导有效会面的务虚层面的建议，可以算是投机取巧中的"投机"部分，也就是把握机会并优化，把会议成效最大化。下面讲几个顺手可做的技巧，算是"取巧"吧。

▶ 与领导高效对话中的"取巧"

● 把要点做笔记

这条貌似很小儿科，但怎样做笔记以及记什么却是有含金量的。

笔记的功能是备忘。领导的反馈、达成的共识以及下一步的行动方案属于笔记重点。

领导吩咐的事格外要记清楚，并以最快的速度跟进后，及时以书面或口头形式反馈。因为有笔记，此次达成共识的行动方案便有据可查。下次见面时，应把进展或结果及时向领导汇报，这些都是沟通闭环的靠谱表现。

◉ 重要的事情一定要汇报，哪怕是坏消息

重要的事情需要让领导及时知道，哪怕是令你打怵的坏消息。这一点很重要。没有哪个领导喜欢意外，你更不希望领导从别人那里听到你工作范畴内的不利消息。不要抱着侥幸心理，觉得你搞砸了什么事领导会不知道。

领导的关系网比你密比你广，即使你不愿意说，总有人比你愿意把消息透露给你的领导。如果你掖着藏着坏消息不说，领导有可能认为：一定是你做错了什么，你想私底下做点什么而蒙混过关，错全在你。而如果你选择把坏消息这个"结果"告知领导，并把前因后果以及你正在采取的措施加以说明，领导即使恼火，通常也是暂时的，更多的是会帮你出些主意，帮你把问题解决得更快更好。

毕竟你的问题如果不解决，也会变成 Ta 的问题。领导从你这儿得知坏消息后，心里有数，当别人不知出于什么心理去 Ta 的面前揭你短的时候，领导会帮你澄清一些事实，避免此事的副作用进一步扩大。

很多人都错误地认为，与领导的信任是建立在不断取得成绩的基础上，所以自己越少瑕疵越好。其实，让领导看到你所经历的一些挫折，以及你在克服困难的过程中的成长，让领导有机会在这个过程当中给予你指导，其实也是领导获得成就感的一种方式。好比同甘共苦过的夫妻关系更稳固一样，共同经历过顺境和困难的领导与下属所建立的信任关系日久弥坚。

● 借领导的聪明脑袋

和领导的一对一谈话，不仅仅要解决问题，把工作向前推进，还有一个重要的功能就是学习。通过谈话提高自己的段位。

领导之所以能做到领导的位置，通常有些过人之处，虽然你还没有能力去发现它们。所以，要通过谈话的机会向领导偷师学步。你至少有两件事可以做——

第一，不清楚的地方要问清楚，切勿不懂装懂。当面澄清，远比按照自己模糊不清的理解去执行，结果事后发现与领导的期望值相去十万八千里好得多。

第二，拿自己的一个方案换领导的一个方案。都说"请示工作要给方案"，让领导做选择题而不是填空题。如果你的方案不错，领导在通常情况下，为了省时间，都会说："我看行，去做吧。"这时你的额外收获是零。

若在此基础上，试探性地问领导："您有没有更好的方案？"或者问："如果换了是您，会怎么做？"多问这样一句话就获得一个额外的学习机会。

在这个过程中，你学习的不一定是方案本身，而是领导的思维方式和看问题的角度。你没站在领导的高度，如果没有 Ta 给你点拨，很可能你一直都站在现在的高度去看问题，Ta 点拨一下，你可能获得一个自己思维拔高的机会，所以善用每一个和领导沟通的机会，通过虚心发问来获得向领导学习的机会，这样你就向领导的段位更靠近了一点。

关于与领导的沟通，可参见《想与领导高效沟通？实用8招帮你制胜》一文。这篇文章从另一个角度重申，你可以带着这些思路，把与领导的沟通放入你的工作总结之中，积极寻求反馈，这会增加你的工作效率。很多时候，仅仅工作做得好是不够的，说得好、沟通得好同样重要。在沟通方面，适度的"投机"和"取巧"可以帮你事半功倍。

总有人会说，我的领导那叫一个"渣"，什么都不懂，就会瞎指挥。

如果你不幸把自己归入此类,我问你:你有没有勇气和本事离开 Ta 另谋高就?

如果有,放下抱怨,立即行动;如果没有,说明你的自信和市场竞争力还需修炼,也可能是你对领导的判断有偏差。即使真的不幸落在个差领导手中,在被"蹂躏"的过程中也可以有收获,至少变得"耐撕",同时真正理解对人"Nice"的重要性,这些都是日后你自己当领导时的精神法宝。

当然,在渣领导手下不宜待太久,需要向朋友中段位高一点的达人寻求帮助,尽快离开。但是无论你走到哪里,与领导高效沟通永远都是个需要面对的问题。职场这一站不成功,要想办法调动自己身上所有的积极因素,争取在下一站获得好运气。而你会发现,好运气往往青睐的是用心的人。

所以说,所谓的投机取巧,实则是加倍用心。

职场拽英文很难吗？并不！

促使我牺牲美国国庆日假期奋笔疾书几小时速成此文的源动力，是那天看了姐们一诺精彩的英文演讲视频。若想达到像一诺那样拽英文的水准，必须肚里有料，精通之后才能拽。这篇文章就来说说那些能用得上的所谓职场英文捷径。

不论我们喜不喜欢接不接受，英文作为国际通用语言，很多时候已经成为职场人能飞多高的决定性因素之一。即使是国内企业，真正做大做强后，走向国际市场不仅指日可待，而且是大势所趋。熟练掌握这个通用语言，不仅可以强化自己的核心竞争能力，更可源源不断地享受它带来的持续红利。例如开阔眼界，扩大国际朋友圈子，橄榄枝自动伸来，职业发展机会增多等。

下面是干货。战术性的技巧放在前面，战略性的技术殿后。

▶ **电子邮件技巧**

职场英文，最关键是用于电子邮件及口头发言。先说电子邮件。工作邮件最关键的有两大原则，那就是逻辑清楚、简单明了。邮件是为了使人在非面对面的情况下用最短的时间把一件事搞明白，这就需要用最短的篇幅把一件事的精华提炼出来，并准确地进行书面表达，这其实和用中文写电邮的宗旨是一样的。只不过英文非我们的母语，有时会遇到辞不达意、隔靴搔痒的尴尬，所以我们需要格外用力。根据我多年的工作经验，总结了如下"电邮八股"，大家可以试试：

1. 先说明此信的目的,如果是知会事情,可以这样开头：This message is to update you on … ；如果是请求批准,则可用 This message is to seek your approval of … 开头。

2. 接着交代背景：Below is the background of …

3. 跟上说明已经做了什么及取得了什么效果：In the past two weeks, we took three actions and achieved the following …

4. 然后可以讲下一步的打算：Here is our plan of the next steps …

5. 最后加个结束语,如果是知会消息,可以说：we will keep you posted on the progress；如果是请求批准,可以讲：we appreciate your approval of this plan before Tuesday July 5th(写明时间很重要)。

依照同样的思路,还可以用简洁版,也就是用列要点的方式。这种情况比较适合在商业谈判的准备及对竞争对手的行动做分析时使用,该简洁版可分四个小标题：

Situation；

Actions we took；

Next steps；

Summary。

在任何情况下,电子邮件宜短不宜长,特别是写给领导的邮件。领导都忙,没空替你提取精华。英文不好的朋友经常怕说不明白,将一件事从多个角度反复说明,长篇大论,结果让人读到失去耐心。情况复杂的时候,有个偷懒的办法,就是用图表,数据自会说话,只画龙点睛地写几句总结及结论即可,可以省去很多文字。

▶ **口头发言技巧**

口头发言的难度更进一步。无论是一对一还是群组发言,都面临着思考时间有限,需要临场应变,以及别人的肢体语言和表情可能造成干扰等挑战。但是如果掌握以下几个原则,则可熟能生巧,日渐老练。

第一是先表明态度,然后把论据、要点列成一二三,这样可帮助记忆,不会漏掉关键论据。第二是应用实例,就像一诺在她的发言中举例抗议小巴司机提价那样,既接地气,又增强说服力。第三是做个简单总结。可参考如下"八股":

I think we should invest on this product. Here is why: First, there is significant unmet need in the marketplace. Secondly, this space is not crowded yet. Thirdly, we have technical expertise in this space as we did the similar investment three years ago. Therefore, our chance of success is pretty high.

你看,先表态(I think we should invest on this product),接着用要点说明论据(Here is why: First, there is significant unmet need in the marketplace. Secondly, this space is not crowded yet. Thirdly, we have technical expertise in this space),并用例子支持论点(We did the similar investment three years ago),等到下结论时(Therefore, our chance of success is pretty high),有理有据而铿锵有力,令人信服。

▶ "长期坚持,无穷后劲"的技术帖

立马能用的技巧关子卖完了。下面再来点战略性的,需要付出长期努力的,有无限后劲的技术帖。若能长期坚持做下面的事情,每天收获一点点,积累下来,你可能会取得连自己都惊讶的进步。

第一是背经典范文和经典句子。《哈佛商业评论》《时代周刊》《新闻周刊》及"美国总统国情咨文"中都有一些极为精彩的实用段落。可以抄下来,反复背诵,也可以将CEO的年度总结报告大篇幅诵读,其中不仅囊括业务精华,更是仔细推敲过的精练文字。不是有句俗话说嘛,熟读唐诗三百首,不会吟诗也会吟。好句子在脑子里积累得多了,就变成了自己的,日后就能出口成章。

第二,真正学会用字典。查字典其实是个技术活。字典从来就不仅仅是用来查单字的,而是用来学例句的。只有这样用它,你才知道在什么上下文、什么语境下可以用这个字,才能真正举一反三,才能把原来不会的东西真正变成自己的东西,并牢牢记住。若只查了一个字,只记得一个意思,不看例句使用,全靠死记硬背,非常容易忘记,这只能应试,活学活用时就不灵了。

第三,找自己感兴趣的内容,激发持续的学习热情。兴趣是个好导师,当喜欢遇到坚持,就成了才华!我一直对投资感兴趣,多年前,我读得最仔细的一本英文书是"*Rich dad poor dad*",中文译为"富爸爸穷爸爸"。它岂止教了我投资理念,许多内容精彩的句子我至今还耳熟能详、朗朗上口,为啥?兴趣使然。若觉得大部头的书太难啃,就先从碎片化的阅读做起。若喜欢时尚,就坚持读英文原版的时尚杂志;若喜欢旅游,就坚持看英文原版的《国家地理杂志》;若喜欢看电影,就从有中文字幕的原版影片看起。充实词汇量的同时,揣摩句子结构,在不同的语境下,移花接木,转换时态,这个句子就可能成了自己的句子。

第四是固定的专题学习。网络是个大学校,什么都能找到。如果不熟悉美国的文化,可以把美国的每个主要节日的来历及风俗在网上查个底朝天,那些毫无逻辑而言的南瓜饭、五月花、N种奇怪香料,你可以一半揣着明白、一半死记硬背地看下来。如果你是做管理的,员工的婚丧嫁娶、入职离职经常要用文字表达,哪些话当讲,哪些话不当讲,哪些表达合时宜,也可以从一知半解学起。在网络上浏览,到书店的问候卡柜台偷师学步。偶尔碰到美国同事写的类似邮件反复诵读,掌握其中文化要素等,多做这些事儿,渐渐地,美国人的表达方式也会变成自己的,你不仅懂得了文字,还明白了文化,有了文化底蕴的沟通,格调会高出很多。

  我经常听职场人感叹：可惜英语不是咱的母语，可惜没一个英文讲得好的爹可以拼拼！咱得比老外多费多少功夫！其实我们是否可以换个思路？据说每个人的大脑有百分之九十八都是没有使用过的，闲着也是闲着，还听说老年痴呆症的发病几率是与脑细胞活跃程度成反比的。我们若在职场打拼的同时，把那闲着的百分之九十八的脑细胞动用那么一点点，把英文精通，至少会有两个好处：一个是可以预防老年痴呆，另一个是咱的孩子将来可以有拼咱的机会。一举两得的事，何乐而不为！

当众讲话,真的比死亡更可怕?

生活中、职场上我们评价一个人时,经常用各种软硬实力指标去衡量。硬实力指标多数是直指结果的,例如学历、挣钱能力、销售业绩;软实力指标则多数指通往成果的过程中展现出来的能力,例如沟通能力、协调能力、情绪管理能力、当众说话的能力等。

其中,当众说话的能力表现最直观,这个能力高低的正副作用也最明显。在美国,有一项针对三千名美国居民对"最恐惧事物"的调查研究显示,当众讲话以百分之四十一的高比例位居第一,比死亡更让人害怕。

尽管这个结果有一定争议,但后续一些研究表明,当着大家的面说话依然是很多人非常打怵甚至极端畏惧的。今天聚焦在这个话题上展开说说。

在生活中和职场上,当众说话的机会天天都有,从家庭对话到同学聚会,从单位开会到大会发言,我们经常听到"这人说话有水平"的赞赏和"这人说话怎么不着边际"的抱怨。

当众讲话是最容易吸引别人注意力的方法,如果你言之有物、声情并茂、有理有据、逻辑清楚,是极易让别人对你留下好印象的。相反,如果你言之无物,或者顾左右而言其他,或者虚话、空话连篇,没有逻辑,也是最有效的逐客令。

当众讲话,是个消耗公众时间成本的过程。这个过程是 n 个人愿意拿出和你等量的时间,听你传递信息的过程。假如你说 20 分钟,那么这场讲话的公众时间成本是 n×20 分钟。本着对公众负责的态度,我们必须把讲话做好,否则,要背负浪费别人时间、浪费别人生命的十字架。

其实,从所谓功利的角度上更容易诠释当众讲话的重要性。在职场上,无数次经验证明,你的下一个老板可能就坐在观众席上,舞台在你手中,表现机会在你掌握之中,演出是否成功,很可能决定了你是否有下一次提升的机会或华丽转身的际遇。

所以,每一次当众讲话的机会,都是向公众包括你将来可能的老板推销自己的机会,你岂能放过!这里以演讲为例,提出几个原则,帮助你全力以赴把每次讲话的"现场直播"水平发挥到极致。

▶ 原则一:目空一切,怀揣自信

做好演讲,自信最重要,有了这个,才有可能 Hold 住场。你自己觉得讲得好比你真的讲得好还要重要。自信无非来自上场前的精心准备和在场上的阿 Q 精神,精心准备没有捷径,就是多练多练再多练。对演讲内容倒背如流,成竹在胸,才能不因临时有状况而乱了方寸。

一身职业的好行头能帮助自己强化底气,强化自我认同感和荣誉感,毕竟咱不是乔布斯,黑 T 恤牛仔裤是他的金字招牌,要记住,人们崇拜的是他乔布斯,到了他那境界,穿什么不重要,穿什么都行。

他若西装革履,人们会赞他儒雅风度,他若休闲随意,人们会称他科技新贵,咱不是人物,最多是人才,还是沿袭正常人的世俗审美比较安全。一旦上了讲台,需要用阿 Q 精神武装自己,内容是你控制的,你是比台下任何人都懂得这个专题的专家,只管目空一切,掌握好节奏,语速舒缓,娓娓道来。

▶ 原则二:短小精悍,杜绝听众审美疲劳

我曾不止一次听到过关于演讲的"10—20—30"原则,是指演讲的展示幻灯片不要超过 10 张,演讲长度不要超过 20 分钟,幻灯片字体要大于 30 号。我不完全认可这个所谓的原则,因为在不同的领域、不同的场合,针对不同的听众,幻灯片数量、时间长短等这些细节都需要因地制宜做调整,很难有一定之规。

但同时我也赞同任何演讲都要秉承短小精悍的原则,能短则不长,能简则不繁,任何人的注意力聚焦时间是有限的,我们要争取在听众视觉疲劳、听觉疲劳之前结束演讲,若是让人觉得意犹未尽,则是最佳境界。

▶ 原则三:话题聚焦,内容深入浅出

讲什么呢?内容是演讲的灵魂,选题聚焦很重要,不能太散,万金油式的演讲没人爱听;话题不要太精深,演讲是把你明白的东西讲给不像你那么明白的一群人听,要让人感觉你引导着听众把一本厚书读薄了,把一个复杂问题深入浅出地讲明白了。

为了达到这个目的,不妨多用两个 E:Example 和 Experience(故事和经历)。Example 形象生动,让人易于联想,Experience 接着地气,让人易生共鸣。

▶ 原则四:逻辑清楚是生命线

职场上的演讲,往往有幻灯片做辅助,千万记住,幻灯片只是帮助你说明问题的工具,切莫本末倒置,沦落为幻灯片的奴隶。关于幻灯片,除了前面提到的字体要大以外,请记得能图则不表,能表则不文字的原则,好的幻灯片基本是图文自达其意的,不需太多解释。

幻灯片的两个主要功能,是帮助听众记住主题和逻辑,它辅助你把整个演讲融会贯通为一个故事,演讲是讲故事,不是念幻灯片。既然是讲故事，就得记得逻辑是故事的生命线，得有理有据、循循善诱。到了至高境界，听众能被你指引着，自己得出结论。

▶ **原则五：有效用好目光交流**

有人评价克林顿总统的演讲，说无论他站在哪里，每个听众都感觉他好像在跟自己说话，很大程度上是因为克林顿很擅用目光交流。适当、适时调整你的目光方向，照顾到所有位置的听众，不厚此薄彼，有助于赢得观众缘。

但是如若有的观众不给力，或者交头接耳，或者摆弄手机，这些都是转移你注意力、影响你思路、打击你信心的"噪音"，第一次注意到这个情况时，你可以在后续的目光交流中回避这些点，避免这些负能量进一步影响到你；对表现出高度注意力的听众，可以多几次目光接触，因为他们会给你力量、给你信心，激发你的内心正循环。

▶ **原则六：关键信息再放送**

你在台上洋洋洒洒讲了一大堆儿，时限将至，务必记得在最后总结、归纳出你最想让听众们记住的关键信息。

既然是关键信息，就一定要短小精练。好比你把听众带出去旅行了一番，还要把他们带回家，并把此行收获归纳总结，让人有所思、有所想、有所记，有所忆。关键信息还有一个功能，就是万一听众在你演讲过程中走神，还有最后的机会记住你的核心内容。

▶ **原则七：莫急莫躁，长期修炼**

演讲是长期的修炼，是一生的必修课，如果你的此项软实力还不是那么硬,请你尝试以下几个方法——

1. 上场前自己反复录音、反复听,去除口头语及生硬语气,五六遍的练习之后,你会发现自己的语气自然流畅不少。

2. 下场后找同伴询问,请领导指正,根据反馈对幻灯片及演讲过程进行反思、修改,不要完成任务后就将此次演讲束之高阁,事后的理解升华才是演讲练习中最有收获的部分。

3. 要在演讲前和演讲后不断地用下面的理念给自己洗脑:在舞台上,我才是我要讲的内容的专家,我要让大家记住我,台下人越多,我得到的关注将越多,机会则越可能青睐我。我只负责精彩,其他天自安排。

当众说话,肚子里有料至关重要,本着"一专多能零缺陷"的自我要求,把自己锤炼成至少是一方面的专家。这样,当当众讲话的机会到来的时候,你可以口吐芳华,表达精准到位,这种表现,能让你在奔向诗和远方的旅途中少一些弯路。

如果你属于性格内向型人士,得逼着自己走出舒适区,鼓励自己当众开口,从选择性表现开始,展露自己的才华。毕竟,别人没有义务去发现你的内秀,给满腹的才情一个表现窗口,是对自己的善待。

职场中说"不"的学问

我在《8条干货让你的时间翻倍》中分享的是实用时间管理术的8个技巧。其中一个技巧就是保护自己的时间,学会说"不"。这篇文章就讲一讲职场拒绝术。

▶ **什么情况下该说"不"**

我先分享四种情况,抛砖引玉。

● 当你没有准备好时

如果你刚到一个不熟悉的新岗位,你需要一定的学习时间,把自己从门外汉变成浅专家再变成精深专家。当你还在门外汉阶段,如果有人请你主导一个需要本领域专长的时间紧、任务重的项目,你应考虑说"不"。因为如果你接受,你露怯显拙的风险太大,搞砸的几率太高。从保护自己的信心和品牌为出发点,说"不"比较明智。

● 需要过度透支自己时

假如同事找你帮忙,本来力所能及的情况下,伸出援手是应该的。但若你最近已经忙到恨不能生出三头六臂,若答应同事这个请求,就意味着你要牺牲睡眠,牺牲本来就已经"周六保证不休息,周日休息不保证"的难得周末,这就该考虑说"不",放自己一马。

● 孰轻孰重比较明显时

同事让你做一件事,名义上互利互惠,但你经过分析之后,发现无论短期还是长期,这事既不紧急又不重要,属于鸡肋项目。同时,不仅从这个项目当中你学不到什么,而且此项目可能会稀释掉你正在主导的另一个项目的时间和精力,而后者对业务的影响明显大于前者,就应该选择对同事的项目说"不"。

● *虽是好事却力不从心时*

最近,你父亲刚做完一个大手术,未来几个月,需要你这个独生子下班后去照顾他,你自己还有小家庭。这时,有个和美国同事合作的项目向你伸来橄榄枝。这个项目如果成功,你可能赢得更好的发展机会。但是,这个项目要求你一周有三个晚上与美国同事同步工作,这样一来,照顾父亲的事和这个项目就没法两全。对这个项目说"不"虽然可惜,但应该考虑,且要把前因后果与合作人解释清楚。

上面说的几种情况都不是绝对的。很多时候,是否该说"不",并不是非黑即白的,而要看具体情况。有的时候,接到额外任务,不应该说"不",而应接过重任,挑战自我。比如上面的第一种情况,如果处理得当,可能是一个难得的让你速成学习的机会。你需要做的是对"让你主导"这件事说"不",但你可以尝试作为辅助人员参与,偷师学步,门外汉有门外汉的好处,可以提供跳跃性思维方式,打破"专家"的惯用模式,可以作出特殊贡献。

再如,上述第四种情况,如果有可能,可以尝试谈判,把项目的战线拉长,从每周三晚的工作时间降到每周一晚的话,利弊分析下来,还是值得去做的。

▶ 如何说"不"

这里我分享六个技巧。需要说明的是,对领导说"不"不仅需要技巧,更需要动脑,所以在最后单列。

● *简单解释,但不做过多太细节的解释*

好多人之所以对说"不"打怵,是因为怕对方觉得没面子,影响与对方的关系。减少这种副作用的一个办法是对说"不"加以解释，使"不"软着陆。解释需要本着简明扼要的原则，尤其是当对方提的要求完全不符合你的兴趣的时候，不要留后路。有人为了让自己感觉好一些，或者为了让拒绝的理由听起来更充分，啰啰嗦嗦讲一堆，结果陷入被动。

下面来看这个例子：你的同事小王是个业余话剧演员，而你对话剧完全没兴趣。小王给你票请你去看他后天晚上的演出，你本来可以说："祝你演出成功。但是对不起，我对剧院这种人多的地方有恐惧症，所以无法捧场了。"这样说不仅断了这次，也免了以后他邀约时的再次应付。而且你说明白了，问题在你，小王的好心无过错，所以不会得罪他。可是，为了让借口听起来更真实，你画蛇添足地说："太好了，我很想去看你的表演，只可惜后天我要带孩子学琴，若不是后天就好了！"你以为这样说糊弄过去了，结果小王说："周六晚上还有一场，你去吧？"你看这样就进退两难了不是！你不仅表达了高度的热情，还解释得如此具体，诸如后天晚上、带孩子学琴，别人只要错开这点因素就又把你逮着了！所以，请避免给人虚假希望，能简则不繁。

● 用修改方案变相拒绝或者对对方的要求打折扣

很多时候，不必直接拒绝，可以对对方的要求提供一个修改意见，这样双方面子都在，事情也会有答案。

讲一个我自己的例子。在我职业早期，我很想为一个有潜力的小朋友A争取在领导面前曝光的机会，我就去找了我熟悉的大领导B，请B每季度花30分钟时间辅导A。B领导说，我时间有限，我每季度辅导的人都是像你这样级别的而不是初级同事。这样吧，如果A遇到具体的、为难的事，欢迎他跟我约时间，但是我不能承诺每季度都见面。被这样软拒绝后，我帮助A在一年之内想了两个有意义的职业发展问题，A带着这两个问题每半年去请教一次B，结果相谈甚欢。一年后，B答应了之后的季度会面。从这个事例中，我总结了两条经验，一是B

的级别比 A 高四级，我一开始请 B 来做 A 的导师是不恰当、欠考虑的，因为级别差太大，在对方不互相了解的情况下共同语言太少。第二，B 领导并没有完全拒绝我，他提了修改方案，给我的要求打了些折扣，而我回头帮 A 准备充分，赢得了 B 的好感，最终还是达到了目的。

● 不随意麻烦别人

职场的互帮互助不仅常见，而且应该提倡。但确实有人工作职责界限不清，或者工作生活界限不清，随意张口找人帮助，仿佛别人的时间不用白不用。如果你是这样的人，那么可能有两种结果：一是那些被你麻烦过的人会经常反过来找你帮忙，不管不问你是否正在忙自己的事情。二是可能人人试图远离你，因为你给人的印象是总在索取。所以，正确的互助模式应该是，在力所能及的情况下对别人伸援手，自己有需要时，思考清楚后再要求帮助，并且，应避免用力过猛，不使人为难。这样给人的印象是：你尊重别人，别人可能会更乐于为你出力。

● 用正面的方式、婉转的语言变相拒绝，不拖泥带水

举一个例子说明。老王请你参加一个项目的开幕典礼，这项目与你关系不大，而你自己手头的项目正进入关键阶段。老王和你关系不错，直接拒绝不合适，可以考虑用下面这种方式迂回回绝。你说："你真行，终于要开幕了！我最近在赶业务，你告诉我具体时间，我回去看一下我的日程，如果能去就回复你，如果明天你还接不到我的答复，就说明时间冲突我去不了。"请注意，这里的技巧是说"如果能去就回复你"，而不是"然后答复你"。这样做，其实你已经软性拒绝了，既给了对方面子，又避免了二次拒绝时的难堪。

● 别人若坚持不懈要求，你要意志坚定

总有人有锲而不舍的优点，不达目的不罢休。遇到这种人，如果他提的要求仅仅是你不感兴趣，但是其他人可能会获益的，可以尝试推荐其他人，前提是这样做不会给其他人增加负担，而且可能会双赢。

比方说猎头公司多次找你，你没兴趣，介绍另一个靠谱的朋友去。

对于坚持不懈的人，还可以用让时间拖后的建议或请他也邀请别人的方式来稀释你的付出。很多事情，拖着拖着就不是事儿了，当事人可能自己都忘了。那样，你既没搭上时间，也没得罪人。总而言之，如果你被要求帮忙做的事需要你花不少时间和精力，而在你看来此事并不重要的话，不要单纯因为对方变着法儿施加压力，你就失去自己的原则，需要想出招数把自己保护起来。

▶ 如何对领导说"不"

在职场上，多数时候，服从领导命令是天职，但也确实有一些情况，领导因为不了解细节，提的要求不尽合理，那就要有效地去和领导沟通，达到你说"不"的目的。

这里的关键是要帮助领导理解你提反面意见的目的并不是你不想做，而是这个事的正确做法有待商榷，你有不同的建议。所以，对领导说"不"，一定不要简单说"不"，而是要把它变成一个提合理化建议的过程。你既然想枪毙领导的想法，就一定得呈上一个或几个想法供领导做选择题。

举一个例子。你正策划一个新产品的上市，领导建议在京上广搞三次上市活动，他说这样保证聚焦。这和你的计划不符合，你坚定地认为，应该在所有一线城市搞同步上市活动，这样不会让任何一个城市感到厚此薄彼，而且一次性的全国活动有气势、传播性好、影响力大。你在说服领导时，要突出该业务的影响力度以及你做的市场调查，再建议领导采用你的方案。同时，为了和领导的意见互补，你可以建议在全国上市活动后，在三个一线城市再搞第二次区域性聚焦活动。这样既有了面，又有了点，点面结合，可以把影响最大化。

这种拒绝，有理有据有思考，不管领导是否最终会采用你的方案，你的策略性思考能力和全局观都得到了最好的展现。

拒绝是职场必修课。敢拒绝,会拒绝,会正确拒绝是职场人走向内心强大必须经历的过程。愿我们人人都摆脱无力拒绝症,用好选择权,把有限的时间聚焦在最重要的事上。

识人**职**道

高质量人脉，是所有职场上行的加速器

写这篇文章的灵感源自我某日在花园散步时看到的蜘蛛网。蜘蛛能有食物捕获，靠的就是那张辛苦织起的网。勤奋织网，终有收获。在我们的现实生活中，人人都在通过各种活动织网和被别人织进网络，每一个熟人都好比蜘蛛网上的一个节点。朋友多了路好走，把自己的关系网络做大、做结实，会为成功助力。生活如此，职场更是如此。

当今的职场，分工高度细化，几乎任何一个项目的完成，都需要与他人分工协作；当今职场的上行路线，也不局限于传统的在同一职能部门的直线提拔，而往往涉及跨部门的曲线升迁。

更何况，我们生活在一个多么讲究关系的社会。据说，有在中国生活了很久的老外对"关系"的巨大魔力逐渐体察理解之后，认为没有任何一个英文词汇或者短语可以准确地翻译这个"中国特色"的名词，于是直接把拼音 GuanXi 当作一个英文新词汇发明了出来，用了一个大长句子来解释在中国社会中，"关系"对工作、生活以及所有社交活动的决定性影响。

所以，无论是为了做好当下的工作，还是为了加速自己的职业发展，织好职场关系网，不仅是必要的，而且是必须的。可以不夸张地说，一个人的社交能力有多强，某种程度上决定了 Ta 在职场能飞多高。

职场关系网，是由你认识的人和认识你的人共同组成的关系网络，把你认识的人和认识你的人的数量和质量共同提高，你的关系网络就会越来越大，越来越强。

这里的关键词有两个：你认识的人，认识你的人。

▶ 你去认识人

一般来说,去结识更多人的主动权掌控在自己手中,去结识更多人比让更多人认识你要容易。所以,从容易的事做起,先把自己的关系网主动织起来,去结识尽可能多的人。对职场菜鸟——处于职场金字塔的最下层的人,这一点不易做,但却尤为重要,因为关系网络是你进步的阶梯。可以尝试下面几个做法:

第一,充分利用吃饭时间,尤其是午饭时间去社交。永远不要自己吃饭,可以约上自己部门或其他部门的人,饭桌上大家通常是放松的,是了解性格、观察人品的好机会,也是了解彼此工作过程和现状的好平台。

第二,多参加业内的论坛及活动,记得带上名片,也注意收集参会人员的名片。若自己的名字稍有特色,自我介绍时不妨稍加强调,让别人更容易记住。我有个男性朋友每当介绍自己时总是这样调侃,我的名字是个标准的女性名字,不过本人可是纯爷们儿,这招挺灵,人们想不记住他都难。

第三,花点时间研究一下公司的架构图,想想自己未来二三年的职业规划,思考一下将来可能到哪一个部门去工作,寻找与那个兴趣热点部门的人的接触机会,可以从请人喝一杯咖啡开始,与你感兴趣的部门的人搭上线、结上缘。

第四,许多公司都鼓励员工介绍自己的朋友、熟人加入公司,多做这种利人利己的好事,你每介绍一个人加入公司,你就给自己增加了关系网络的一个支线,可以由那个支线再织一个支网出去。

第五,利用公司内部会议的机缘,认识更多的人。在会议上,如果哪个人的发言很精彩,可以了解一下此人的姓名、部门,事后用想多了解Ta所从事的项目为理由单独约个时间认识此人,这样既不显得唐突，又建立了一个新的关系点。更何况，如果此人的发言很精彩的话，很可能是个高人，多认识几个高人、能人对自己没坏处。

第六，找到职场导师。有的公司有帮助寻找导师的制度，若没有的话，可以借助老板的力量或者自己找，职场导师一般是级别比自己高的、有影响力的、愿意帮助人的领导。请导师帮你介绍相关的合适关系往往会事半功倍。

▶ **让别人认识你**

如何让别人认识你、记住你？

第一，请你保持自己的美好形象。相貌是父母给的，着装打扮却是可以由自己掌控的，请认真经营自己的外貌资产，争取用着装把先天的相貌扬长避短。我们每个人都或多或少会以貌取人，不要让别人对你的第一印象丢了分。如果你没有先天颜值超群的优势，至少你可以通过着装考究来让别人记住你。衣服不一定要多么昂贵，但颜色和谐、裁剪合体、干净整洁、每日换装，却是可以做到的。

第二，活跃一点，适度自我营销。公司若有内刊，部门若有通讯，请踊跃投稿，最好再附上照片，让别人知道你不仅热爱工作，文笔还不差。

对于年会之类露脸的大舞台，要去争取上镜机会，认真准备，拿出自己的最佳状态，即使不能一鸣惊人，至少也要混个脸熟。年会是一年一度珍贵的露脸盛会，职场有心人不会被觥筹交错的狂欢淹没，而会有备而来，把握机会展示自己，努力成为年会的亮点之一。当然不是所有人都有在年会上崭露头角的机会，但日常工作中，可以时时有心，刻刻有备。

若你负责一个项目，可以利用新项目启动的时机展示你的周密计划，用阶段性汇报会呈现你对项目的进展尽在掌握中，用结题会赢得你善始善终的口碑。若你是一线最基层的员工，可以利用团组汇报会的机会展现结果、总结过程,传递给同伴、老板"我努力,故我成功"的关键信息。勇于提建议也可以成为表现自己的好机会。但是务必记得,提建议要三思。我们生活的时代,已经是连建议都要高度专业化的时代。哪怕你是最基层的员工,也要学着以管理者眼光审视公司及部门发生的事情,这样才有可能给出有理有据的合理化建议。这样,会使自己说的话越来越有含金量,越来越引人注意,可以蓄势待发。

第三,肚子里多点谈资。无论是一对一的小谈话,还是多人讨论,你若有个一技之长,可以让人从你身上学点东西。这些谈资,可以与工作不相关。例如对红酒的了解,例如对一个国家的熟识,例如对一种异域文化的研究,甚至是装修房子的小技巧,等等。这些碎片化的谈资至少说明你有见识、有思想,或者说明你学习能力强、动手能力强。让别人下次还想和你多聊几句。

第四,如果你有机会在各种场合见到将来可能对你职业发展有帮助的人,比如曾经面试过你的人,比如曾经给你打过电话的猎头,比如在一个展会上曾经握过手的另一公司的总监,保留他们的名片,并主动保持联系,在电子社交工具泛滥的当下,能认真做跟进的人不多,你若用心做到,可能就会有意外收获。

织网有四大关键成功要素:积累沉淀,大气正向,选择优化,资源交换。

▶ 积累沉淀,大气正向

职场织网是一项要终身为之努力的事业,年少青涩时为之可能觉得有些吃力,用心去做一段时间,品尝到关系网带给你的甜头之后,你会更有信心、更有心机去织更多的网。

织网靠的是时间的积累、阅历的沉淀、口碑的建立,是逐渐加宽加厚的。所以,在任何一家曾经服务过的公司,都要认真把人做好,不要让别人对你的负面评价破坏你苦心经营起来的这张网。即使你与老板不合而要离开公司,请面带笑容,心平气和,善始善终,优雅离场,因为职场圈子说小不小,说大还真不大,职业经理人的口碑是比金钱贵得多的无形资产。

同时,外向开朗的性格、自来熟在多数时候是社交的正砝码,有助于织网,但在任何情况下,请把握好分寸,不要过度为之。愿意说话,肯交流也是职场织网的优势,但千万不要把自己变成职场呱呱鸟及八卦情报交流站,这个有失身份。职场职场,职业的场合,大家还是"阳春白雪"点为好。

▶ 选择优化,资源交换

形成关系网,关系的数量是基础,无数量不成网。在职业初期尤其如此。随着人脉的积累和资历的增加,职业上行机会大增,你同时也会发现,维持关系网络属于重脑力劳动的一种,有时需要做减法。在积累了足够的关系网点之后,需要做适度的筛选优化,把关系网络根据自己的情况按照优先级别分门别类,剔出无效网点,强化高质量网络,避免平均用力。有个说法叫"靠关系吃饭",这话若说得更到位一些,其实应该是"靠交换关系吃饭"。

职场织网若要具有可持续性,必须自己有料去和别人交换,与别人相互帮助、相互照亮,如果自身持续性不够有料,不够有资源去给予对方,那么就很可能在关系网中沦落为索取方,做不到公平交换,别人可能因为从你这里什么都得不到而与你渐行渐远。

所以若想要职场关系网密实而坚固,必须不断地提高自己的核心竞争力,让自己变得越来越有价值,别人才愿意都向你靠拢。当别人都愿意走近你的时候,你会发现,你的关系网会经营得越来越省心,越来越高效。

与领导高效沟通？实用8招帮你制胜

工作中，总少不了与级别比自己高的领导谈话和当面沟通。这里说的领导，可能是自己的直线领导，或领导的领导，也可能是别的部门的领导。与各种领导打交道，这当中学问多多，其中谈话尤为重要，因为它事关你的面子工程和里子工程。说它是面子工程，是因为你的谈话方式和风格在印象分中权重极大，特别是对你并不了解、熟悉的领导来说；说它是里子工程，是因为谈话条理和内容直接体现了你的逻辑思维和表达能力。

与领导谈话，最关键的要点是有备而来。不管是被领导召见，还是你约领导会面。绝大多数时候，见面大致的内容是提前预知的。有的放矢地做足功课既表现了对领导的尊重，也为会面效率最大化奠定了基础。不仅要自己做好准备工作，还得让领导也有所准备，免得你谈到敏感问题，领导没有提前思考而进退两难，那样的话，双方都感到尴尬。

让领导有所准备其实不难，可以在预约时或口头或书面（电邮、微信）用几句话说明此次见面的目的，同时也说清楚此次见面的性质：是让领导知会情况，是寻求建议，还是需要领导决策。如果谈话内容将涉及比较复杂的情况或者重要的决定，提前把背景资料等送给领导做预读，可以提高见面效率。但预读忌长篇大论，因为如果太长，你送了也是白送，领导没时间看，最好再准备几张提纲挈领的幻灯片，把背景交代清楚就可以了。

准备工夫做足，为会面成功奠定了基础。当然最重要的还是会面本身的质量。若是领导召见你，请让领导来主导谈话；若是你约见领导,你需要来引导这个谈话。不论是哪种情况,以下几个原则供你参考。

▶ 原则一:谈话先框架后细节,先宏观后微观

请不要忘记,你仅仅是领导手下员工中的几分之一、十几分之一,甚至几十分之一,通常领导对你要讲的事情远远没有你了解得多,可能Ta也不需要了解那么多细节。请先讲出此次谈话的目的、简单背景、问题所在,然后说清楚需要领导做的事。列出框架之后,把关键细节拎出来说说,但切忌在没有背景、没有大局、没有框架的开始阶段就直奔细枝末节,让领导一下掉进细节的大面缸里。

让我们用一个例子来看看顺畅的和不顺畅的谈话。

事情梗概:小王是负责快消品A的产品经理,李总是市场总监。小王刚刚听说竞争对手公司的一个竞品要比预计的提前三个月上市,他需要请示李总,把原来放在第三季度的预算拿出五百万用于第二季度提前投放,全力维持A的品牌和市场份额。

先来看看顺畅的谈话。小王去见李总,说:"我刚得到消息,我们的竞争对手产品上市比预期的提前了三个月(简单背景),为了应对这个突如其来的变化,我们决定把原来用于第三季度的市场经费中的五百万提前到第二季度花掉(小王提出他的想法),因为这样牵扯到整个部门上半年的预算变化,所以我来请示您的批准(提出需要领导做的决定,谈话至此,大的框架已经搭好)。"小王接着说:"我们认为这样做很有必要,因为我们打听到对手公司的竞品马上要在一线城市和几大二线城市投放广告,三大电商也已经和我们的竞争对手签了直达消费者的定点推广协议,估计他们的总投放推广费用将达到一千万,而且是集中投放(补充说明背景,很显然,小王做了精准的调查研究)。因为我们的公司品牌、产品好感度以及客户忠诚度一直都在市场首位,所以我们

不必像他们投入那么多（想领导之所想，把公司的利益放在第一位）。经过核算，我们认为第二季度这个时间点是关键，五百万是强化品牌和维持市场领先地位所需要的合适市场费用额度（补充的细节证实了你建议的必要性和背后的逻辑）。"

再来看看不那么顺畅的谈话。小王去见李总，上来就说："我需要在第二季度就把原来在第三季度预算当中的五百万提前花掉。"李总说："什么？我刚刚向总裁承诺上半年预算不会超标！"小王赶紧说："竞品提前上市了，这个钱我们必须花。"李总："有那么严重吗？需要五百万？"小王又说："竞品公司花一千万，我们花五百万不算多。"李总："能不能第二季度先放二百万，剩下的等到第三季度？我不能对总裁食言。"小王补充："竞品集中投放，我们错过时间点，可能就一步落后步步落后了。"（费了半天劲，总算说到了点子上！）

这个案例，顺畅的谈话中，因为小王的逻辑把握到位，他提前花预算的申请得以批准，且还获得了李总的大力支持和赞赏，李总说小王市场敏感度强、数字感好，有勇有谋。在不顺畅的谈话中，小王挤牙膏般，在开始谈话时，太过单刀直入，在没有背景的情况下提了个大要求，立即把领导的情绪放到了对立面，虽然谈话至最后关键信息都传达到了，而且也得到了批准，然而给李总的感觉是：这小王，这么简单明了的事都说不明白，还得让我问那么多问题才把关键信息抛出来。两种情况，高下立见。花了这么多篇幅讲这个原则一，就是因为它对整个谈话的成败至关重要。

▶ 原则二：先拣最重要的说

领导的时间往往有限，即使你约了 40 分钟，很可能在谈话只进行到 30 分钟的时候被另一件重要事情打断，你们不得不中止会面，而那时若最关键的信息还没有被讨论到的话，此次会面就没有达到目的。

▶ 原则三：请示工作给方案，汇报工作给结果

做请示汇报时，若既有喜又有忧，请两者都报，但请记住，若是喜讯，总结一下关键成功因素，显得你既有勇又有谋；若是工作中遇到了困难，仅仅分析问题根源是不够的，一定要想出几个可能的解决方案。可以请领导做选择题，帮助决策，切忌只扔出一大堆问题和困难，没有任何解决方法，这样做只会显示你的无能和不敢担当。

▶ 原则四：若要寻求领导的帮助，请把要求具体化

把领导不出面的风险以及出面的可能收益讲清楚，同时讲明得到领导帮助后你的后续跟进计划。

比如你听说你有一个刚被提拔的优秀下属被竞品公司瞄准，你想请领导出面安抚这个不稳定因素。这个要求可以这样提："我想麻烦您最近两三天找这个同事聊聊，一是分享一下在我们公司未来的职业发展轨迹，二是让他感受到公司的重视。这样我们可以把这个员工的流失风险降低，有利于稳定团队。您跟他谈完之后我马上跟进，确保他在我们公司安心工作。"这个要求简明扼要，有时间、有目的、有预期效果、有跟进，领导通常会认真考虑。

▶ 原则五：有情绪时不谈话，谈话时不带情绪

不论是投诉别人，还是表达自己的委屈，在气头上的时候绝不要去见领导，因为你被情绪劫持的风险太高，很可能本来你很占理的事情，因为你的不冷静、口吐荆棘，让领导对你戴上了有色眼镜，反而把你推向了不利的一面。

把这一条略加推广，其实此原则也适用于谈话时对领导情绪的推测和判断。领导也是有喜怒哀乐的凡人，也会有情绪不好的时候。如果你要谈的是负面消息或者属于复杂又不紧急的事务，打开话题后发现领导情绪不对的话，不要往枪口上撞，可以先简单提一下，短期内再另找合适机会跟进。

▶ *原则六：挑战领导要做到对事不对人*

对领导的尊重并不等于一味地说 Yes。有不同看法时可以适当提出，这不仅可能帮助自己达到目的，更有可能帮助领导纠正一些错误看法。挑战领导如果得法，有技巧地表达自己的不同观点，不仅可以让事情朝着正确的方向推进，还可以为个人赢得品牌。

这一点在《职场中说"不"的学问》一文中已经提过，这里做点补充。若想让领导改变主意，把事情朝着你想推进的方向去发展的话，要让客观的数据说话，要让过往的成功或失败案例说话，并给领导足够的时间权衡，不宜当场逼宫。

有头脑的领导通常会全面考虑员工提出的不同声音，只要这种不同声音是挑战而不是挑衅。挑战和挑衅两者的区别何在？挑战通常目的明确，就同一件事提出不同意见；而挑衅是揣着明白装糊涂，以挑起是非来达到发泄不满的目的。挑衅带有明显的"泛矛盾化"特点，通常以另一不相关的事来表达对刚才讨论的事的不满。

在任何谈话中，挑衅可以把对方一下子推到对立面上，使谈话难以继续。例如，领导就业绩改进问题和你谈话，你虽然不爱听，但领导讲得在理，你很难反驳，于是你话锋一转，说："大家反映公司食堂又贵又难吃，这个问题不解决，影响大家的士气，业绩难以提升。"这就是典型的胡搅蛮缠式的挑衅案例。你需要明白，大多数领导是头脑清楚的，是分得清去情绪化的挑战和充满敌意的挑衅的。不当场驳斥你是领导的涵养，并不代表着你的挑衅得逞。

▶ *原则七：记得用总结和结论来收场*

和领导谈话结束时，应该用几句话做个总结，归纳此次会面的关键信息，使大家达成共识，避免歧义。更关键的是会后的执行力，达成共识的事应不打折扣地去做，并在合适的时候作针对性的汇报，善始善终，这样的会面才算卓有成效，下次领导还愿意见你并提供帮助。

▶ *原则八：和领导会面中有几个细节要注意*

一是眼神交流，要保持专注，不要目光游离。二是和领导保持合理的空间距离，距离给双方安全感和自由度，让彼此都多一点放松。三是注意领导的身体语言，当停则停，给领导思考反馈的时间，不要滔滔不绝，口若悬河。这些所谓小事，不仅是个人修养的"晴雨表"，还体现了你的情智两商。

本文貌似有点鸡汤，希望没有腻着大家。不过话说回来，偶尔来碗鸡汤也许能给我们强化一下营养。既然都定位成鸡汤了，索性最后来点鸡精：能做到领导的位置，Ta通常有过人之处，有值得你学习的地方。请善用每一个与领导沟通的机会，通过聆听给自己创造向领导学习的机会，用本事武装自己，在机遇到来之前准备好，别让机遇找不着你。

对付小人和负能量的 5 个有效招数

有一天儿子问我:"不好的人为什么叫坏蛋?蛋和人没有直接关系呀!"我想了想说:"可能是因为真正面目狰狞的坏人是很少的,多数坏人都是以貌似鸡蛋的圆滑姿态出现。但是假以时日,这种人还是会原形毕露,就像坏了的蛋,放一阵子就臭不可闻了。"

我们必须承认,我们生活的真实世界里确实有天上掉下来的坏人、骨子里冒坏水的小人。他们心怀不可告人之目的,或口蜜腹剑,或两面三刀,或四处泼洒负能量。

当然,我们也应该客观地说,真正的"大坏蛋"在人群中还是极少数,人人皆非完人,很多时候我们看到的小人行为,往往只是一个好人的阴暗面。

既然职场如社会,就并非事事美好。相反,不如意事十有八九。有时,即使你总是与人为善,也会有小人欺人太甚,或者有事让人愤愤不平,触及你的底线。一味忍让不是办法,试试以下五个招数,总有一款适合你。

▶ *招数一:选择冷暴力对待好战分子*

当有人咄咄逼人向你发起进攻时,最大的反击不一定是唇枪舌剑,即刻应对。冷处理可能更有效。选择冷暴力,拖 Ta 晾 Ta!

对好战的人来说,若无人应战,Ta 内心的失落及沮丧绝不亚于打了败仗,因为无人应战,即意味着 Ta 失去了向人展示 Ta 赢的机会。

冷静对付这种无理取闹的好战小人的好处有不少：首先，这样做避免了火上浇油，避免了小人变本加厉；其次，这样做也避免了因为你的反击而使事情出现了负反应，原来明明全是对方的错，但后来你反击后若事情发展到不可收拾的地步，就变成了你和对方都有错；最后，冷处理有可能会让肇事者自行思考，避免行动再次过激。

冷暴力还有一个良性副作用，如果上下左右的同事耳闻目睹了你被人欺负的事情原委，你的大度及冷静会帮你赢得口碑。

▶ 招数二：大气当道

借几分阿Q精神，把自己的心态放平。如果你一直很优秀，却在重要的当口被小人从背后捅了一刀，你就这样告诉自己：我似一只上市股，一路长红没跌过，这次只是阶段性小调整。大整会害死人，但小整只会增加我的免疫力。

很自然，当你越走越高，竞争对手中就总有人想把你从上面踹下去或者想把你从上面拽下来，这是自然选择的一部分。你若真有那么大本事，就一定能再上去。若真的再上不去，勉强扶上去恐怕也待不久。所以，努力之余也要顺其自然。

▶ 招数三：选择性失聪

拒绝与不同层次的人争辩，减少搅坏自己心情的几率。如果对方的基本素质、认知水平和优秀系数都与你相差甚远，Ta根本不可能和你在同一个频道。和这种人，你根本辩论不出所以然，而只会平添烦恼、浪费生命。争辩也需要棋逢对手。等对方进步到和你一个水准，Ta才有资格和你把真理越辩越明。

那么应如何处理对方的噪音呢？不妨这样告诉自己：除非你完全

不值得说，否则就总有人会说你。选择性失聪，保护好自己的热情，该干啥干啥，谁若不怕浪费口水就让他嚼舌头去！

选择性失聪可以有几个做法：如果有人在会上无理取闹，你可以根本不理这个话题，完全跳过去，讲别的话题；如果有人用电子邮件对你进行人身攻击，你可以把它直接删掉，或者如果需要保留证据，你可以单独存档，让它远离你的常规视线。这和第一条中所说的冷暴力有点相似，但不同在于选择性，只应答合理的部分，对没有道理的部分视而不见，充耳不闻，让它自生自灭，让对方自讨没趣。

▸ **招数四：高级自黑冷幽默**

这一招用在别人明目张胆地表达嫉妒时挺好用。

我最近收到一单。我有幸作为公司唯一的代表，作为我市核心团队的成员去为某全球顶级电商的全球第二总部落户我市做宣传。结果我市从二百三十八个城市中脱颖而出，成功跻身前二十名。这本不是什么秘密，我也从没有在朋友圈以外刻意提起过，消息还是传开了。好多同事衷心祝贺的同时还给我出主意，希望我们能在下一轮竞选中再次胜出，成功进入前十名。

有一男士，带着明显的不友好，冷不丁问我："公司怎么会选你去？应该找个对本市更加了解的人去才更合适！"我抬头看了他一眼，说："你想多了，选我不是因为我多么优秀，大概是我这张普通的亚洲脸比较没有棱角，反而比较独特，能让大众加深对我市的保守印象，扳回几分吧。不过话说回来，其实谁去都一样，不过碰巧选择了我，就这么简单。"他大概意识到自己说话欠妥当，于是说："那倒不是，你被选中肯定是有道理的。"然后讪讪地走开了。

你看，这事件中，我没生气，没口角，也没退让，而是巧妙地以退为守，不善的来者就这样选择退却：先用些高级自黑（我这张普通的亚洲脸没有棱角）其实是暗指他棱角太足,锋芒太甚,说话分寸欠佳;再用淡化自己能力的说法,说谁去都一样,我没啥特别。其实傻瓜都知道,怎么可能谁去都一样！这简直是在挑战他的智商了。我这是在变相下逐客令,他还不赶紧走?

▶ 招数五：向第三方借力

有时被人欺负,心里越想越不爽,咽不下这口气,压力需要一个出口。同时,还需一个解决方案来出这口恶气。这时可以让职场导师出面相助。

举个例子,你辛辛苦苦为一个项目立下了汗马功劳,却在总结大会上被别人抢了功劳,这不仅是对你的不公平,还是对你和你团队劳动成果的不尊重。但是,这件事情比较棘手,因为你没法逢人就说"这活是我干的,功劳应该是我的",虽然这是铁一样的事实。

这种情况下,找你信得过的职场导师说明情况,请Ta在合适的场合点名表扬你,并把你对此项目的贡献加以具体说明。导师都是比你级别高的,参加会议的层次,说话的水平都会比你高。多数情况下,可以帮助你不显山露水地把属于你的功劳部分或者全部归还给你。

有一条需要说明,人过分善良易被人欺,如何避免成为被人欺负的靶子呢?

试试如下几条——

第一,不做完全没有锋芒的老好人。毫无棱角的所谓无原则的好心,其实是软弱的代名词。因你从未向别人释放过"我有底线,不可侵犯"的信号。

第二,凭良好的工作业绩争取同盟和上级支持者。人以群分,职场上的同道,不一定非得是生活中的密友,却因互相欣赏而更容易惺惺相惜、互相帮助。爱才惜才的前辈和领导也会选择性地栽培一些高潜力人才。用自己的才干赢得这些人的支持和提携,你会形成自己自然的保护区,所谓背靠大树好乘凉,小人往往不敢近身。

第三,也是最关键的一条,不管你做什么,把自己做成领域内的专家。肚里有料,自然让人心生敬畏。毕竟只有自己强大了,别人想不敬时,需要三思而后行。即使碰上那不长脑子硬往上撞的小人,其明枪暗箭也因你自身坚硬而毫无用武之地。

讲了这么多对付小人和负能量的招数,我们在实际应用的时候不要跑偏,不要走向另一个极端,将凡是不对自己口味的人皆视为小人,将凡是自己不喜欢的做法和事情都打入负能量冷宫。

这需要我们对人、对事都有客观的判断。具体情况需作具体分析:

损人利己:小人之心,散发负能量。但有时因为这个"利己"对当事人实在意义重大,在某些情况下可以理解。

损人不利己:这真是个超级小人,释放超级负能量,伤害别人,对自己还没好处,真是病得不轻。

不损人不利己:这种算中性吧!

利己不损人:不错啊!不把自己的利益建立在别人的痛苦之上。学学Ta咋做的。

利己又利人:双赢啊!这是情智两商皆高之人啊!和这种人走近点。

遭遇小人,应对负能量是劳心劳力之事,但是反过来想,小人让我们成长,负能量让我们坚强。

无论在生活中还是职场上,要成功,都需要朋友,需要好人,但是要取得巨大的、长久的成功,我们更需要敌人和小人,他们让我们动脑,让我们保持机警,让我们发挥正常情况下用不到的潜能。在和小人周旋的过程中,我们学会了擦亮眼睛,提高格局,自我治愈,充电再战。

真正成熟的职场人,是明明深谙人性的阴暗,却仍然选择把与人为善作为基本准则。所谓"知世故而不世故"。

职场得意,怎能没有幕后推手?

职场的晋级,不是所谓"越努力就越成功"的仅靠自我奋斗就万事大吉的简单线性逻辑。这中间,需要有多维的推手——肯为你说话、肯为你争取利益、肯为你花政治资本推你前进的贵人。在这里,我简单地把这类贵人统称为职场导师。

我经常接到这样的问题:怎样选择职场导师?怎样让人愿意持续给予指点?导师可以怎样帮到我?

在回答这些问题之前,我们先要明白有些职场前辈为什么愿意做你的导师。当然原因有多个,主要可以概括为两大类——

爱才惜才,以伯乐身份发现千里马本身就很有满足感。

慧眼识才,着力培养、力挺人才,也是导师积累个人品牌的好渠道,导师在帮助别人的同时,也为自己的影响力加分不少,利人又利己。

明白了这个道理,我们就知道导师是可以有动力帮助别人的,我们要做的,是要成为那个 Ta 想帮助提携的幸运儿。

▶ 选什么样的人做职场导师?

每人脾气不同,秉性各异,喜好也可能大相径庭。但在选职场导师的问题上,以下几个原则基本没错:

- 找职位、经验、技能、眼界(至少两样,最好四样)比自己高的人

说到职位,找级别比自己高一级或两级的领导,不需要再高。因为

级别差太远,往往远水解不了近渴,且级别太高的领导可能对自己早期在职场初级跋涉的实用技巧的记忆已经不是那么深刻了,更何况时过境迁,当时的妙方今日可能已不适用。另外,在任何机构中,与级别差太多的领导对话时共同语言可能有限,少有共鸣的对话,往往没有激情和内容,不可持续。

● 找与自己的下一步升迁没有利益冲突的领导

比方说,这个领导自己的下属不会和我们竞争同一个岗位。这样的领导,更容易轻轻松松敞开心扉去帮助我们,没有负担情况下的帮助会更到位。

● 在你的职场导师中,一定要有非本部门的

职场导师的关系建立本身就是个建立关系网络的过程。这样做可以帮我们在部门外织起另一张网,我们会因此得到更多的工作机会信息及横向职位信息。外部门的领导往往旁观者清,在我们遭遇困惑、身处矛盾中心的时候,更需要客观的第三方的判断和指导,这时导师就派上了用场。

● 找乐于助人、不自私、有担当的人

有人过分爱惜自己的羽毛,Ta再好也不适合当导师。

▶ 怎样让人愿意当你的导师,并持续巩固这个关系?

要解决这个问题,首先需要了解一个职场前辈成为力挺你的人的关键四步:

1. 与你相识,对你开始有个大概了解,有个好印象。

2. 熟悉你的为人和工作,对你的工作范畴、职责广度和深度,做人的靠谱系数逐渐深入了解。

(要做到这两步,广结人缘,适当表现很重要,这两步在《高质量人脉,是所有职场上行的加速器》以及《打造职场影响力的3张王牌》两篇文章中

有详细阐述。)

3. 你以人品及业绩赢得 Ta 的深入信任。

4. Ta 完全认可你，愿意挺你，愿当你的伯乐。

了解了这四步，便可有的放矢地去行动，一步步赢得导师的信任。以下几条供参考——

● 做好当下的工作，做个极端靠谱之人

此话怎讲？你在专业领域够努力、够优秀，自然引人注意的机会就会大增，这样会让未来导师认为挺你的风险系数低，谁都更愿意做成本不高的顺水人情。

你可以有个性，但是一定要靠谱，靠谱就是说到做到。这好比风险投资，你要以实际行动、实际产出使对你劳心、劳力的投资人信心满满，投资人看到输出确定性后，更愿意追加资本。这个道理，在导师和你的关系上是一样的。

● 定期联系

接触频率决定熟悉程度，而熟悉程度可以影响信任指数，就像无孔不入的产品广告可以左右我们的消费行为。当然，这里的联系频率需要掌握好度。过度打扰会让人产生逆反心理，而且容易让人产生你的功利心太重的误解。

可以与导师达成见面频率的共识，不过度为之，并使每一次见面富有成效，使导师形成每次和你的见面 Ta 自己也有收获，Ta 还期待下次再见的正向心理行为，这就涉及下面几条。

● 你能为导师做什么？

不要以为自己级别、经验、眼界都比导师低就没法为导师做什么了。任何的双边关系，大到两国之间，小到同事之间，互利互惠才能长久。你可以利用自己的术业有专攻，给导师提供一些帮助。

比如，你是市场部的，而导师是做财务的，你可以分享一些最新的市场动态和竞品信息。在这个过程中，通过分享你自己的看法，展示你的策略性思考和格局。

你还可以在力所能及的前提下，善用自己的长处，默默地给导师当幕后英雄。对导师的帮助，不一定非得是和工作相关的，分享一些生活中的你做得比较出色的事情也是可行的。但这通常要在双方关系比较熟络之后，以避炫耀及班门弄斧之嫌。

● 每次的见面要认真准备议题

导师时间很宝贵，Ta肯把一个时间段留给你，你要珍惜并好好利用。请想好一个或两个主题去与导师讨论。可以请求导师解惑，可以探讨行业的一个动向，可以请教关于职业发展的问题，请聚焦于你准备的话题，避免东扯葫芦西扯瓢。这既是对导师时间的尊重，也是对你们双方关系的尊重。

话题的准备是个技术活，是体现你格局的小窗口，要避免的是，谈话仅仅围绕"我我我"的以"我"为中心，你准备的话题应该围绕行业、你服务的机构、你个人兴趣点和导师知识覆盖面四方面，要平衡。

● 用成果来报答导师

你工作上取得的点滴成绩，请第一时间让导师知道，并及时地表达感恩。感谢时要具体化，避免泛泛地空洞吹捧。如果导师的哪一条建议帮助你取得成绩，请具体地说给Ta听。这一方面说明你"孺子可教"，另一方面，也使导师得到了具体形象的鼓励，别忘了，导师也是需要鼓励的。

▶ 选导师应多元化

正因为导师和你的关系是双方自愿的动态关系，很可能你们最终的关系就停留在高级同事的水平，因为并不是每个导师最终都愿意力挺你，或者有能力把你挺到新的高度，所以职场导师也需要有多个。我建议你的导师中，最好包含三类人——

● 严师型

这类导师可能是刀子嘴的犀利款,目光精准,一针见血。我们的成长进步需要这种人。和这种导师打交道,我们需要收起那颗易碎的玻璃心。很多时候,实话往往简单粗暴,而谎言却经常被包装得温情脉脉。请记住,被碾压可以提高我们的免疫力,我们脸皮厚一点,方能走得远。

我曾经有过这样一位导师。对我向来单刀直入,多年积累下来的信任使我们的谈话从来不需要粉饰太平。很久以前他曾经对我说过:"如果你的牙齿上不小心沾上了菠菜叶而你自己却浑然不知,继续出现在公众视野,我会是那个把你叫到旁边让你赶快去清理的人,因为我希望你好。"这句知心话让我记了一辈子。

几年前我履新时,满耳听到的都是恭喜之辞。他却说:"我得给你点小警告,你强大的脑袋、敏捷的思维、卓越的执行力都是不可多得的长处,但请记住,在奔赴新岗位时,若使用不当,长处也会引起祸端。你初来乍到,不要急于表达,提醒自己慢半拍。因为你若说得既快又说对了,有人也许会因为不阳光的心理,滋生嫉妒甚至怨恨,从一开始便对你设防。你若图快说错了,会落下莽撞和无知的恶名。所以,把你的大小聪明暂时存放在脑子里生利息。"听了他的话,我像脑门上涂了酒精,瞬间清醒。

● 慈父慈母型

这是无条件支持你的那一款,Ta是你可以示弱,可以分享难堪经历的最安全听众,Ta说的所有的话都是为了你的利益,Ta急你所急、想你所想,Ta愿意花费自己的政治资本去为你力挽狂澜,帮你走出险境。有这样的"职场爹妈"真是件太幸福的事。

● 情怀境界型

我们的职业越往上走,越要讲情怀、讲境界,越要讲究从具体事情中提炼出规律,从具体想法中升华出策略。你需要有具备大师级思维模式的导师引你上路，给你点拨。

有一次，我在工作中遇到一件事觉得不公平，去找一个熟识的导师。他了解了实情后，帮我想了个行之有效的具体应对办法，我起身离开之时，他说："如果你觉得有人排斥你或者不如你期望的那般友好，别放在心上，让大格局指导你的方向。我们生活在一个充满竞争的社会，有胸怀者得天下。把所有人都往好处想，当你用以德报怨的心态对待小人，即使小人不买账，别人门儿清着呢，这可是积累个人品牌的好机会，用好它。"

哇，听他一讲，我都觉得若不宽容对待此事，则对不起他的苦心栽培。

导师是职场升级的长途跋涉中必有的关键装备。自身优秀更容易吸引别人伸出援手，在此基础上去用心经营这个贵人圈，总有一天，你无需仰望别人，因为自己就是好风景。

让我们来谈谈"前任"

这篇文章真的不是标题党。如果你认为是,那我只能说,是你想歪了。

需要说明的是,这里的"前任",指的是前任领导。

职业生涯中,一定会有你的领导转去做别的工作而成为你的"前任",或者因为你换了工作而你的领导被"前任"了。领导成为"前任"的过程中,各类职场人扮相不同:有的人还未走茶已开始凉;有的情智双商皆高,热络地保持联系;有的属于墙头草势利型,若"前任"走了职业上升通道,则恨不能马屁拍得惊天响,若"前任"前途不明,则果断冷处理,投奔新靠山。

无论是领导选择成为你"前任",还是你决定把领导被"前任",你和"前任"在 Ta 的任期间的关系无非就以下几种情况——

第一种,关系不错。Ta 走你不舍或者你走 Ta 不舍。总之互相欣赏。

第二种,关系还行。就那么回事儿的上司、下属关系。

第三种,关系不咋的。不论是你走还是 Ta 走,都正中对方下怀。

先说第三种情况。无论是你忍无可忍,选择抛弃"渣前任",还是你眼中的"渣"是大老板眼里的"宝",人家高升了;或者是大老板和你一样眼睛雪亮,"渣前任"被调走,或另作安排去非关键岗位,你都应该利用这个分手的契机做一个思考:Ta 之所以被你认为是"渣前任",在这段并不美好的职场关系中,你自己有没有责任?

答案往往是:你至少有一部分责任。问问你自己:是否你不能胜任你的工作，领导瞧不上你；或者你和领导性格高度不合、风格迥异，这严重影响了你们之间的信任建立，你工作好不好都没关系了，反正Ta都瞧不上；或者你的自我认知有问题，你一直难以理解领导的期望值，总也踩不对步点，哪怕尽了不少努力，却总是无用功居多。做这个反思的目的是对自己及时做调整修正，减少和未来领导相处时再出现这种情况的可能性。

正因为这是一个自我检讨的过程，不需要对任何外人交代，没有面子问题，所以务必对自己诚实中肯，悄悄地对自己的行为做些正向调整，把这段和"前任"的旅程当成是自我学习和成长的过程。反思过后，感谢你们的分手，感恩你获得了一次重新证明自己的机会，然后收拾心情，重新上路。

有一点要记住，无论"前任"如何不好，不要在背后当着别人的面说Ta的坏话。这是做人的通用法则，在对待"前任"的问题上尤其如此。因为别人不一定知情，或者不一定了解你和"前任"关系的全部细节，你的差评未必能换来同情，反而可能会使别人觉得你心胸狭窄，不懂感恩。当然，有些情况你不应该保持缄默，例如"渣前任"触及职场雷区的时候，比如性骚扰、财务作假、假公济私等。

类似的道理，若你心目中的"渣前任"因为某种原因被降职使用甚至被开除出单位，你可以选择不违背自己的原则，不展示同情；你也可以选择从此老死不相往来，但不要去幸灾乐祸、落井下石。在任何时候，做人保持善良的一面，都不是坏事。

说完了负面的，来看看正面的。你和"前任"在Ta在任时若没有过结，或者关系不错，也就是前面所说的第一种和第二种情况。那么恭喜你，你和"前任"的关系已经有了一个挺好的基础，利用好这个基础，把这种关系维持下去，经营下去，四个字：善待"前任"。这样做，不仅是与人为善的具体体现，还是难得的职场美德。任何帮助过我们的人都值得我们以德相报，更何况是曾经给过辅导和支持的"前任"。真诚地善待"前任",除了为自己积累了良好的个人品牌,还有附加值。无论是从人情角度还是功利角度,都好处多多——

第一,你主动保持联系本身就会让"前任"对你好感有加。和那些人一走茶就凉的人相比,你更念旧情,更值得信赖,在将来的日子里,"前任"也很可能更愿意帮你。

第二,"前任"可以更到位地给你提供职业建议。没有了上下级关系这种制约和顾忌,"前任"说话更加放得开,也更可能愿意帮你分析一些敏感话题。Ta可能会站在更客观的角度上,完全从你的角度出发,帮你出主意,保护你的利益。

第三,"前任"是你新的网络起点。若Ta和你还在同一单位,只是去了不同部门,那Ta的新部门就是你新的网络开发点,请"前任"帮忙搭线,你的人脉就又多了一条分枝;若"前任"去了其他单位,因为你之前和Ta不错的关系基础,你就又多了一条将来的出路和可能性。

那么如何善待"前任"呢?方法有很多,自然真诚至上。以下几个做法供参考。

第一,从人情功夫做起。利用节假日作契机,根据以前的熟络程度,问候和约饭局皆可。这里特别说一句,发给"前任"的信息,应该是一条量身定做的问候信息,而不是群发的没啥温度的网络模版。

第二,及时汇报你自己的好消息。让你的"前任"直接从你这里了解,而不是道听途说。信息的传播途径说明了信任程度和关系亲疏。比如当你喜获晋升,你要赶在同事朋友之前通知"前任",并顺便感谢Ta之前的栽培。当然,如果你有诸多"前任",可以根据相关程度来决定通报与否和通报的先后次序。通常的大原则是礼多人不怪。

第三,在可能的情况下帮助"前任"。不错,Ta曾经是你的领导,当年你主要仰仗Ta的帮助。但你们各自发展后,彼此应该成为互相的资源,而不应该再是单方面的付出和给予。领导成为你的"前任"后,你可能涉猎了一些新领域,结交了一些新朋友,职业也上了新台阶,平台大了,眼界宽了,这些都有可能成为你"前任"的助力器。大方地分享这些资源,一方面算是回馈"前任"对你曾经的帮助和提携,同时,朋友之间互相照亮、互帮互助,友谊也会更加长久和可持续。

第四,多在外人面前为"前任"美言。很多时候,赞扬现任领导若拿捏不好分寸的话,容易引发别人的反感,有马屁精嫌疑。领导一旦成为"前任",你由衷的感恩和赞赏会更显真实。这种美言,宜具体忌浮漂,宜接地气忌假大空。什么样的美言算是具体的、接地气的?好比这样说:A领导极具担当,在他手下工作,你只管勇往直前,因为他会为你撑腰。同时,他把适当放手以及及时指导的平衡掌握得恰到火候。为他工作,你有足够的空间施展才能,同时不必为犯小错而畏首畏尾,因为他总是你的强大后盾。

这世界上啥都有,唯独没有捷径。善待"前任",是要格外付出心思和精力的。善待"前任",是职场的暖色调。虽然我也说"善待前任,你会赚翻",然而"赚翻"一靠人品、二靠努力、三靠运气,顺其自然,不可强求。善待"前任",是你在不刻意追求结果和不知道收获如何的前提下,仍愿意付出心力去做的事,充满善意的人情味儿,这是现代社会极端匮乏的感情。你选择这样做,储蓄的是厚道,彰显的是人品。

想知道，你在领导心中有前途吗？

在最美的人间四月天，我主导或参与了几场并不容易的谈话。这些谈话，让我联想到职场人士自我认知的重要性。今天，咱来个剥壳见笋，说说这事儿。领导是怎么定性和评价员工的。当然，这只是诸多体系中的一套，难免挂一漏万，但我还是想冒着被拍砖的危险来分享一下，对某些想进步的小伙伴儿也许有点用。

对员工的评估，按照众多书籍上的定义，是把员工们按业绩和潜力作为两个尺度来分类。业绩指的是对过往和今天的表现的评估，潜力是我们对这个员工今后的表现以及能走多远、能飞多高的预测。按这个二维尺度，员工被分成了几档：高业绩高潜力者、高业绩低潜力者、低业绩高潜力者和低业绩低潜力者。

这种分档，貌似合情合理，但在越来越商品化的时代，已然不够与时俱进。原因是上述分档只关注员工本身的特质，并没有全面考虑这个员工的进步，领导和公司要付出的代价或者成本，而这对公司是很重要的。因为此代价体现了领导和公司对员工的投资回报比，是隐含经济效益的。

既然我们对所有的产品都会做投入产出分析，在人才资源这个公司最大的投入上，当然更应该做。所以更科学、更全面的员工评估体系，应该是把领导的代价和员工的表现各做一个维度来评价，这里的"表现"把员工已经体现出来的业绩和潜力同时包含了。其实，很多领导在对员工的评估中已经在系统性或者非系统性地用这个办法了，所以，个中奥妙，你要知道。

在这个评估中，投入和产出是两大要素。投入可以说是领导/公司付出的代价，是指对某个员工投入的总和，包括辅导、指教、培训、纠错、清障等所有有形的、无形的物质情感投入；产出是指业绩/潜力这种量化了的员工表现。产出投入比，英文里叫 ROI（return over investment），此比越高越划算。按此思路套用一下，用产出去除以投入，员工可分为四等：

第一等，不需太多投入的表现优秀者；

第二等，需高投入的表现优秀者；

第三等，不需太多投入的表现欠佳者；

第四等，即使高投入，表现还是欠佳者。

毫无疑问，第一等低投入高产出的员工是明星员工，有这样的员工是领导的福音。这类员工有的能力超强，各种问题在 Ta 手中迎刃而解，不需领导烦心，有的潜力超强，强得你都无法预测到 Ta 的极限。

我有过这样的员工，为了培养 Ta，我给 Ta 一点额外作业，压力转瞬被 Ta 吸收，我再给一点，又吸收，Ta 像海绵，对业务照单全收，需要强调的是，Ta 总能拿出令人满意的结果。这样的员工，在能力强的基础上往往心智也很成熟，关键点上一点就通，领导所需付出的口水少。这种人在团队中是绝对的栋梁之才。

这类员工如果有幸遇上好领导，好领导会有前瞻性思维，确保此类人才的可持续发展，不竭泽而渔。即使员工没有主动要求，领导也已想在前面，找机会帮 Ta 充电，这种充电包括给额外的培训，分配不同的任务，给更多表现机会，给额外的精神、物质鼓励。总之，不让好人吃亏。

第二等员工，亦属高绩效或者高潜力者，但需要领导投入不少，劳心劳力。这种员工有几类：第一类属能力单一但是可以把一种活儿做到很好的"熟练工"型，但是此人的专长仅限于自己的一亩三分地，遇到要和别的部门协调或者需要别的领域知识的事儿，做不到触类旁通，需要领导时时参与，有时还需要帮助处理危机、擦屁股，这种员工业绩可以做得挺高，但潜力实在谈不上高。比如小王是个不错的销售人员，每每完成销售任务，但是小王表面光鲜的背后饱含领导的心血，因为小王和市场部经常发生观点错位，和管渠道的同事经常有意见分歧，而这种时候，总是要劳烦领导出面，也就是说，小王取得的每一点成绩都需要捆绑领导的协调和努力，真不省心！

二等员工中的第二类，是该员工能力并不差，属业绩和潜力都不错的类型，但属"事儿妈"，总要哄，总要关注，离开领导视线就患得患失，为赢回关注会使点小性子、发点小脾气，行为上像被家长宠惯的长不大的孩子，说白了，这种员工的安全感或者情商有点问题。好像小李，工作表现挺好，但前提是 Ta 需要时刻生活在领导的聚光灯下，一旦和领导一个星期没见面就觉得自己失宠了；部门有鼓励的奖项，若被 Ta 拿到则欢天喜地，干劲倍增，哪次奖励若给了别人，Ta 立马面露不悦或者找领导说事儿，这种人给领导的感觉是那种"不懂事"的、心智不成熟的"职场青少年"。

这两类二等员工需要小心反思一下，若是初到岗位为之，领导一般是有耐心的，但若以此为惯用伎俩，小心把领导累疲了。请别忘了，领导此刻还愿意去为你出力、为你操心并忍耐你的不省心、不懂事，可能完全是因为你那还算不错的业绩，哪天你的业绩出现下滑了，很可能会激起领导的积怨，把你之前的成绩一笔勾销，谁让你没在感情上多储蓄一些厚道，没在成熟度上多充点值呢！

第三等员工，低投入，低产出。这类员工之所以归在"低投入"类别中，是因为他们通常不给领导惹麻烦，有的情商还挺高，挺会处理事儿，或者不争不抢，不让领导为难。但是，领导招员工来不是仅仅不惹事、不找麻烦就行了，交不上来好的工作结果，迟早是要露马脚的。

例如小张，加入市场部后，人际关系良好，对领导彬彬有礼，开会不缺席，表面上看干活不偷懒，可是 Ta 分管的产品和其他四个小伙伴分管的产品比起来,市场份额最低,客户认知度最差,离公司的业绩目标渐行渐远。这种貌似努力且无过错的员工如不及时改变,拖得久了,对公司、对员工是双向伤害。对公司来说,一个产品不作为会拖总体业绩后腿;对员工来说,自信心从开始的温水煮青蛙,到渐渐的找不着北,直至遭遇全面碾压。

对待三等员工,领导往往会做些分析,评估这低绩效是否有可能改观,若是能力问题,给点强化培训,看能否扶 Ta 进入上行通道;若是周围环境问题,领导可能做些清障工作,给些春风化雨,给些正能量,总之测试一下此员工是否有潜力,是否是可造之才。也许这种员工加以修炼,就跻身第一等和第二等了。在投入的过程中,领导通常带着自己的期望值,寄希望于通过挖掘员工潜力,达到改良其平庸业绩的目的。

作为员工,一定要给点阳光就灿烂,给对你投入的领导树立信心,记住,领导也是需要鼓励的,员工的积极、正向反应,就是对领导的实实在在的鼓励。

第四等员工,高投入,低产出,真的比较麻烦。领导费力不少,结果收效甚微。若是团队新成员,领导们多数时候会给点时间。若假以时日还是如此,往往容易被放弃。

在一个团队中,工作不仅仅是个人行为,更多的时候是集体行为,一个人的业绩直接影响到上下游的业绩。若此员工确实仅仅是能力差而态度端正的话,很多老板愿意帮其想办法,包括换岗位、换公司,找出此人的闪光点扬长避短。若此员工态度有问题而被归入心术不正的类别的话,这就等于逼着领导把自己推出门去,千万别做这类员工。

还有一种四等员工属于意愿有问题的"混日子党",请不要试图挑战领导的智商,领导们都知道,装睡的人是永远唤不醒的,所以这种四等员工是被放弃的首选,零分拿好,远走不送。

对照上面的分类,掂量一下你在领导的心目中到底是"几等公民"?在这个过程中,正确的自我认知最重要。人贵在有自知之明。明白了自己的位置,定向改进,把期望值落到实处,用实际行动争取,"晋级"才有希望。

当昔日平级上位成为你领导……

职场上，总有一局又一局的牌不是按照你心目中的所谓常理出的。比如，大老板突然宣布，多年和你平级的小伙伴突然变成了你的上级。问题是，你觉得自己的能力一点也不比 Ta 差，甚至很多方面强过 Ta。

于是你很郁闷。这种郁闷，是嫉妒中夹杂着愤怒，不理解中掺和着自尊心的打击，"受害者心态"把你紧紧裹挟，让你不快，让你充满挫败感，甚至感觉窒息。

在这种情绪的指引下，冲动的你很可能觉得最出气的做法是：我走！此处不留人，自有留人处！且慢，走，也得讲个策略吧！少安毋躁，略加分析。走有两种走法：一种是今天就走人的裸辞，争的是口气；另一种是先骑驴找马，找到下家之后再辞职走人。第一种提到的裸辞往往带着浓重的情绪化色彩，一副"我一天也不想待了"的"有 Ta 无我"的架势。这种做法除非在某些极端例外的情况下，或者是早有下家等着你，正张开双臂迎接你的加入，否则断不可取。

这种赌气式裸辞至少有几个副作用：首先你给了大老板（就是你新老板的直线老板）一个大大的下不来台，提拔你的平级是大老板的决定，你的毅然决然明明白白地告诉大老板，Ta 的决定是愚蠢、错误、不得人心的，至少是不得你心的。其实，你也许不知道，大老板正在给你运作另外一个位置，机会就在不远处。你的离开，断送了本可以属于你的那个可能的机会。当然，也许让大老板下不来台正是你的用意，然而我劝你，最好别做这种损人不利己的事。职场圈子不大，口口相传是常态，与人为善与其说是给别人面子，倒不如说是给自己留余地。

其次，你向大家昭示了你的输不起。也许是你的性格使然，然而这实在不是什么强者的性格，因为没有人能保证，在以后的职场上，类似的情景不会重演，难道你每次都撤退？同时，你与那位被提拔的同事的关系将从此陷入尴尬，甚至今生都可能老死不相往来。因为谁都知道你是因为 Ta 的提拔而走的，你认定是 Ta 挡了你的路，Ta 觉得你在 Ta 刚刚上位之时即拆 Ta 的台，是器量小的不可交之人。

所以裸辞有风险，决策需谨慎。

至于第二种，怀着辞职的念头，打算找到下家后再辞职的做法，可以考虑，但是要理清楚两条思路。

第一，在骑驴找马寻觅下家的过程中，不要影响眼前的工作成绩。通常在打算走的心态下，对现在的工作难以百分之百尽心，容易出现业绩滑坡的现象。而新上来的上级，那个你曾经的平级，对此时你的表现是比较敏感的，你若有风吹草动，Ta 可能被迫启动备选方案，寻找你的接班人。即使后来你决定留下，这个动作产生的隔阂也要靠相当的努力去消除。

第二，此刻，你有病乱求医式的大撒网求职，往往会很难找到华丽上台阶的机会。要知道，真正的好机会是留给那些还在本岗位上做得得心应手的优秀人才的，这种人往往是要靠"挖"的，不是你这种把自己送上门去"求"的。换句话说，猎头公司和下家公司总是会质疑：你自己公司都没有把提拔的机会给你，我公司为什么要冒风险接这个盘呢？如果你退而求其次，选择平跳到另一家公司，则等于为自己的简历平添了许多问号，日后需要许多解释。这在《想跳槽吗？且慢，看完这篇再跳不迟》一文中有过详细阐述，在此不赘述。

看来选择"走"的不确定因素不少，需要厘清情绪化因素，理性对待，慎重行事。

你也可以选择留，至少短期之内留。选择留下，自己心理上必须彻底地过一个坎，就是"接受"，接受这个不可改变的事实，尝试适应。既然选择留下,就要好好地留,不是为别人,而是为自己。"好好地留"的定义是以积极正向的阳光心态,从言到行,适应这个你不喜欢的变化。言的方面,不说消极的风凉话,即使别人说,你也不参与,甚至可以出来打打圆场,做做规劝;行的方面,保持一贯的工作热情和执行力,拿出和过往一样的亮丽业绩,不仅是对自己品牌的最大维护与弘扬,也是最能让新提拔的上级欣慰与感激的。因为工作是有连锁效应的集体行为,你的绩效优劣直接关乎上级的表现,你的持续给力显然会让刚刚上位的上级印象深刻,心怀感恩。

选择"好好地留"有两个好处。第一,你会收获各级老板们的欣赏。老板在做任何一个提拔决定之前,都是做过认真的风险评估的,对团队中谁最有可能反弹大约是心中有数的,谁能在变革中体现领导力,说明谁的成熟度是经得起考验的,在另一个机会来临时,此成熟的人是会被优先考虑的。第二,这对自己是一个难得的成长机会。这个暂时的打击,可能会让你重新审视自己与他人的差距,调整自我认知,有的放矢地去充电,提升自己,为下一步的可能升职做好充分准备。

当然,你选择留下,能有多大的可持续性,取决于你和新上级的持续缘分。你的胸怀需要有 Ta 的大度来互相支撑。假以时日,也许你真的会发现,Ta 确有独到之处,综合能力的确比你强,大老板当时的提拔决定是正确的,你心服口服了;也有可能,你尽了努力,尝试配合了一段时间之后,发现此上级确实无论是能力还是态度,都难以让人信服,你那时可以选择另找机会,这对你没有什么实质性损失,你不会后悔,因为你努力过,冷静思考过,此刻你的决定是理性选择后的郑重决定,而不是情绪使然的冲动之举。

上面把去和留的利弊掰开了、揉碎了。下面讲一下如果你选择留下,可以考虑做的六件事——

第一,把场面文章做好,第一时间恭喜对方。

把你的嫉妒心和自尊心放在一边,那些东西既换不来黄金万两,又换不来平步青云。即使你心中很不是滋味,请把笑容放在脸上,和你的新老板有力地握个手,并明确表态,恭喜 Ta 的晋升,并表态说我会全力支持 Ta。

第二,从心底认可你和 Ta 之间从此改变的二人关系。

无论你喜不喜欢,此人从此是你的新老板了。你将来的职业升迁、加薪幅度以及曝光机会,此人都手握重要的一票。你短期的知趣和低头,有可能换来将来命运的厚待。在这件事上,你自己是最大的敌人,心理上先战胜自己,行动上才有可能表现得积极正向。

第三,换位思考。

假想一下如果被提拔的是你自己,你希望对方如何表现,你就照着去做,往往不会错。

第四,从行动上维护新老板。

同事之间也许有人会为你鸣不平,也许为了安慰你,可能会跑到你面前来念叨新老板的种种不是。请简单感谢对方的挂念,但不要参与对新老板的负面评价。你可以简单地说一下新老板的优点,说 Ta 被提拔也是实至名归。当然,马屁不要拍过了,要避免肉麻的吹捧。对新老板适当的维护,彰显胸怀,事情做过了,就有虚伪之嫌。

第五,和做此决定的大老板做一次平心静气的谈话。

这次谈话目的有二:一是表决心,让大老板放心,你会全力配合新老板的工作,尽好下属本分。二是了解一下大老板对你的职业安排,并了解 Ta 在做此决定时对你有待提高的部分的分析,以便你有的放矢地去改进。同时,阐明你明白短期之内在同一部门你升职的机会有限,咨询大老板分管的其他部门有没有合适的升迁或者平移的机会。毕竟,有一种可能性,新提拔的老板可能也希望你找到别的机会,减少尴尬。

第六,抑制对新老板的任何投诉欲望,至少短期内要这样做。

因为即使你说的都在理,也很容易被别人理解为你是因为没有被提拔而有积怨,名为投诉实则在找茬。如果新老板明显有有欠公允的举动,可以一件件记录下来,当这种事积累到三件甚至以上的时候,集中找合适的渠道反映,不要零打碎敲。大老板对你一件事的投诉可能不当回事儿,可以把它归结为你的嫉妒和不配合,但连续三件的不合理事件很可能反映了一种趋势,如此大老板更容易进行有效干预。

职场上,天天都有不可预见的变化,唯一不变的就是变化。

我们所有人都需要从心底想通两件事:第一,有些事,例如高考和升职,虽然全力以赴了,仍可能得不到,终属人力不逮,我们得去接受;第二,与其花时间去挑别人的不是,不如经营自己,让自己更有竞争力,因为你唯一可以控制又有可能改变自己命运的途径,就是把自己变得更优秀。那时,你真正拥有了"此处不留人,自有留人处"的强大资本和为自己要价的实力。

实力给你选择的自由,这是放之四海而皆准的真理。

想摊开说说公司政治

公司政治（Company Politics）在很多时候被一边倒地解释为贬义词，其实这是个中性词，公司政治是公司生态的另类说法，说的是公司运行中人和事的一些或明或暗的规则或者套路。无论你是在高大上的公司里被阳光雨露滋润的温室花朵，还是在"没规矩"的公司里在疾风暴雨中野蛮生长的路边小草，公司政治无处不在。熟悉公司政治，了解一些游戏规则，有助于我们在公司生态中存活、成长和晋级。

▶ 多交友，少掉坑

公司是社会的缩影，很多在社会上通用的准则在公司里同样适用。比如"朋友多了路好走"这一条。在职场上，一个成功的关键因素在于经营好自己的上下左右，做到上有赏识你、顶你的老板，下有愿为你两肋插刀的下属，左右有欣赏你、佩服你，在你好事玉成时不会特地去给你搅黄的平级。这三点中的每一点，都可以单独成文，我在《高质量人脉，是所有职场上行的加速器》一文中做了一些归纳，尤其详细分享了"靠交换关系吃饭"的各种方法和规则。

提炼总结一下，若想织好自己的朋友圈，必须乐于助人、善于分享，怀抱感恩，积累并展示自己的核心价值，说白了就是让别人觉得你有用，自己有足够的亮点才能成就老板、提携下属及照亮平级。自己越亮，射程越远，可以覆盖的朋友圈越大。若有幸被职场同仁照亮，受人恩泽，一定要择机回以光芒。职场朋友应互相照亮，交相辉映，不仅因为光明效应会一加一大于二,而且只有行走在照亮与被照亮中,温暖才是可持续的,才谈得上职场协同效应。

这里有两个提醒。

一个是和同事走近的度。这是个技术活。首先,不要有在公司里轻易能找到肝胆相照的铁哥们、铁姐妹的期望值。这种情谊如奢侈品,有最好,没有也得能活得好。毕竟,职场是奋斗的战场,不是一个灵魂和另一个灵魂促膝谈心的地方。除非时间很长的相处共事和深入了解,你很难百分之百地把对方的人品摸透,即使你自始至终坦诚相待,你不一定拿得准对方是否也会同样地襟怀坦荡。我们必须承认,职场处处有可能的陷阱和未知的人心。我们追求的是良好的合作关系和相对公平的善有善报。所以,要保持一定的警惕性,不轻易泄露自己的个人隐私和职业打算;不主动侵犯别人公和私两方面的一亩三分地儿,是职场成熟的表现。

说到关系,我们经常听到帮派说,谁是谁的亲信,谁是谁的死党。其实,这事儿没那么复杂,或者说,即使它真的复杂,我们没必要花工夫去过度解读。志同道合,气味相投者容易走得近些;业绩好的人因为互相欣赏,互相有利用价值,而有许多交集;位高权重又有一些人格魅力的人容易成为核心,等等,这都容易被人负面地解读为"拉帮结派"。多数时候,这些"交集"和"同道"只是抱团取暖的天性,只要不是借着团伙有意识地去打压别人让自己上位,作为旁人,不必太敏感。

了解所谓帮派的正确打开方式是:知其然,避免自己无意踩雷,在没有绝对把握时不去结盟,因为未知风险太大。换个角度问问自己,若你在并无确凿证据的时候热衷于诟病别人拉帮结派,是否有人不了围的嫉妒心在作怪?我劝你观察个有趣的现象:有能力的人其实很难被孤立,因为Ta有用,除非此人性格极端怪异,否则,高能人士往往是被人争取、被人团结的对象。所以,与其祥林嫂般地去说别人是如何拉帮结派,不如让自己尽快强大起来,当你自带光芒的时候,你首先不会在乎谁是谁帮派的,因为你在哪里都有用,此处不留人,自有留人处。而且,你到达一定高度后,眼界和圈子会敦促你把时间和精力花在更有用的追求上,根本不会去顾及谁是谁的人,哪有那闲工夫!

▶ 不浪费时间去尝试取悦所有人

朋友多了路好走这是一个大原则,但不要走入另外的误区,就是总想取悦所有人。无论在哪个岗位,我们永远都不可能赢得每个人的喜欢。当你想推进某个事情时,不可能让每个人都高兴,而你若不想得罪任何人,那就可能一事无成。所以用好自己的判断力,赢得团队上下的主流支持后,就大胆去干。若有不同声音,兵来将挡,水来土掩。心里秉承一个理念:理解你的人,不需要解释;不理解你的人,不配你解释。

说得形象点,就是——总想让大家都满意的人往往最终没主意,这种人像软饮料,喝下去,除了甜腻之外,绵软无力没别的味道,这叫作"没职场性格"。有点儿棱角的人,最关键是有资本显点棱角的人,好比有度数的酒,Ta时不时说的话虽不多,却有警醒作用,就像下面这种。

▶ 耍个性先看自己的斤两

个性,从一定程度上说,是优点。但是,个性也像任何别的优点一样,发挥过头就成了缺点。不从众是要付出代价的。所以若想长久立足,想有个性必须有能力做托底。能力是可以不从众的资本,但是也得适度为之。有人经常拿乔布斯作为"我个性故我在"的典范。乔老板曾多次说:"苹果从来不做市场调研,因为不需要,我们做出来什么,客户就用什么,我们引导潮流!"乔老板之所以敢如此狂妄,靠的是他的团队盖世的创造力,而当他神奇地把iPod、iPhone、iPad如期奉献给世人时,人们就把他那些乖戾、刚愎自用的臭毛病都包容了,甚至褒奖说这些极端性格是他成功的关键因素，以至于他的那身黑T恤、旧牛仔裤装束都被科技新贵争相模仿。

许多人说这就是有能力前提下有个性的魅力，而把这种极端的偏执笼统地归为个性。但是，咱还不是乔布斯对吧！世上总共也出不了几个像乔布斯这样的商业奇才。在走向乔布斯的康庄大道或者羊肠小道上，我们要学他的核心思想（能力当道），而不学他的表面现象（桀骜不驯）。情智两商并用，该夹尾巴时夹尾巴，偷师学步暗积能量，才能争取到最"广谱"的支持，包括那些未必喜欢太强个性却可能掌握你未来机会的人的支持。否则，当你的才华和影响力还不足以支撑你的张扬、你的自我为中心、你的所谓个性的时候，你可能被人抓着辫子整肃，在你的能力和潜力得以全面发挥之前就被人找借口挤出局，那时，你还个性给谁看？所以，个性程度要与自己的能力相匹配，当你能力超群、气场两米八的时候，你尽可彰显个性，潇洒走一回。

▶ **慎被当枪使**

有个性又有能力的人因为有些影响力，自己脑子里若没有根弦，有可能会被人当枪使。当枪使的定义是：群体的意图，大家怂恿一人去表达诉求，此人被称为"枪"。此人诉求时若带着情绪，即使诉求有些道理，也会让人心生反感，此同志往往因此作为反面人物被记住，日后可能要吃亏。在职场上，个体可以代表群体去表达意愿和诉求，但请记住，任何时候，以大局为重，以公司大方向为重，不应把小团体利益摆在前面；自始至终应保持积极主动正向的态度，摆事实讲道理；不带情绪，给出建设性的建议，而不应只会全面否定做刺头儿。如果你的诉求明显有悖于公司的大局，我劝你不要去当这个枪。

举个例子，如果公司今年决策要将产品升级换代，从研发到市场销售、到渠道管理、到售后服务，全面向新产品倾斜侧重，你作为老产品市场专员,因为担心老产品团队的饭碗问题,被同事们怂恿去为团队代言,找领导表达公司应该"喜新不厌旧"这样的信息。我劝你不要去,这个做法明摆着只考虑小团体利益,而置公司大局于不顾。你可以做的是,说服团队,把信息调整为:原来服务于老产品的同事如何准备积极转型,愿意为新产品服务尽力。这种"枪"可以做,这种与领导交锋的场合若用得好,是难得的表现机会,领导力可以由此展现。

▶ **不必事事都赢,选择性争取,选择性放弃**

有个性、有能力的人容易跑偏的另一个方向是事事都想赢。而事实是:好战分子很难受欢迎。职场上,有多种荣誉和利益争夺,而任何争夺都有代价。就好比战场上,凡上前线,不论输赢,自己都会损兵折将。争抢之前要做好成本核算或者风险收益比分析,只挑有意义的仗去打。适当地放弃一些竞争,其实也是变相地让机会给别人,这会让你更有可能获取同盟,赢得支持。用这种方式营造个人品牌,既高明又厚道。

上面三千多字,从职场交友、不费劲去赢得所有人的喜欢、做有能力前提下的有个性、谨慎被人当枪使以及选择性争取、选择性放弃五个方面诠释了公司政治这面多棱镜中的常见规则。琢磨这些规则并不是要你变得多么世故,而是要降低自己的被淘汰率,提高成功率。毕竟,职场不欢迎永不设防,通体透明,头脑过分简单,能被人一眼看穿的"二百五"。世故和成熟之间本来就有相互重叠的部分,知世故而不过分世故,才是真正的职场成熟。

职场如江湖,你够义气吗?

有个人人皆知的俗语叫"江湖义气",我将之理解为一种在生活中为了成全朋友而克服困难、勇担风险,敢于出手,甚至牺牲自己某些利益的勇于奉献、肝胆相照的精神。

职场如江湖,在职场上行走,有约定俗成的职场规矩,也要讲义气。但职场义气与江湖义气有着本质不同,它是建立在专业精神这个基石之上的。不讲制度而乱讲人情叫作没有原则,不叫义气;以自我为中心、以私利为目的的拉帮结派是典型的小团体意识,不是义气。

职场义气覆盖了很多层意思,中心思想是一诺千金,勇于担当,知恩图报。围绕这个中心思想,职场义气在与上司、与下属、与平级相处的过程中各有不同的表现。

▶ 对领导讲义气

做下属,职场义气最直接的表现是为信任的领导担当重任。想领导之所想,急领导之所急,为了领导心目中的大局甘愿自己承担风险、承受压力。我们经常听到如下评论:说 A 同事是 B 领导的嫡系,表面的意思是说 A 是被 B 领导一路关照、提拔重用上来的,所以称之为嫡系。吃瓜群众在做这种评论的时候,只说了大家能看到的表面现象(A 是 B 的嫡系),没有进一步深究为啥 A 能成为 B 的嫡系,或者 B 领导为啥愿意把 A 培养成嫡系。其实有一种可能,那就是 A 多年来一直是义气之师,为 B 领导担过不少重任,屡屡担当之后,自然赢得领导信任,机会来临时,自然被首先想到。别人却未必知道很多 A 甘挑大梁的细节,他们看到的只是 A 屡屡被重用。

我们需要知道,领导分配任务时,特别是紧急又重要的任务时,不一定是按职责分配的,往往是找最靠谱、最不会掉链子的,能力与义气都有的,所谓德才兼备的人去做,因为这种下属关键时刻不会让人失望。手下如果多几个讲义气、肯担当的下属,当领导的职场幸福指数,往往会维持在高段位。

这类可爱的下属都有一个共同特点,就是关键时刻总能挺身而出,在完成分内事的基础上再多做一些,把压力扛到自己肩上,为大局减压。我曾经听过这样温暖的话:"老板,您指哪儿,咱打哪儿,只要能实现大团队的目标,我带领我的团队先冲上去,后续问题想办法解决,我可以负重前行。"对这样有勇有谋的下属,做领导的怎么可能不给予厚爱?要相信绝大多数领导都是聪明的,是懂得感恩,会择机回报的。

▶ 对下属讲义气

有义气的领导,有利益时与下属共享,有责任时勇于担当,为下属撑好大伞。真正成功的领导,不在于你打赢了多少人走到今天,而在于你在职业上行道路上帮助过、提携过多少人,与多少人分享过成功和随之而来的利益。这种给予,这种义气,是保证职业可持续上行的源动力。因为成功的路上,需要三百六十度全方位的支持,而赢得下属的拥戴则是基石。

领导的责任,说到底是为能信守承诺的下属争取利益,以及在下属被人误解、受到伤害的时候,为下属提供精神支持和实质的保护。要履行这些责任,需要做领导的既有意愿又有能力:肯努力去争取是第一步,争取不成再努力尝试是第二步,争取成功是领导对下属义气的物质化表现。下属看到领导为自己争取到的实实在在的利益,会启动行为正循环,以更高的工作热情去创造更新的成绩。有义气的领导还是最有力的肩膀和后盾,让人可以依靠。只有呈现这种有担当的胸怀,下属才能无后顾之忧,才能敢想敢干,勇挑重担。因为下属知道,在激流勇进的道路上,即使犯些错误,也会被领导包容,被领导保护。

讲义气的领导往往有很好的口碑,被口口相传。比如在公司里,跨部门发展的机会并不是每天都有,人人都在争取,想方设法把本部门的优秀人才推荐托举出去,就是有义气的领导常干的事情。当然这种事能成功有两个前提:一是推荐出去的人确实是如假包换的优秀人才;二是领导必须有足够的公信力和影响力,使人能够相信和接纳被推荐的人。这种成人之美的事情做多了,下属们看在眼里,记在心里,一是会以此领导为榜样,复制这种义气,乐于培养和推荐人才;二是会追随这样的领导,成为该领导的忠实粉丝。

做领导的义气还体现在善待离开的同事上。不论是什么原因,下属离开公司,请以平常心对待,哪怕此人辜负了你的辛苦培养和一贯的提携。作为领导,可能不知道该下属心底也许藏着什么难言之隐,计较、指责不如放手放飞,并真心诚意地送上"将来如果有需要,我愿随时做你的推荐人"这种临别赠言,让人感动,让人受用。

即使是对因为表现不佳而被请走的同事,也请拿出心底最柔软的善良心态对待,Ta 的职业道路还长,不要因为 Ta 这一站做得不好,就武断地下结论认为此人是庸才。作为曾经的老板,你有责任指出 Ta 的长处,并实事求是地弘扬、认可这些闪光点,也不枉别人为你的团队努力过。毕竟,几乎所有职场人的初衷都是想把事情做好,没有什么人天生是来搅局的。最终没有实现双赢,可能是此同事当时当刻的能力所限,可能是上下左右的关系处理得不够得当,可能是接到的任务恰好是 Ta 的最短板,只是一段弯路而已,你没有理由把人家完全否定。这种宽容也是一种义气。

▶ 对平级讲义气

与平级的相处，义气尤为难得，也最考验情商。因为是平级，理论上讲，天然存在着可能的竞争关系和潜在的利益冲突。正是因为这样，真正做到了对平级义气，才令人刮目相看。这里的义气指的是做人厚道，靠自己的能力而不靠踩别人往上爬；这里的义气，也指善于分享，善于为别人提供帮助；这里的义气，还指在遭遇别人以小人之心度君子之腹时，以平常心对待；这里的义气更指不在所有事上锋芒毕露，而是有所保留，把一些表现的机会适当留予别人。这样的人，平级与你相处，没有太强的威胁感，不会对你处处设防。

有一种情况应该特别注意。当有人侧面向你打听你平级的工作表现及为人处世时，特别是当这个人是大家公认的你的所谓下一步升迁的潜在竞争对手时，请记住，这是对你的情商和诚信度检验的最强 X 光。不要去强调或者扩大别人的缺点，越强调、越扩大、越没人信。聚焦别人的优点，中肯而诚心地去评价。这样做，只会凸显你的诚信及胸怀，反而可能成为你今后职场进步的砝码。

职场上讲义气的人，是真正有性格的人，是有口碑的人。职场义气，更是难得的个人品牌。对下属讲义气，追随者众；对领导讲义气，总有人愿意提携，能屡遇贵人；对平级讲义气，会有人替你说好话，帮你玉成好事，即使碰上不善来者想刻意搅黄你的好事，因为你的义气为人，化险为夷的几率也会相对高。

正因为职场是功利的，见利忘义的人也并不少见，所以坚持职业操守和遵守精神契约的讲义气的职场人，才更加让人心生温暖，愿意靠近。职场上真正的英雄主义，是在看清逐利人的真面目之后，仍然选择对上下左右真诚相待，在需要担当的时候，慷慨地付出自己的肩膀。

那些潜台词，都是话里有话

写这篇文章时，适逢美国的感恩节。在感恩所有包括"喜遇"和"遭遇"在内的所有遇见的同时，我把这些年经历和体会过的职场潜台词做了分类整理，分享给大家。

在职场上，期待每个人对你说话时都"拨云见日，剥壳见笋"本身就是奢望。况且，即使别人真的单刀直入，一针见血，你也不一定爱听。所以，多数人选择含蓄的谈话方式。

能听懂言外之意、弦外之音，能破译潜台词，其实是职场必不可少的沟通技巧。职场潜台词大致分四类，我在这里总结概括，抛砖引玉，虽会有漏网之鱼，希望能引发一些思考。

▶ 口是心非类

基本是相反意思的。不少话表面听起来是中性或是褒义的，实则反义。特别是如果这些话来自领导，你则更需要仔细体会了。好比如下的例子。

例一，"这个主意挺有意思"。

你刚做了一个方案，与领导分享。领导听了以后给你来了句"挺有意思"的反馈，千万别以为你的方案不错。领导真正的想法是：这个方案不咋的，但我若明说，恐怕会伤了这个同学的玻璃心，所以用个中性的"挺有意思"的评论，希望这个同学能够体会。

如果你听到这样的反馈，请大胆反问："您觉得哪些地方可以保留，哪些地方需要改进？还是我需要换一个角度再做一个方案供咱们比较选择？"你这样说的话，就敦促着领导给你明确的反馈，省得你揣着糊涂回去再忙活一通，也没改到点子上。

例二，"这个事回头再说吧"。

你向领导请示一件事。领导听了以后问了几个相关问题，然后扔给你一句"这个事以后再说吧"。如果你天真地认为领导是需要几天的时间思考以后再说，那就错了。

领导真正的意思是：这件事我没兴趣，不想再谈，说"以后再说"是给你个台阶下。领导潜台词背后的态度，其实已经明确。一般情况下不要再拿这件事去烦领导了。

如果这件事对你来说很重要，重要到你志在必得，那么请务必把你原来的想法或者方案做些修正，力争更周全，几天后可以再去这样试探领导："针对上次和您说的事儿，我又做了一些补充，现在的方案更高效，您看咱们是否可以再聊聊？"

例三，"你很有性格"。

在职场上被评论为"有性格"往往是提醒你性格强得有点过分了，是时候收敛一下了。同事若这样说你，可能暗指你要注意团队和谐；领导若这样反馈你，很可能是他已多次注意到你口无遮拦或者做事有些莽撞。

接到这种评论后，请及时寻求具体的意见，你可以问："如果我性格太强，其实不利于团队合作，可否帮我指出我是否已经无心冒犯了哪位同事？"

这样做至少有两个好处：一是体现了你认真聆听；二是体现了你有强烈的进步意愿，想把事情做得更好。

▶ 意在沛公类

"但是"后面才是关键信息。别人给反馈的时候，多数时候会照顾听众的自尊心,所以如果有反面意见,往往会先说上一堆好的,值得肯定的,再一转折,说个"但是"。那么这个"但是"后面的句子才是真正的关键信息。看看下面的例子。

例四,"我会这么办"。

有一个团队合作项目,你去和合作伙伴小王说你的想法。小王听罢说:"你的办法有些创意,可能可行,但是如果我是你的话,我会这么办……"

这其实是小王在婉转地向你表达,他认为他的方案更可行。至于最终照谁的方案去执行是可以商榷的事情,这里的关键是,你要读懂小王的潜台词是:他更推崇他的方案。不能天真地认为小王认可你的"有些创意"的方案。

例五,"也许你是出于好意"。

你最近因为工作上的一件事,把同事小李惹毛了。领导张总找你谈话,张总说:"也许你是出于好意,但结果却事与愿违,伤了同事感情。"张总这句话的重点在于强调你"伤了同事感情",而不是肯定你"出于好意"。

其实,张总是否真的认可你是出于好意还不一定呢,但他坚信你已经伤害了小李。碰到这种情况,重点不在辩解,而是应该先表现共情。

你应该表态,不论什么原因,对小李受到伤害表示不安和难过,然后再诚恳地问张总:"如果我换个做法(讲明另外一个做法),是否可能就不会有这样的结果?张总,你看我哪里还可以做得更好?"

如果这件事,你坚信你做得没错,可以向张总讨教:这件事如果有机会再来一次的话,我可能还是会这样做,因为根据流程,这事是要这样做的,可能我忽略了什么细节,可否麻烦您指教?

这样做有两个好处:一是声明了你是照章办事;二是如果领导有更好的建议,你愿意改进,才是可造之才。

例六,"我觉得你可以试"。

公司别的部门有一个职位空出来了,你有兴趣,想去申请,需要先过你直线老板这一关。你去和老板说了,老板说:"我觉得你可以试,但拿不准你是否有竞争力。"

老板这句话的画外音是:我不认为你能拿到这个位置。或者:我不支持你去申请。如果老板有心支持你的话,Ta 的反应应该是:"竞争也许激烈,但我们一起想办法。"或者:"我去帮你做工作。"如果 Ta 没有这样表示的话,就说明 Ta 不支持你去申请或者 Ta 力不从心,根本帮不上忙。

遇到这种情况,需要表明你自己的兴趣,并追问还需要一些什么样的资历才能使你有机会,并问老板是否愿意提供机会让你去获得那些资历。若不是有十足的把握或者特殊原因,不要在老板不支持的情况下硬去申请。

▶ **空洞夸奖类(空夸奖不是好兆头)**

我做管理多年,经常需要考察人才,利用关系对一些人才的过往表现做了解。在这些反馈中,我发现了惊人的相似点:如果听到的都是泛泛的没什么特点和针对性的夸奖,此人一定乏善可陈。见下面的例子。

例七,没有可量化指标评价。

我曾经要找个销售总监,公司内部的跨部门同事 A 想申请,我通过几个渠道打听此人,听到的都是"A 是个好人""A 很聪明"之类政治正确的正向评价,而没有人对他的管理能力和业绩结果等可量化指标做评价。

我追问后,有的人说不了解,有的人则终于肯说:"业绩和管理能力都不是 A 的强项。"另外一个候选人 B 是外公司的,我通过关系打听到的关于 B 的都是清一色的"进取意识强""管理团队能力佳""结果导向""跨部门沟通以及调动积极性本领很棒"的评论。这些都是销售总监必须具备的素质,别人的反馈具体而有针对性,很显然,A和B高下立见。

▶ **应景而宜类(需要根据场景来理解)**

很多时候,潜台词需要结合上下文内容来理解。同样是"你看着办吧"这句话,在不同的场景下,意思完全不同。下面用实例说明。

例八,完全的授权。

你是销售总监,有一个三线城市缺个市场经理,这个城市属于成熟饱和型,是近期不太可能有什么大突破的地区。可以放在那个岗位的有三个候选人,资历差不多。你将自己的想法和李总经理沟通,说明了三个人的优劣势。

李总听后说:"这个位置风险不大,你看着办吧。"这里的"你看着办吧"是完全的授权,显然李总认同你对三个人的分析,觉得你做的选择不会错。

例九,不同意你的想法。

你负责策划一个新产品的上市,这是今年公司的主打拳头产品。公司高层非常重视。你建议搞京上广深四个一线城市同步上市的活动,这样不会让任何一个城市感到厚此薄彼,而且一次性全国活动有气势、传播性好、影响力大。

你信心满满地去请示赵总,结果赵总看法与你相左。他认为应该在这四个一线城市分别搞四场上市活动,这样能够针对不同的消费者特点,适当做些区域调整,保证区域性的度身定做,高度聚焦。你和赵总各持己见,讨论了近半个小时,赵总说:"我还有个会,你看着办吧!"

这时,你若拿着鸡毛当令箭,认为领导是让你按照自己的想法看着办,就大错特错了。这里赵总的真正潜台词是:我不同意你的想法,我都和你说了这么多了,你还是不明白,你自己再回去好好想想吧!

本来嘛,这么重要的产品,这么重要的市场,采取的重要行动一定要获得领导的首肯。如果你坚信你的想法有道理,不妨把你的想法和领导的建议融合一下,过几天再找赵总征求意见。

上面这个例子,可以建议领导:在同步上市会后,这四个一线城市再搞第二次区域聚焦活动,这样有了面又有了点,点面结合,可以把影响最大化。你这样做,算是真正理解了赵总的潜台词,坚持自己想法的同时,认真聆听领导的反馈,不论最后按照哪个方案办,都体现了你有理有据、善于折中的高情商。

▶ 明白弦外之音比聆听本身更重要

潜台词之所以在职场长期存在,是因为多数人都会为了保护对方面子而选择婉转、中性迂回的方式,避免一针见血。这就需要我们有良好的自我认知以及破译潜台词的能力。

同时,要避免走向另一个极端——一旦对方单刀直入,给出负面意见,大脑就进入防御状态,把别人的建议解读为质疑。这种习惯性防御会成为你进步的绊脚石。

只要对方不是习惯性毒舌,就请启动"绿灯思维",大气当道(参见《挣五千花一万,大气者成大器》一文)。先听着,不要即刻否定,通过思考去判断对错。觉得不对的,压在箱底,不必怒怼;觉得对的,付诸行动,让自己更优秀,趁年华美好,锦衣夜行。

让我们吵一场有技术含量的架

首先澄清一下,这里所说的吵架,说的是职场上因为有不同意见,而与对方发生的争论和辩解,虽然这吵架有可能令人嗓门提高、血压上升、言论激烈,但绝非充满火药味、有暴力倾向和人身攻击成分的所谓市井吵架。

同时,这里说的吵架是一个中性词,没有贬义。其实,职场待久了,如果你从来没有经历过冲突,你反而要问问自己:我有主见吗?我是不是太过绵软,害怕冲突,或者我是不是没有勇气表达不同意见?

吵架是个技术活,若吵得高明,有助于提高自身影响力,使个人品牌升级;若吵得不高明,则有失风度,激化矛盾,伤了和气树了敌。

正确吵架的根本是对事不对人。换句话说,你是因为对这件事有不同意见而和某人发生争执,而不是因为你看不惯对方这个人,无论对方做什么、说什么,你都抱着"凡是敌人支持的,我必须反对"的心态去和对方争吵。

以下五条,也许对提高吵架的技术含量有参考价值。

▶ **着重讲事实,而不轻易下结论**

很多时候,吵架的起始都是平静客观的,结果,一旦对方讲到一个与自己不合的观点,就像捅了马蜂窝,立马忘了原来的探讨目的,转而情绪化,立即把脑子里的偏见一股脑儿吐出来,直奔结论。而在这种冲动情况下得出的结论,往往有失公允。

看下面这个例子：小李和小张分别是产品 A 和 B 的市场经理。产品 A 和 B 的销售业绩分别与小李和小张的当月奖金挂钩。小王是销售经理，他负责 A 和 B 两个产品的销售。小王的奖金是与总销售额挂钩的。也就是说，哪怕 A 的销售额没达标，只要 A+B 的总销售业绩达标了，小王还是可以拿全额奖金的。三月底，小李发现 A 产品的销售业绩只达成了 80%，而 B 产品却超额达标了 150%。于是小李来找小王。

小李："这个月 A 产品业绩咋这么差呢？"

小王："好像你的市场推广需要更给力些，否则我是巧妇难为无米之炊。"

小李："不对吧，我即使再给力，也抵不过你和小张的私下好交情，你是想帮小张不想帮我罢了。"

小王："既然你这么认为，那就无解了。"

结果二人不欢而散，问题也没解决。

这个案例中，小李本是想来和小王共同探讨改善 A 产品的业绩问题的。所以，说话的重点应以解决这个核心问题为导向。在小王说市场推广不够给力时，小李的正确反应应该是："请说说具体情况，我看看怎样把咱俩团队的配合搞得更好。"或者说："我觉得投入给得挺到位，为啥不够给力呢？是不是我的团队和销售的同事衔接上出了问题。"如果这样去探讨的话，即使意见有分歧，还有可能会有解决方案。结果呢，当小李听到小王有推卸责任的意思时，立即反抗意识爆棚，说的话严重偏离了原来的目的，满载情绪地指责小王是因为和小张个人关系好，所以偏心 B 产品，这种妄下结论的做法，既无根据，又不客观，真是快速把天聊死了。

▶ **就事论事，切勿泛矛盾化**

很多时候，在争吵时，为了增加自己说话的力度和所谓可信性，吵架的一方往往旁征博引，跳出正在讲的这件事本身，把矛盾扩大化，一下子就把对方推到了对立面，完全堵死了解决问题的可能渠道。

例如，小钱和小赵为自己的下属争取仅有的一个晋升名额而各抒己见。小钱说："去年晋升给了你的团队，今年该给我的团队了。"小赵则说："晋升是优者胜出，不应该搞平均主义，轮流坐庄。"小钱有些恼羞成怒，脱口而出："晋升你要抢，团队建设费用你要争，员工奖励之旅你也不放过，优秀员工代表发言机会你还要强取豪夺，你就是个贪心的人！"你看，本来两人开场都有点道理，很有可能通过协商找出方案，结果呢，被小钱这一通机关枪，把与此次晋升毫无关系的一堆事都拖出来说，还给小赵加了个"贪心"的标签，强烈激发了小赵的逆反心理，结果本来平心静气地讨论就有可能解决的事儿，这下可能要升级到老板那里去评理了。

▶ 给出有建设性的建议

吵架的起因可能是你认为对方的想法不可行，但吵架的目的不仅仅是为了枪毙别人的想法，而是要给出可行性方案来解决问题。你嘴巴一张说别人的办法不行，这是没啥成本的简单动作。麻烦你否定别人劳动的同时给出修正意见，这样也许可以增加对方的聆听欲望，也有助于引发对方的合作心态，让对方看到你是在寻找帮助 Ta 的方案，而不是一味地为了否定 Ta 而否定 Ta。给建设性建议的着力点之一是换位思考，从大局出发，同时通过沟通，了解一些自己可能并不知道的前后经过。

比如上文提到的 A 和 B 两个产品的例子。很有可能是老板的布局，因为 B 产品的竞品要提前上市，老板吩咐加大力度推广 B 产品，在竞品上市之前把市场份额做得更大，所以小王肯定要有所偏重。这件事小李未必知情。如果小李耐心把话题深入下去，小王很可能愿意耐心向他解释,误会根本就不存在,再着力去解决下个月怎么把 A 产品做上去的问题。给建设性建议的着力点之二是给出变通的折中方案。

在上文小钱和小赵的例子中,小钱如果高明一些,可以提出两个方案。一是说:"小赵,鉴于咱俩的下属各有千秋,可否去和老板商量,破例多给我们一个名额。"二是说:"晋升虽然不是搞轮流坐庄,但是这种机会一年就一次,如果连续两年我的团队都没有机会的话,我这个做领导的面子上也很难看,我需要你的理解和支持让我的手下今年拿到晋升,我会在别的机会上全力顶你。"这种"示弱"加"许诺未来"的折中方案让对方很难一下子拒绝,算是高明的谈判。

▶ 不要梨花带雨

说白了,别哭!在家人面前、恋人面前,眼泪也许能换来同情和让步。职场来这么一下子,副作用太大。也许你真的受了委屈,但是,说着说着就哭起来,容易被人解读成不成熟和不经事,还有可能被小心眼的对手反击说:"用哭这么一损招,逼谁就范呢!"当然,要学会抑制住自己的情绪,不轻易泪奔是种能力,需要修炼。如果你知道这是自己的短板,可以提前把可预见的一场吵架的可能场景在脑子里预演一遍,那样自己能准备得更充分一些,从而减少一时情绪激动的机率。

▶ 避免当众争吵

哪怕是合理的争吵,当着众人的面发生也可能成本过高。当把两个人的不同意见暴露于众人面前时,哪怕你讲的句句都在理,也至少存在几个风险:首先,因为你讲得对,就会让对方显得不对,每个人都有面子工程,这样做等于让对方颜面扫地。其次,有多少听众,就有多少双眼睛和多少张嘴巴。吃瓜群众未必了解你们争吵的前因后果,他们有可能片面地根据自己的理解,去自由解读发挥,未必对你有利。

再说了,万一你觉得你对,而其实你不对呢?群众雪亮的眼睛在这时有可能看得很清楚,只有你自己当事者迷。我们得承认,每个人都可能有盲点,把自己的无知暴露于众人之下真不是一件好玩的事情。如果是两个人关起门来争执,关于面子的顾忌会少一些,可以争论得透一些,也有可能把真理越辩越明。

还是那句话,吵架,哪怕初衷是好的,还是有可能在你一言我一语中矛盾升级,让情绪战胜理智,而有意无意地互相伤害。所以吵架后的关系修补很重要。毕竟,对方还可能是你的重要同事,大家还要共事往来。有几个办法可以自然地在"战后"让关系正常化。

● 办法一:积极主动迈出第一步

不管上次吵架结果如何,孰对孰错,过去的事情就让它过去,主动伸出你友好的手,给双方一个台阶下,是情商高的表现,说一句:"你还生我气呢!"主动示好的话不会让你失身份,只会让你添风度。或者,如果这句话真的让你非常羞于说出口,那就当什么都没发生,该说啥说啥,不去提那茬,装糊涂,把那一页翻过去,也是难得的职场厚道。

● 办法二:把矛盾转移

一句"大家都是为了工作,咱俩只不过是矛盾的载体"等于巧妙地把紧张情绪从"人"转到了"事",等于给了对方一个台阶,这招通常都灵。

● 办法三:主动承认自己欠妥的做法

一个巴掌拍不响。我们总有可以做得更好的地方。主动向对方坦承上次争吵时,那些你做得不周到的地方和说的欠考虑的话,是有胸怀的表现。

说到底,职场上,争吵也算是一种沟通方式。有时有效,有时无效。提醒自己,世界上并不是每件事都需要真相大白,咱的精力有限,所以要"惜力",不必事事剑拔弩张。

只拣值得吵的事情去吵。若真需要吵，就算为了经营自己的面子，也要吵得不失身段。有句话说：修养达不到的高度，有时候为了面子就能达到。

不管修养到不到家，先从不吵没有含金量的架做起。

领导的得力干将，长这样

在职场金字塔上，我们绝大多数人都是某个人的下属。一个团队中，通常领导有一个，下属一大堆，就像五个手指，不一般齐，假以时日，优秀者自然出列。

群众的眼睛是雪亮的，时间一长，谁是精品下属，大家心里明镜一般，藏都藏不住。在职场上，优胜劣汰规则虽做不到百分百公平，却八九不离十，胜者自有其可取之处。

▶ 勇于担当，执行力强

几乎所有的领导，都有约定俗成的观念，勇于担当的下属最可爱，执行力强的下属最靠谱。

因为这样的下属急领导之所急，想领导之所想，有幸遇上精品下属，会想领导之所未想，并不打折扣地去完成，甚至超越领导的期望，不仅让领导看到结果，甚至连对艰辛过程的倾诉都免了。这种下属是团队中之栋梁，管理成本低，即使偶有犯错，易获谅解，因为长期的付出已让 Ta 赢得了"精品"这个个人品牌。

领导分配任务时，不一定总是按职责去分配，很多时候，谁最靠谱就找谁，所谓能者多劳，不要小看领导们的智商，最聪明的领导有着最强的感恩心态，冲锋陷阵、任劳任怨的下属将有不菲回报。承担越多，你被给予成长的机会就越多，要坚信，被需要者是幸福的，是会笑到最后的。

▶ *尊重领导,坦诚相待*

中国文化中讲究尊重长者,在职场上直译过来就是尊重领导。虽然领导在年龄上不一定是长者,但这原则在东方、西方同样适用。

这里的"尊重",不是指去拍没有必要的马屁,更多的是指良性的沟通,保持顺畅的沟通通路。

下属要去主导这种良性沟通,凡有交代必有回应,对任务完成情况主动汇报,哪怕完成得不尽人意,也让领导从你这里听到坏消息,而不是从任何第三方那听到。良性沟通的底线是下属要主动,不给领导追问的机会。

在任何时候,不要抱着"领导不会知道"的侥幸心理,特别是你明明知道此事可能会引起领导的不悦的时候。除非你愿意承担由此带来的所有后果,包括把悉心建立的信任关系毁于一旦。因为,无数前人的经验已经证明,十有八九,越是你不想让领导知道的,Ta最终都会知道。毕竟,领导的关系网比你大、比你密,会有许多或者愿意和Ta沟通的人或者嘴快的人,有意无意地泄露那件你不想让领导知道的事。

▶ *良性沟通,健康争论*

沟通的风格重要,沟通的内容更重要。即使领导愿意做你的情绪垃圾桶,请不要随便扔垃圾。秉承一个原则:请示工作给方案,汇报工作给结果。

如果说提一堆困难,发一通牢骚是提出解决方案的前奏的话,尚可理解;若单纯为发泄而发泄,让领导看不到解决的希望的话,很容易让人觉得你只想找借口,不想找解决方案。发牢骚这么没有技术含量的活儿谁不会干?啰里啰唆地把满身负能量卸货,却不想着怎样满血复活地去有创意地把问题解决,那老板要你干啥?哪个领导愿意干这种付你钱还为你收垃圾的事儿?

良性沟通不是天天一团和气,和领导之间的沟通有时也难免要坚持己见,发生辩论,只要这种争论是健康的,是以解决问题为出发点的。

其实,很多时候,有技巧地、得体地对领导提出异议会让 Ta 思考,同时彰显自己的智慧。但是,一定不要带着情绪和领导公开叫板。当你下决心破釜沉舟的时候,若碰上个有心胸的领导,而你说的又恰恰有点道理的话,你也许是安全的;若碰上个气量小的领导,而你因为无知或者因为眼界不够,给出的论据又经不起推敲的话,轻者讨个没趣,重者给个人品牌重重地添上一败笔。若经常为之,难逃"壮烈牺牲"的下场。

有人天真地认为,能哭的孩子多吃奶,喊得响、叫得凶,会逼领导就范。

请你相信,大多数真正有能力的领导不是欺软怕硬的,否则 Ta 也做不到这个位置上。鲜有能力强的老板单纯因为下属的强势而改变自己的决定。你要相信,即使领导听了你的,也很可能是出于种种考虑的权宜之计,你暂时占上风却未必真赢了,不久的将来你也许会发现,此口水仗你付出的成本很高,高到让你后悔不已。

▸ **理性争取,顾全大局**

那么如何挑战领导呢?应本着善意提醒的宗旨,让领导觉得你始终和 Ta 是共进退的利益共同体。

准备好理论依据,让数字替你说话,去情绪化(哪怕你心里很气愤),换位思考,从大局出发,不要纠缠于细枝末节。

你要知道,很多时候,领导仅仅是被一个盲点蒙蔽,你的善意提醒会让他醍醐灌顶。也有的时候,领导做了一个决定,你觉得你的利益或者你团队的利益因为此决定而受到了损失,很有可能是领导站得更高,想得更远,你的小利益、小算盘在大局面前必须让路。

如果领导没有主动和你沟通,你可以选择问询,表达顾虑,但是必须加上的一句话是:小团体服从大局,局部服从集体,最终尊重领导的决定。

有头脑的领导会记住欠你的人情,择机偿还;或者给你解释一下你为啥不该为这点小事纠结。你的目的不是此时此刻拿到你想要的,那样只会让老板难堪、为难,甚至下不来台;你的目的是表达你希望将来有合适机会时,好事会轮到你头上。

还有很重要的一条就是,管理好自己的期望值,在尽力去争取的同时,别忘了摆正自己的位置,领导才是最终的决策者。在任何情况下,都要有自知之明,挑战领导未成功不是世界末日,切忌以自己的不可取代为筹码而声嘶力竭地发出威胁。

请你记住,地球离了谁都照转,甚至慢都不会慢一下。

▶ 肯干会说棱角适度,情商在线感恩知足

自我认知很重要,适时知足很重要,不论你做的是哪一级下属,要有感恩心态。

单位和领导给你提供工作平台,让你在这个平台学习锻炼,展示才华,当然,也给单位创造价值,给自己带来收入。所以,与其说你是在给单位打工,不如说你是在给你自己的下一个岗位助跑蓄力,积累底气。

单位的各色条条框框,领导的诸多要求期望,是成就你明天方圆的规矩。当然我们不排除渣领导的客观存在,如果不幸遇上,及时止损,另谋高就的同时不忘告诉自己,这次遭受的所谓"蹂躏"也不失为一次磨炼机会。

今天的磨炼过程辛苦,但重要,等你走到职场金字塔上端的时候,回头望去,你会感谢沿途所有的经历。

　　看不够的,永远是一路走来的各色风景,包括在不靠谱的领导手下工作而让你通过吃亏学到的经验教训。那时,你可以自豪地说:我努力故我在,我坚持走上来了,终于可以一览众山小。

遭遇领导发脾气,可以这么办!

我们先看看下面的场景是否熟悉?

场景一

你刚走进办公室,被领导没头没脑地劈头盖脸批评了一顿。

场景二

虽然你知道自己做错了一件事,明明没啥恶果,领导却小题大做,对你大发雷霆,让你觉得生无可恋。

场景三

一件事办砸了,分明是小王的错,领导却对你倍加指责,你有口难辩,简直是现实版窦娥。

场景四

天下本无事,领导没事找事。好像处处看你不顺眼,时不时地对你发脾气。

如果你曾遭遇过上面的情况之一或之二或之全部,那么恭喜你!因为在这世界上,你绝不孤单,至少在被领导发脾气这件事上。

本文不做领导与你孰对孰错的裁判分析,只做具有实操性、可行性的方案推荐。

▶ 救火三部曲

领导发火时,就像房子着火一样。

第一要务是把火势控制住,也叫伤害控制,再把火尽快扑灭,最后是善后和灾后重建。顺着这个思路，可以参考以下的行动方案。

- **不急于解释，不急于把自己摘干净**

试想一下，火都起了，在这千钧一发之际，谁有心思去听你说不是你放的火？哪怕真的不是你放的火，先把火扑灭了再说事儿。

急于撇清责任只会显得你不懂事儿，没有大局观。这种时候，需要拿出同理心，设身处地地急领导之所急，哪怕Ta的言语过于偏激。

完全有可能的是，你的工作地盘，只是领导地盘的四分之一、五分之一甚至十分之一，领导未必像你一样了解事情的前因后果。领导看到糟糕的局面，第一反应是着急，第二反应是释放、表达着急的情绪，可能都还没来得及理性地分析一下事情的前后经过，就直接对你这个地盘拥有人发脾气了。

这时领导关心的是：事情还会不会朝更坏的方向发展？什么时候才能把情况扭转，把问题治理好，而不是听你解释为什么不是你的责任。所以，从情感上给予领导同理心，予以共情，是控制伤害、避免火上浇油的第一步。

- **立即着手解决问题，把补救工作做到极致**

被领导责备，千万不要找理由躲避。躲不是办法，越躲越强化你无能的概念。直面问题不躲避才是勇于担当的表现。

直面问题的第一步是确认自己明白领导为什么发火，特别是上面场景一的情况，不搞清楚状况没法有的放矢。确认问题所在很重要。

如果是你的错，则承认错误，如果不是你的错，则承认情况糟糕。

无论是谁的错，立即着手拿出解决方案，最好是几个方案，着手解决最紧急、重要的问题。如果拿不准你要立即采取的第一、二步行动是否正确，在可行的情况下去和领导沟通，达成共识，以免一错再错。

举一个例子。王总是公司的市场总监。公司今年的工作重点是应对竞品公司今年要上市的一款新产品，这个新产品是王总所在公司拳头产品的最大竞争对手。今年以来，王总给总裁和董事会的信息都是竞品投放市场的时间在十月份。所以公司的预算、人员安排以及市场活动都是按照十月份的竞品上市时间表安排的。

过去几个月，王总因为父亲生病，对工作的细节没有盯得太紧，手下也没有像今年第一季度那样去及时跟进市场情报，结果竞品公司出其不意，在八月初提前上市，打了王总公司一个措手不及。短短一个月，竞品就抢占了京、上、广、深四个一线城市的不少市场份额。总裁对王总大发雷霆，责备他市场嗅觉不灵敏，信息不及时，导致了公司的极大被动和市场份额的快速下滑。

王总面对总裁的质疑和责备，没有解释自己的家庭情况，而是先承认自己团队的疏忽，同时表示团队之前做过紧急情况的大概预案，请求给他四个小时的时间召开市场部紧急会议，细化方案之后立即汇报。

四小时后，王总来向总裁汇报，说已给之前的预案添加了细节，包括：把第四季度市场部预算提前到第三季度使用；对销售实施特殊奖金鼓励；和一二线城市的十五个代理商进行深度合作，点对点促销；针对此类产品主要用户是二十岁至三十岁的白领女性的特点，与十个在年轻白领女性中最受欢迎的公众号平台进行为期一个季度的联合推广等。

总裁同意启动应急方案后，王总团队即刻采取行动，结果竞品公司虽然上市势头猛，王总团队还是凭借强大的公司品牌，集中投入的市场资源，以及熟络的市场关系，海陆空同时出动，很快扭转了市场局面，收复失地。总裁的气也消了不少。

● 事后总结回顾

补救方案实施后，应该择机做个事后总结。这个总结应集中在两个方面——

一是为什么会出这个错？只有找出根源，才有可能不重蹈覆辙。聚焦在事儿上，而不是人上，事情查明了，责任人自然清楚。一开始就聚焦在揪出责任人这件事上的话，容易让当事人和牵涉其中的人产生抵触心理,反而不利于客观地找出事情根源。

二是从这件事儿中学到了什么?不论谁是第一责任人,把总结回顾的重点放在出问题的环节上,就事论事地总结教训。

在王总的例子中,就事论事得出的教训是:王总在家里有事的情况下,对竞品上市这样重要的事情,应该委托专人紧密盯着;系统性的教训是:竞品上市时间变数很多,制定应急方案时不能仅仅拿出框架,而要细化到一定程度,这样紧急情况一旦出现,立马可以启动应急方案。

领导过了气头之后,你应择机与领导面谈,把事后总结简单分享。这不仅是成熟、有勇气的表现,还有个好处,即如果你在这件事上曾经蒙冤,通过这个分享,可以机智地作一点客观的分析,这远比主动地去解释、撇清自己更明智。

这里的关键词是"简单分享",不要啰啰嗦嗦,用力过猛,以免被领导误解为诚心总结是假,刻意解释是真,反而弄巧成拙。

▶ *成长,自愈,善待自己*

在我们的职业生涯中,或多或少都会遭遇领导发脾气的情况。

既然这种经历在所难免,就要自己想办法宽慰自己,说得通俗一点,叫阿Q精神,说得高大上一点,叫内心强大。以下的几个思考,也许会帮助你想开一点。

● 你的理性、冷静处理会让领导自省

领导发火的时候,你若不和 Ta 一样,被情绪牵着鼻子走,而是理性地按照上面说的思路去先把问题解决的话,你的冷静会让有头脑的领导自省,敦促 Ta 思考自己哪里做得欠妥当,这不失为一种以守为攻的应对办法。

● 学会自愈

有一种可能,当然,仅仅是一种可能,那就是领导往你身上出气也是一种信任的表现。

就像我们每个人都有可能在家人面前卸去伪装,言辞不注意一样。你作为受委屈的一方,自己舔舔伤口,振作精神,是对自己的善待。

我们都是成年人,不需要等着领导来哄。拍拍尘土,继续上路,明天还有好风景。

● 不要动辄产生逃跑念头

有些职场人,每每遭遇这种不顺就想辞职走人。这种念头未免欠成熟。谁能担保到了新单位不会再有类似的遭遇?当逃兵其实很容易,把小挫折扛过去才是强者该有的姿态。

● 不过分迁就领导,该走就走

这世上总有欠缺理性的领导,不尊重下属,由着自己的性子乱发脾气,或者不分青红皂白把屎盆子到处扣,这种领导不值得为之忠心耿耿。若你屡屡遭遇不公平待遇,请果断离开,不必恋战。

当然,这需要你对自己有良好的自我认知,还要有优秀的市场竞争力。只有这样才能有资本说走就走,正所谓:此处不留人,自有留人处。

职场如战场,总会受点伤。但不大损元气的轻伤之处,假以时日,将成为我们最强壮的地方。

何以开怀?唯有心态!

遇上不喜欢的人，如何打交道？

成年人的世界总有不如意，总有人或事让人不愉快。比方说，有一些人你不喜欢：Ta说话，你觉得充满了虚情假意、矫揉造作；Ta做事，你认为总是为一己之利，诸如此类。这类人，你不喜欢与其打交道，甚至充满厌恶，恨不能今生不再见。

这类人，或存在于生活中，或出现在职场上。对待生活中的这类人，我们也许有选择，只要不是至亲，至少可以井水不犯河水，可以想办法老死不相往来。

不幸的是，对于职场上的这类人，很多时候我们没有选择。因为他们可能是我们必须合作的同事，我们绕不过去。我们的职场幸福指数不可避免地受到这些人的影响。

为了自己过得舒心，我们必须调整自己的舒适区，尝试变通，尝试包容，尝试换位思考，尝试阿Q精神，尝试同理心思维以及一切可以让自己心情变愉快的办法。

所谓"先处理心情，再处理事情"，因为"我的职场幸福我做主"。

不妨试试以下七种办法。

▶ **从心理上接受"你周围一定有你不喜欢的人"这个事实**

五个手指头还不一般齐呢！在任何一个集体中，无论是小单位还是大公司，只要是人聚集的地方，就一定存在多样性，包括你不喜欢的那一类人。而且，你不喜欢并不意味着无法与其共事。

我们不喜欢此人的原因之一，可能是此人与自己不一样。我们需要有意识地排除这种心理干扰，因为这种"排异"想法不健康。很多高效团队用事实证明，一个团队中，人的风格、做派、性格越多元化，其团队创造力越高。这也就是为什么现在很多企业不遗余力地推行人才多元化及组织包容性的原因。

所以，无论是做领导还是做普通员工，坦然接受你周围的人中一定有你不喜欢的这个事实，会帮助你减少焦虑，把紧绷的弦放松下来。毕竟，有一种可能性是：你代表的是大众审美，而真理可能掌握在你不喜欢的那一小撮人手里。

▶ 诚实地问问自己：是不是问题在我？

诚实地问问自己，我为什么这么不喜欢这个人？是不是我自己的问题？比方说，是不是出于嫉妒对方，于是看对方干啥都不顺眼？这个问题的关键是对自己诚实，因为不需要向任何人交代，诚实地扪心自问会帮助自己解开心结。

我们多数人都有个劣根性，那就是爱比较，而且很多时候会无意中做些非理性比较。往往越在乎比较的结果，越计较。人比人，有时真的会气死人。

比方说，一个人今天是你的平级，明天变成了你的上级，你得被他管了；全公司的年终大奖被小王得到，他的资历还远远不如你呢！

这种例子信手拈来。我们有时会无意识地拿自己的失去与别人的得到比，拿自己的失落与别人的荣誉比。比来比去，越比越没希望，越比越没斗志。只会让嫉妒心爆棚，自暴自弃心理膨胀，最终沦为职场怨夫、怨妇。

这种情况下，所谓的不喜欢，完全只是个表面借口，别人可能没什么不对，问题的根源只是你自己的嫉妒阴暗心理。如果是这样，需要说服自己心理上接受，而不是在"是否公平"这个注定无解的问题里去钻牛角尖儿。

向所谓"不公平"宣战的最有效做法，以及为自己扳回一局的正确打开方式，是向"小王"们学习他们身上的优点，把自己的短板补齐，让自己成为将来"小王"们也会仰视的厉害一族，所谓低头赌气，不如抬头争气。

▶ 别人失态，你不失德

有的人，爱指手画脚，爱工作越位，甚至爱口出狂言，自以为是。很多时候，他们这样做的目的是显摆自己懂得多。

比方说，你做了个自己区域销售市场的报告，另一区的小李跳出来，说你的市场份额计算有误，你的市场资源分配不合理，你的活动过于集中在几个大客户间而风险太高等。他发表的这些都是貌似有道理，实则假大空的意见。

对待小李这种人，你可以采取把他的意见细化、追问的办法来应对他。在这个例子中，你可以问小李：市场份额计算哪里有误？市场资源在哪个环节分配不合理？针对哪一个大客户的活动太集中？风险何在？

因为你对自己的区域最清楚，往往问一两个回合下来，旁观者便很清楚孰是孰非了。如果小李继续胡搅蛮缠，你可以采取"虚心聆听，我行我素"的策略，没必要和他继续进行毫无成果的争辩。

▶ 冷暴力有时是个有力武器

有的人，你并未招惹 Ta，Ta 却没事找事，咄咄逼人。这种人也许天生好战。你若应战，则正中 Ta 下怀，你不能配合 Ta。对好战的人来说，若无人应战，Ta内心的失落与沮丧不亚于打了败仗。

无人应战意味着Ta失去了向别人展示Ta赢了的机会。对付这种人，最大的反击不是唇枪舌剑、即刻应对，冷处理可能会更有效。拖Ta、晾Ta的冷暴力反而是个有力武器。

▶ *事后的冷静对话也许有帮助*

如果有人冒犯了你，你选择大度处理，并不意味着你对对方的行为听之任之，放任自流。你平静下来后，可以选择与对方平心静气地进行一场对话，说出你的感受。这样做至少有两个好处——

第一，对方也许是无心的，Ta没意识到Ta冒犯了你，你若不告诉Ta，Ta下次可能还会这样做，让你再次不爽。

第二，告诉对方，你对这种行为不接受，Ta下次会三思而后行，因为Ta现在知道了你不是软柿子。

进行这种谈话的关键是冷静，不要被情绪驱使和挟持。个中诀窍是强调你的个人感受，而不是直接指责对方。同时要给对方台阶下。你可以对对方说："你可能言者无心，我却听者有意而受到伤害，希望你照顾我的感受而不要再这样做。"

▶ *刻意保持距离*

总有一些人，无论你做何种努力，Ta就是针插不入，水泼不进。你指望Ta做任何改变，无异于白日做梦。对这种人，除非是逃不掉的直线老板或者下属，我们可以把接触频率保持在最低点，因为你和Ta沟通协调以达成共识的成本高得得不偿失。

多年前，对一个跨部门同事，我就采取了这种做法，挺有用。他是我的平级，工作上必须有重叠，我没有选择。我们的谈话，经常不在一个频道上,我懒得听他的自吹自擂、自说自话,我估计他也一定有瞧不上我的地方。

年初,他在我的日历上约定了和我每个月一次的一对一谈话计划。根据过往经验,我认为与他一个月见一次面实在太过频繁,没必要。我把一对一对话的频率拦腰斩断,变成了每两个月一次。再下一年,变成了一个季度一次。平常遇到事情时,也是一定需要接触时再接触,没有具体事情时,能远离就远离。

这样,我少浪费了时间,同时大概因为距离产生美,我们双方的合作质量反而提高了,少见面,反而起到了好作用。

▶ **找个有效渠道发泄**

有的时候,不喜欢的人让你不爽,负面情绪在你身上累积,你感觉自己要爆炸了。这个时候,需要找个压力出口去发泄。

知心朋友可以充当这个角色,但是职场导师可能是更好的听众。因为你需要的,是理解你的处境的共情以及可能的应对方案。比你站得高、经历多得多的职场导师,此刻可能会更懂你。

你的职场导师往往不是你的直线领导,所以你对他说起话来比较有安全感,没有顾忌。找职场导师倾诉的同时,一定不要单纯诉苦,而要注意 Ta 的反馈,寻找自己在处理这件事情上的短处和盲点。你倾诉的时候,需要诚实,需要不添油加醋。只有这样,导师给你的反馈及给你出的主意才能客观有用。

我们应该经常提醒自己,真正的大坏蛋在职场是极少的。很多时候,我们认为某人是我们不喜欢的人,往往是因为我们把目光聚焦在了一个好人的阴暗面上。

可以尝试实践上述七种办法,尝试与不喜欢的人有效共事。

过一段时间,我们也许会从最初的纠结不自在中走出来,变得长袖善舞。我们也许会惊奇地发现,自己内心有了不少之前没有挖掘出的大气与宽容精神,而这种精神,恰恰是一个人在职场路上越走越宽的尚方宝剑。

品牌**职**造

素养如怀孕，早晚会凸显

如果大家觉得这个题目有点标题党，就先给大家道个歉。我自认为词汇量还不错，却找不到更好的比喻来形容素养的积累效应。在什么都讲究短平快的浮躁的社会氛围里，讲究职业素养有点小奢侈。素养听起来有点虚无缥缈高大上，实则脚踏实地接地气。

职业素养渗透在职场的上下左右，方方面面。职场的成功，往往不在于你能走多快，而在于你能走多远。素养，就是决定你在职场能走多远的最关键因素之一。

职业素养，是在职场上表现出来的综合品质，是对自己职业的重量级承诺。这些品质和承诺涵盖了很多方面，下面用三个小故事诠释。

▶ **敬业精神：追求卓越，不断进步**

职业素养有一个重要的内涵，就是敬业精神。尊敬自己从事的职业，把梦揣在心里，把当下的事做好做细，做到严谨、做到精致，做到超出常人预期，令人喜出望外。

几年前，我在西部一个小城打车，司机是位三十多岁的皮肤黝黑的西北汉子，在沙尘暴狂飙的阴天里穿着一尘不染的白衬衫，外套是裁剪合身的灰色西装。他看我从酒店大门出来，快步迎上来接过行李，问我："请问您在车上要工作吗？电脑包是放在后座您旁边这还是搁后备厢？"还加一句："您放心，我的后备厢天天擦，一定不会弄脏您随身带的电脑包。"我的心一热，我关心的、顾虑的他都想到了。难为了这大老爷们儿!

一上车,整洁的坐垫厚厚软软的,细心的他早已把前座往前调很多,使我有更多的伸腿空间。饮料座上放着5100西藏冰川矿泉水,我知道这水是当时最高端的饮用水。我不禁对他说:"你的车真干净,这水好贵,你不必在车上提供这么高档的水。"他说:"我做这一行,客户是上帝,我要尽力做到超出客户的期望值。"含金量挺高的一句话!

我一改开车时不与司机谈话的惯例,与他一句接一句聊起来。得知他之前是出租车司机已十多年,刚开始自己做生意没多久,他想走高端路线,把自己的品牌做出来,绝不急功近利,想靠服务招揽回头客。短短的三十分钟,我注意到几个细节:他用的称呼都是"您"而不是"你";电话响了几次但他一个都不接;即使是在根本谈不上车多的新开放的高速公路,他也总是看后视镜和左右镜,确保安全距离才换道拐弯。

我评论了一句:"难得你有这么多年的驾驶经验,还遵守这些新手才会遵守的规矩。"他认真地说:"这样做是为了您的安全,更是为了我的安全。"下车时我给他提了个醒,我说后座也是需要系安全带的,但你的干净坐垫挡住了安全带的锁扣,可能需要改进一下。他连声道谢,说我给他的这个建议一定会帮他赢得更多高端客户。好一个有职业素养的师傅!我坚信,他的生意一定会做大,只是早晚的事!

▶ **专业精神:按照规则办事,遵从职业操守**

职业素养包涵什么呢?是怀抱感恩心态,善始善终,秉承契约精神。

曾经我有个优秀的下属,他找到了更好的发展平台。离职前两周,他开始主动整理交接计划。他把项目名称、交接时间表、第一负责人、重点注意事项一一列明;对关键客户,他逐个和继任者商量并征求我的意见，看是否需要他电话或当面解释告知离职，目的是把对业务的影响最小化。

他上交了整整二十页的客户名单和联系方式、正在跟进的关键业务、已经确定的合作计划等。离开公司的前一天，他细心地买了很多巧克力和西饼，放在办公室与大家分享，感谢公司对他的提携和历练。可以说真的做到了"在职时优秀，离职时优雅"，这样的职业素养，让人留念想，让人永难忘。

当然，在离职这种问题上，领导的素养也至关重要。这一点，我在《职场如江湖，你够义气吗？》中浓墨重彩地说过。

领导的素养，经常体现在如何对待离职的下属上。有时，倾注了不少心血培养的得力干将跳槽去竞品公司，领导内心深感此人辜负了自己的辛勤培养和一贯栽培，然而，人各有志，计较指责不如大度放手；即使是对因为业绩不佳而被末位淘汰的同事，领导也应该拿出最大的善意，在可能的范围内提供帮助，使这个同事能够尽早再次走上职业新旅程。

领导的这种胸怀，来自其发自内心的通透。毕竟，几乎所有人的初衷都是想把事情做好，当然，能力有限、情商欠费、单纯的坏运气，都会造成一时的表现不佳，但这不过是在职场的漫漫长征路上掉了一个坑而已，当领导的没有理由把人家全盘否定，这种包容和理解，是领导素养的直接体现和具体诠释。

▶ 职业精神：融化在血液中的崇高境界

职业素养还可以指一种与社会地位、财富多少没有必然联系的崇高境界。我想起了曾经的全国最美老师张丽莉。

几年前，佳木斯市胜利路北侧的第四中学门前，一位驾驶员误碰操纵杆致使车辆失控撞向学生，本可以躲开逃生的张老师于危机之中，将学生推向一边,自己却不幸被碾到车下,造成双腿截肢,盆骨粉碎性骨折,以至生命垂危。

在那样的危急时刻,张老师根本没有时间做取舍衡量,她的行动完全是五年的教师素养积淀下的直觉反应。谁能不说,这是张老师在生死闪念之间展现出的最高的职业素养?

▶ 把职业素养变成习惯:提高职商

有人曾经把职业素养比作职商,我觉得这个比喻挺恰当。如同情商可以被解读成情绪智力一样,职商可以被演绎成职场智力,是可以塑造历练的。

当领导的有时说某个下属是"可造之才""可塑性强",这包含了对此人职商的高期望值。培养职商,需要有持续的强烈的学习意识,假以时日,高职商会成为一种自然,也就是说,经过努力,我们可以把职业素养融入自己的DNA,举手投足中都能凸显素养。

职商培养可以从三个自我管理做起——

● 印象管理

把握好自己给别人的印象。最直观的印象分来自外貌和言谈。相貌是父母给的,衣着却是可以自己经营的,在《6招帮你成为靠谱达人,立马可用》一文中,专门讲过着装与身份和场合相匹配的重要性和实操技巧,会着装者,等于给自己贴了个有素养的标签。

至于言谈,需要长期修炼,肚里有料和沟通技巧缺一不可,处于职场初期的小朋友可以多多观察大老板的讲话思路和风格,把握好择机表现自己和信息准确的平衡点,虽然说话不必追求完美,但底线是知道自己在说什么,万不可信口开河,因为你不知道哪个角落里就坐着个专家,你的信息如果太不靠谱,自己作死都不知是怎么死的。

- 心态管理

天天都摊上好事的时候,谈不上心态。在遇上小人、遇上糟心事的时候,才是体现素养的时候。这一点,在《情绪银行理财秘笈》《让我们吵一场有技术含量的架》以及《对付小人和负能量的 5 个有效招数》几篇文章中都有过详细讨论,可供参考。

- 时间管理

这一条貌似与素养不直接搭界,但是时间管理做得好的人往往都是有成绩的人,都是可以同时完成多重任务的绩效达人,这种人往往才有多余的精力去做追求卓越、提高素养。

时间对每个人都是公平的,因为每个人都拥有一天 24 小时;时间又是最不公平的,因为有的人天天高产,有的人日日碌碌无为。想让单位时间内的产出最大化,时间管理是关键。相关的讨论,可以参考《8 条干货让你的时间翻倍》一文。职业素养,听着空洞,实则具体。有职业素养的人,干一行爱一行、专一行精一行;有职业素养的人,把精品意识植入到了骨子里。虽然职场是逐利的,可能见利忘义会辜负你,但若有素养托底,你就会放下恩怨,拒绝纠缠,努力拼搏,可以从头再来。

尼采曾经说:每一个不曾起舞的日子,都是对生命的辜负。让我们不遗余力,天天起舞!

我仰视所有具有高尚职业素养的人,他们让我发出由衷的感叹:职业有价,素养无价!

留白有术分寸有度,是高段位的成熟

留白即留有余地。挥毫作画要留白,着墨疏淡,空白广阔,所谓"方寸之地亦显天地之宽",太满、太多会让人生烦生厌。即使画面唯美、文字精彩,若无留白也会让人产生审美疲劳。音乐世界里,也有"此处无声胜有声"的说法,这都是美学的基本要求,留白之理也适用于生活和职场。

我们都有这样的经验,空间窄小的逼仄环境不仅让人压抑,更会令人产生本能的抗拒,生活环境和人际环境都如此。都说距离产生美,其中的"距离"其实就是一种留白,留白即分寸感。

▶ **生活中的留白**

生活中的各种关系,父母、夫妻、亲戚、朋友,适当地留白,给人给己都留有余地和空间,让大家多几分放松和舒服。与人相处时,不论是什么关系,彻头彻尾的亲密无间不仅危险,而且不可持续;以掏空对方秘密为代价的关系将无端抬高双方的期望值,滋生无谓的猜疑,平添莫名的苦恼。因为人都有逆反心理,你越不给我余地,让我保留一定空间,我就越要挖空心思隐藏自己的秘密,而处心积虑保守的秘密一旦被对方发现,双方都会恼羞成怒,甚至反目成仇。真是得不偿失。

为人父母的,在教育子女方面,留白意识尤为重要。教子最该是慢的艺术,我们做父母的,却往往知易行难。很多时候,我们望子成龙心切,担心犯错成本,倚仗着咱们"吃过的盐比孩子吃过的饭都多"这个伪真理,恨不得把自己所有好的经验、坏的教训,以及别人归纳的金玉良言一股脑儿灌输给孩子,希望他们全盘接受,理解的执行,不理解的也立即执行,美其名曰"少走弯路"。也有时候,孩子稍有成绩,我们就表扬得淋漓尽致,使孩子失去了思考上升空间的机会;或者孩子犯了小错,我们就批评得一无是处,孩子觉得颜面扫地,没有心情重拾自信,奋起直追。这些做法,其实都是家长没有分寸感,不会留白的表现。

我们得想明白,无论是跌倒犯错还是小有成绩都是孩子成长的过程,在孩子做得好时,应该善意提醒 Ta 强中自有强中手;孩子跌倒时,避免去翻之前的错误旧账,鼓励他们,自己痛过才能以后走路小心,从教训中学到的才能永远记住。教子教子,孩子才是教育的主体,我们的宽容大度和点到为止,都是教育孩子中的留白,都是留给孩子的余地,都能激发他们的主观能动性,培养他们宠辱皆不惊的能力。

▶ 把握职场留白分寸

职场上,留白艺术不仅事关职场幸福指数,更能影响职业上行的高度。很多人经常标榜自己快言快语,有啥说啥,所谓的不动脑子,毫无顾忌地"畅所欲言",并以此为个人品牌而无限自豪。岂不知,即使这是优点,若不拘小节、毫无头脑地将这个所谓优点发挥到极致,则必成致命缺点。"祸从口出"这个成语说的就是人不计后果的图一时嘴上满足,最终酿成后患。

不论是当领导,还是做下属,把握好留白分寸,都是职场智慧的重要体现。

● 对领导

下属挑战领导要留白,用数据说话,给予建设性意见,就事论事,杜绝情绪化。说完要点,略加停顿,阅读领导的身体语言,给领导足够的时间去消化思考。这些都是留白的智慧。真正有头脑的领导,会体会这番良苦用心,并认真考虑你的合理化建议。

● 对下属

领导辅导下属更要留白,尤其是下属犯错时,炮筒子机关枪式的说教是小儿科领导做的。说一留二,循循善诱,启发思考,提出期望,既让对方心知肚明 Ta 犯的错误及其严重后果,又给 Ta 足够的时间反思及调整行动方案,这才是高明领导的做法。这样的留白辅导,属于启发式教育,下属会感激领导留面子,会化愧疚为行动,更加诚心诚意地检讨错误,及时做出改变。

留白不是含糊不清、隔靴搔痒,相反,留白是在指向清楚明确的前提下把要点指明,把次要点留给思考;把目标指明,把具体行动方案留给发挥;把明显的错误指出,把致错原因及纠错计划留给反思。管理下属时,留白与授权有异曲同工之妙,那就是让下属充分享受独立思考后做出成绩的满足感。

● 对任何同事

对合得来的人,既要有热情又要掌握好热度,热情过度的副作用太多,一是破坏距离美,二是可能"鼓励"别人提出你力所未必能及的要求,三是让人怀疑你有功利目的,所谓"过热必有灼烧感"。

对不喜欢的人和事,可以这样考虑:有的人,你可以讨厌至极,有的事,你也可以深恶痛绝,但对人对事,可以看透,不要做绝。即使做最残酷的决定,也给别人一点退路,即使做最决绝的转身,也给自己留一条后路。

▶ 留白的机会要抓住

留白不是放之四海而皆准的无条件法宝。这需要双方有起码的默契,所谓心有灵犀一点才通。若被留白的一方或因智商不高或因情商不够而不能领会"留白美",你的精心留白只能是鸡同鸭讲,毫无共鸣。

比如对热恋情人，你说了上半句，认为他会对潜台词心领神会，结果不幸，其实 Ta 不懂你的心！对直线下属，你看到了问题，婉转提醒，结果 Ta 以为你拿别人说事，与他无关。诸如此类，是否留白真的要商榷，也许，有的人真的没能力接留白的茬，你还真就得单刀直入。还有的时候，别人的留白可能是给你坦诚的机会。若这事关信任，最好下了这个台阶，把实情相告，该道歉的及时道歉。领导和下属之间的这种默契尤为重要。

举一个例子。市场部王经理是李总的得力下属，过去几个月，李总一直在为王经理的下一步的职业发展而到销售部门奔走，李总也一直把进展告知王经理。

某一天，王经理和负责商务部门的张总聚餐，张总无意中提到他的部门不久后可能有机会，并说王经理若有兴趣，他将愿意考虑。王经理千恩万谢之后谈话没有再继续。王经理回去想了想，觉得商务部门的机会比销售部门更有吸引力，然而他并没有告知正在为他全力争取销售部门机会的直线老板李总。

有一天，李总来找王经理，告知商务部门可能也是不错的选择，问王经理有什么想法。

这时王经理有两个选择：一是继续不提和张总的那段沟通，权当今天头一回听到商务部门的这个机会。二是借机与李总分享和张总早先的沟通，并对没有早些向李总汇报自己的想法一事致歉，请求李总的原谅和帮助。

事实如何呢？

其实，李总来找王经理时，张总和李总已经有了线下沟通，张总也向李总提了他和王经理餐聚谈到此机会的事。李总有些意外，因为王经理明知自己正在为他往销售部门努力却从未提及聚餐之事。

当然，李总乃大度之人，他不动声色对王经理提及商务部门的机会，若王经理按照上述的选择"一"行事，则会影响到他与李总之间的信任,也辜负了李总的奔走和为他做的努力。若王经理按照选择"二"行事,虽然李总可能小有不快,但坦诚在则信任在,李总会乐于促成此事。这个例子告诉我们,做下属的,不要以为领导留了白,即天真地以为领导不知道,其实往往领导都知道,留白是给你机会,要快点接着!

▶ *留白的两个 Tips*

最后将留白艺术总结为两点提示:第一,留白需要涵养作基础,需要从容作底气,而往往只有自己肚里有料才会有涵养,才会显从容。所以,让自己优秀起来才是硬道理,才是留白的最佳底色。

第二,我们往往有个实践误区,对外人不难做到有意识地讲究分寸,而对自己最亲近的人,比如父母、伴侣,却肆无忌惮地拒绝留白,美其名曰"在家里要做回自己",也许潜意识中我们觉得最亲的人冒犯成本最低,我们如何张牙舞爪他们都不会介怀。岂不知,由于彼此熟悉到骨头里,所以说起伤害的话来会如瑞士军刀般格外锋利、句句扎心,如训练有素的射手般弹无虚发、百发百中。所以,留白,应从亲人做起,这是我们每个成年人都应该刻意培养的厚道和成熟。

勤奋，自律，说人话

我的专栏"职场邢动力"自从2017年12月19日开始，很多了解我家庭和工作状况的朋友私信我，让我写写我这个两儿一狗的妈，在繁忙工作满天飞的重压下，是怎样做到每周三千字，每周连更一周都没落下的。说实话，没啥神秘的，要说有点诀窍，我拎出三条来说说吧。

▶ 坚持撰文的三条诀窍

● 契约精神

承诺出去了，就不能食言，你也没处躲没处藏。哪怕发着烧，在"烧脑"状态下，脑袋里轻飘飘的，也得撑着写完。这是精神层面的自我要求。

● 无懒可偷的行动力

高质量的文字输出，倚仗的是脑细胞的勤奋工作，无他捷径。这就意味着别人喝咖啡聚会的时候，我要在家里爬格子；也意味着出差途中，别人看电视剧打盹，我却要带上降噪耳机，专心构思下周专栏的素材，一旦逮着灵感，即刻下笔。这是行动层面要坚持的。

● 说人话，说大实话

这是最最重要的指导方针。高大上、冠冕堂皇的话谁都会说，政治正确却不接地气的口号谁都会喊，大家不需要这些。把自己这些年的经验，从管理者看员工的角度和从员工看管理者的角度进行提炼，把真实的想法说出来，不加粉饰。实在不方便说的话可以不说，但不能说假话，这是我的底线。

下面说说，在契约精神和行动力的督促下，大实话是怎样一篇一篇源源不断地被生产出来的。个中道理，也许对职场每天都逃不掉的工作文件撰写也有帮助。

▶ *高强度的输入和高质量的阅读*

我一直笃信也深有体会的是：高质量的文字输出，靠的是肚里有料。要想素材供给充足，就必须有大量高质量的阅读和高强度的输入，这样才能"收支平衡"。

我很少用大片时间去阅读，因为大片时间对我来说是十足的奢侈品。我分管的工作跨越全球所有时区，朝九晚五对我来讲，完全是神话一样的存在。不论人在哪里，世界各地的邮件永远是"叮叮咚咚"地飞进飞出。

所以，我只有碎片时间可用来阅读，一般会锁定几个喜欢的作者和公众号或者是电子书，有空就读，很关键的一点阅读经验是：把感想用手机里的备忘录记录下来，只有这样才能将阅读的知识转化为自己的东西。

我知道自己的历史知识不连贯，就用跑步机上的时间追类似《雍正王朝》这样的还算严肃的历史剧。越发感叹年少时不更事，完全跟着兴趣走，年轻时没有花足够的时间去熟读历史，现在不得不拿出加倍的时间去拾遗补缺。

这点我在《比兴趣和热爱更重要的》一文中也有写。有人说，为了不浪费时间，杜绝刷屏。对我来说，微信是重要的信息来源，不浪费时间的关键在于认真甄别信息，摒弃八卦娱乐，把阅读重点放在有声誉与有含金量的信息上，就不算浪费时间。

▸ 坚持不懈地积累素材

若想文章生动有趣能打动人，真实是关键、是灵魂。自己亲眼见到的、亲身经历的人和事是最好的素材，积累素材的关键在于随时随地的用心。好比以下几类——

● 触景生情

十月的时候我与家人去纽约小憩，行走在曼哈顿的摩天大楼中间。即使是周末，进出写字楼的红男绿女依旧如织，我当时想，哪一个进出曼哈顿写字楼的不是过五关斩六将硬拼进去的，都不知被面试官蹂躏过多少次。于是便产生了泄一点面试官秘密的想法。《面试官的"阴暗"心理，你知几分？》一文就这样诞生在酒店的写字台上。

● 特殊的时段想起关联的事

比如年底及春节，有一堆需要做的诸如年终总结、加薪沟通之类的事。"职场邢动力"专栏也正是在2017年这个时候，在这个大背景下诞生的。于是就有了《年底了，你会把自己"卖"个好价钱吗？》《你人有所值，薪情大好了吗？》《年末盘点7件事，让你今年不白干》以及《春节假期，这7件"要事"你做了几件？》这一系列的文章。

● 工作应景

一日，前公司的同事打来电话，说今年七月的时候，他做中期考评，曾与他老板提过一个他自认为很好的想法，当时老板对他说："现在太忙，这个事以后再说吧！"这个同事问我："现在已经临近年底，我要不要再去向老板提那个事儿？"我说："你得学会听潜台词！"于是《那些潜台词，都是话里有话》一文就这样在我放下电话后被构思成文了。

基本方法论：先搭骨架后填肉

大多数情况下，写工作文书和阐明观点的文章不同于写情书，火热的情话流到哪里，墨水就淌到哪里，不需要道理。写这类以理服人文章的关键，是条理清晰、逻辑分明，这样读者不费劲就能看懂。只有看懂了，才有可能欣赏和产生共鸣。我个人的经验是先搭骨架后填肉，能够帮助梳理逻辑和条理。

第一步，先把骨架搭好。

拿本文来说，我决定从六个方面阐明我的观点，就马上落笔，把这六点写出来（高强度的输入和高质量的阅读；坚持不懈地积累素材；基本方法论：先搭骨架后填肉；找没有干扰的时段成文；远离一会儿，有助于找出盲点；归根结底，关键是勤奋和自律）。

第二步，把每一点下面要涵盖的每一条关键信息变成一句话，每一点不超过三条关键信息。

这样十八行字就有了，这是文章的骨架。有了骨架，心里便有了底。接下来要对骨架反复挑刺，因为如果骨架不正，成品必歪。先从逻辑上挑，问自己这十八行字把想讲的故事说明白了吗？即使读者不是专家，也要尽力做到让他们不需要帮助而能认可我的思路，这就要琢磨因果明了吗？收官结论清晰吗？

对这十八行字反复斟酌、修改后，就可以开始"填肉"，也就是给每一条关键信息加细节。每加一个细节就要回头看看"肉"是否严丝合缝地围绕在了"骨头"周围，否则加了"肉"也不紧密，容易掉。这些"肉"中，有的是严肃论据；有的是添油加醋，以使论据更加生动形象；有的是正面例子，重申此事的必要性；有的是反面例子，说明如果不做的后果如何严重；有的是冷冰冰却有说服力的数字；有的是有温度的煽风点火式的鼓动。

无论这些"肉"以什么形式出现，原则只有一个：为主题服务！如不相关,格杀勿论。

▶ 找没有干扰的时段成文

阅读、素材积累以及搭骨架填肉,都可以用碎片时间完成,但这最后的成文应该尽量一气呵成。

因为这关系到通盘考虑,要去除杂质,成文过程中需要考虑段落的衔接过渡,需要审视开头背景的交代是否足够清楚,末尾结论是否水到渠成。这个成文的过程,其实是赋予文章灵魂的过程。灵与肉都有了,离大功告成也就不远了。

▶ 远离一会儿,有助于找出盲点

写文章是个很主观的事,虽然事情都有两面性,很少有绝对的对错,但避免明显的偏颇和盲点还是需要下点功夫。找出盲点最好的方法是放一会儿,远离一会儿。英文有句话叫"Sleep on it",是指放一个晚上再说。

写文章也是同样的道理。这个"一会儿",可以是一顿饭的工夫,也可以是诸如一两天之类的"好长一会儿"。这种远离,会使我们尽量回归客观视角,跳出作者的框框,更多地以旁观者身份去审阅自己写的东西。

我经常提醒自己:如果这是儿子的作品我会怎样去挑刺(儿子说我的眼睛很贼,他的文章,一个标点一个词的问题都会被我用特异功能揪出来)?远离还可以帮助我们摆脱一些自己的固有思维,回过头来看更加客观,更加下得了狠手。要与自己敝帚自珍的惰性作斗争,动用理性去枪毙掉那些问题段落,再动脑筋返工。对我而言,初稿改掉百分之三四十是常有的事儿。

▶ 归根结底，关键是勤奋和自律

无论是阅读、构思素材，还是起草修改，最终成文，无一不要搭上时间、搭上精力，这是靠勤奋堆出来的。那些疲惫至极的夜晚，无数瞌睡虫排山倒海般袭来，却还是要洗把脸坐下来，问自己要文章。好在我当过留学生，不怕点灯熬夜。

也曾赶上在旧金山出差，连续四天，每天开十几个小会，累得散了架，用周末回程飞机上的 4 个小时，赶着把手稿写出来，因为大洋彼岸的美女编辑正等着⋯⋯

经历过思路顺畅的时候，才思如泉涌，下笔如有神；也遭遇过 Deadline 在即，主题却被我改了一个又一个的情况，写了半天，一大片被我全部划掉，重新来过⋯⋯不瞒大家说，《挣五千花一万，大气者成大器》《舒适区舒服，却不是该常待的地方》两文都是这样在交稿前最后 1 分钟硬憋出来的，结果大受欢迎。

2017 年我承诺写专栏时，心里的"小目标"是至少写一年。至于是否能够保质保量，当时心里没底。但是我也相信，只要自律，这种先承诺出去，再倒逼自己去完成，跟自己较劲的事儿可以做。

我们最大的敌人从来都是自己。逼自己坐下来，逼自己心无旁骛，逼自己把亲手写的东西否定掉，逼自己在脑子空白时还坚持，这些都是自律的表现。

厚道才是真精明

一日,我去一家冰淇淋饮品店,该店卖冰淇淋和各种饮料。柜台边上,摆放着柠檬冰水和一次性杯子,免费提供给顾客们使用。与此如出一辙的,是我上个月在巴黎的酒店早餐厅门口看到的给来不及入内吃早餐和等位的客人提供的咖啡、牛奶和新鲜出炉的牛角包。

这两种免费供应,都是和店内销售品有直接利益冲突的,换句话说,喝了免费的柠檬冰水,可能就会少买或不买店内售卖的其他饮料;吃了免费的牛角包,早餐时可能就会少点一样东西。商家经营多年,怎会不懂这个道理。然而,他们仍然选择方便客户,提供暖心的延伸服务。这些所谓小事,投入小钱,却收获了比这点钱珍贵得多的客户忠诚度。经商,貌似靠的是精明,其实,精明的极致是厚道。

生活中,这种暂时吃小亏却赢得长久美名的例子多到我可以信手拈来。职场一如生活,不耍小聪明,做厚道人,是大智慧的表现。这样的人会得道多助,越走越高。

如果优秀品德可以分为一眼可见的显性美德和需要时间来显现的隐性美德两种的话,厚道属于后者。很难给厚道下定义。在不同的情况下,厚道的含义和表现可以完全不同,但有一条是肯定的,厚道是需要靠长期修行而赢得的个人品牌素养,是一个人口碑的重要衡量尺度。我们从下面这些天天都会遇见的场景中来提炼一下厚道的精髓。

▶ **厚道对待平级**

职场上每个人通常都有多个平级同事,他们可能和我们是同一个领导的同事,也可能是跨部门的有密切合作关系的同事。与平级同事的相处,很考验情商。

原因有好多,这里举两个:第一,如果大家汇报对象是同一个领导,彼此间就天然地存在着竞争关系:表现孰优孰劣的竞争,领导厚谁薄谁的竞争,将来晋升机会的竞争。第二,如果大家汇报对象是不同的领导,领导之间的亲疏可能会影响平级的合作品质和关系远近;共同合作一个项目时,谁是主角谁是配角的功劳分配问题可能会变得政治化等。

正是因为这样,真正做到对平级的厚道才尤为难得,令人刮目相看。这里的厚道,是指靠自己的能力赢得职业上行机会,而不靠踩别人往上爬;这里的厚道,是指具有团队合作精神,善于分享,善于为别人提供帮助;这里的厚道,也指在遭遇别人以小人之心度君子之腹时,能以平常心对待;这里的厚道,还指不在所有事上都锋芒毕露,善意地把一些表现的机会适当留予别人。这样平级在与你相处时,没有太强的威胁感,不会对你处处设防。

也许有人以为,职场凶险,机会有限,竞争无处不在,帮了平级就等于断了自己的机会,这是狭隘的职场初级阶段思维。群众的眼睛都是雪亮的,竞争心太强会树敌众多,你会成为众矢之的,让大家合起伙儿来提防你,因为没有死党朋友,有人给你放了暗箭可能都浑然不觉。

如果选择与大团队共同进步,急团队之所急,为团队荣誉而战,在共同大目标前提下的个人出色表现更容易被放大、被认可。你若乐善好施,你若肯于分享,同僚们会心存感激,择机回报。这种日积月累的给予与付出会帮你搭起更坚实有用的人脉,你会更容易走向下一步的成功。

有一种情况最考验情商和厚道指数。当有人有意无意地侧面向你打听你平级的工作表现及为人处世时，特别是被打听的这个人是大家公认的你的所谓下一步升迁的潜在竞争对手时，请记住，这时你说话，需要掌握好斤两，特别要注意的是，不要去强调或者扩大别人的缺点，越强调越扩大越没人信。聚焦于别人的优点，中肯而诚心地去评价。这样做，只会凸显你的诚信和胸怀。厚道做人，会成为你今后职场进步的砝码。

当然，任何人都有遭遇霉运的时候，不排除与渣平级狭路相逢。虽然棘手，却要面对。具体招数可以参考《对付小人和负能量的5个有效招数》。

▶ 厚道对待领导

先声明一点，这里说的厚道对待领导与溜须拍马完全不沾边。真正对领导的厚道是把自己的成功和领导的成功捆绑在一起。这里有三个关键词。

● 有担当

领导接到了紧急重要的任务，这个时候你挺身而出，把压力扛到自己肩上，是厚道的。为大局负重前行，领导看在眼里记在心里，厚道的下属通常有善报，只是早晚问题。

● 高执行力

我想起了英特尔的创始人之一以及其前任CEO安迪·克鲁夫（Andy Grove）对员工的期望：

成功滋生自满，自满孕育失败，只有偏执狂才能生存。

安迪这个充满传奇色彩的犹太裔匈牙利人，曾经引领英特尔走出一个又一个危机，因为他创下一个又一个奇迹而赢得了"硅谷之父"的美誉。

他曾经和员工说，我对大家的期望是卓越执行，理解的要去做，不理解的也先去做。这对讲究独立意识的美国员工来说不是件容易接受的事。然而，英特尔员工众志成城，毫无折扣地展现了他们的卓越执行力。结果，在英特尔上市并市值井喷的时候，所有的员工都得到了最大的利益，一夜之间他们每个人都因股票的丰满价格而成为百万富翁。

● 感恩之心

我们取得的任何工作成绩都应该给领导记一笔功，哪怕 Ta 没有亲自参与，没有做具体贡献。请记得，领导所做的务虚的工作，例如当挡箭牌、协调关系、优化环境等工作更重要，领导也是需要鼓励的。

▶ 厚道对待下属

如果你有朝一日走上领导岗位，请别忘记自己是怎样一步步走上领导岗位的，不忘初心，不忘厚道。厚道的真正体现，在于你在领导岗位上帮助、提携了多少人，与多少人分享了成功和随之而来的利益。这种慷慨，在帮助别人的同时，其实也给自己的职业持续上行提供了可持续动力，因为成功的路上，需要来自三百六十度全方位的支持，下属的拥戴和高度认可是重要基石之一。

当领导的厚道，还体现在善待那些可能辜负了自己心意的下属上。比如你辛苦培养的下属经不起竞品公司的高薪诱惑而选择离你而去，这种事在你的职业生涯中一定会发生，今天不来，明天也会来。请拿出最大的善意去祝福即将远走的下属，毕竟，是你的悉心培养使 Ta 羽翼渐丰，竞品公司对 Ta 的认可其实也是对你成功辅导的间接肯定，何不笑纳！

▶ 不必真的像当上帝一样去当甲方

生活中和职场上,我们都有机会成为甲方,也就是客户方。在单位里,我们和各种为我们提供服务的供应商机构打交道,我们代表单位出钱,人家视我们为衣食父母。视客户为上帝,本是乙方对自己的要求,也是人家给我们提供服务的最高境界。但是,作为甲方的我们没必要时时刻刻摆上帝的谱,处处颐指气使。

有一件明摆着的事:人家把我们当上帝是因为我们代表单位,没了单位这个平台,咱哪里还和上帝有半毛钱的关系!所以,做个厚道的甲方,别太高看了自己,放下刻薄,与人为善,拿出同理心,把对方当成平等的合作伙伴。即使对方偶有不周,也顾及对方尊严,就事论事,解决问题,不要动辄威胁,鸡飞狗跳,语言暴力,咄咄逼人。毕竟,我们也是别人的乙方。

▶ 厚道不是窝囊

厚道不是没能耐,更不是窝囊。职场上的厚道,只有在你有能力的情况下才是有含金量的加分项。若你庸庸碌碌,毫无成绩,有你没你都一样,你的厚道根本没人会在意,还可能有不厚道的小人说你之所以厚道,是因为你窝囊、你没竞争力。所以,打造自己的实力是硬道理,在此基础上,加上厚道这个人品砝码,你可以把自己的路越走越宽。

厚道地打拼,世界终不会负那些心里干净、负载美德的努力人。

脸皮厚，走得远

多数单位通常会要求年底时领导和直线下属做个业绩对话。此对话，至少有几个目的：一是把今年的成绩做个总结，二是提高薪情，三是寻求反馈。

寻求反馈这个话题，虽然是从年终总结以及和与领导对话这个点切入的，却适用于所有的反馈互动。下面就聊聊如何寻求有效反馈。

▶ **摆正心态：你是想听真话，不只需要蜜糖**

大概我们每个人都愿意听表扬，但是寻求反馈的真正目的是去发现自己有待改进的部分。只有知道短板，才能有的放矢地去努力，做更多的有用功。无论是请领导还是请平级或下级给自己反馈，都是个考验心理的技术活。

许多人寻求反馈的唯一目的是从别人嘴里听到自己爱听的，或者是核实自己一直颇为得意的所谓长处和优点，总之是借此"寻求反馈"之机安抚自己心灵深处的那点不安全感。如果听到要求改进的意见，则不是试图反驳，就是戴上有色眼镜去看提意见的人。这种职场病态心理非常常见，我们一旦患病，一般会有两个后果：一是别人看明白了我们的心思，只挑好听的说；二是别人从此嘴上贴了封条，罢工了。

无论哪种情况，我们都失去了进步的机会。其实即使别人"不怀好意"，听听也会增加我们的自身免疫力，有则改之，无则加勉。很可能几年之后待我们更加成熟老练之时，回头望去，也许会觉得，当年别人给的逆耳之言不无道理。

> 自己先出牌，可以鼓励别人给反馈

我们大概都有这样的经历，寻求反馈时别人给了一堆正面的意见，都是你怎么好怎么能干怎么不错，不肯说哪里需要改进。这种情况，很多时候是因为别人觉得给你提意见未必足够安全，可能他们对你了解不够深，或者拿不准你的心理承受力，或者怕一旦提了负面意见，你会从此怀恨疏远等。

这时，你需要以实际行动创造安全环境。这个"安全环境"，对自己来说是第一条中提到的摆正心态；而对对方，是自己先出牌，对自己做个评估，特别是将你认为待改进的部分，分享给你要寻求反馈的人。这样就相当于以实际行动告诉对方：我是诚心诚意在寻求反馈，鼓励对方放下包袱，诚恳地给出些意见。

例如，你刚刚做了一个项目的中期报告，这个项目是几个部门合作的。做完报告后，你很希望听到和你密切合作的部门王经理给你提一些改进意见，他的意见对此项目的末期报告至关重要。你去找王经理寻求反馈。开始时，王经理可能是碍于面子，只是说不错不错，挺好挺好。后来你这样询问："我觉得我对项目背景交代得有点少，所以对这个项目不熟悉的同事可能听起来有点费劲；同时，结尾的时候，我只交代了末期报告的日期，我觉得如果加上大概的内容框架会更好一些，您觉得呢？"

你这样说的话，王经理会觉得你是用心在思考，会更愿意分享他的想法，对你后期的工作可能更有帮助。

> 寻求反馈要及时，不拖拉

如果想要别人给你提意见、建议，事情发生后要马上做，这样，趁别人还有印象，给的反馈更真实可靠。每个人都很忙，你觉得你做了一个很重要的报告，对别人来说，特别是对领导来说，这只是他们每天诸多工作中的一桩、一件。所以，如果哪一件事对你来说是很重要的，你想听反馈，一定要实时去寻求反馈，拖拉过后谁都不记得细节了，你就失去了一次进步的机会。

▶ **避免开放式询问，要把问题收窄**

寻求反馈真是个技术活。有的人拿不到有效反馈却不明原因。其中一个很大的可能是问法不对、问题不对。最典型的错误问法就是开放式询问。何为开放式询问？就是空洞的、泛泛的让人可以不负什么责任便轻而易举能回答的那种问题。比如："我今天的报告做得怎么样？"

这种就是典型的开放式的寻求反馈的问题。别人如果想搪塞你，一句"挺好"就把你应付了。相反，如果你把问题变成："我今天的报告怎么样？我特别想知道我在语速掌握，和听众的目光交流以及问答环节是否答到了点子上这三个方面做得怎么样。"这样的话，你精准聚焦这三个问题，让想偷懒的对方难以偷懒，或者让不好意思给你提改进意见的对方看到你的诚意，而觉得有义务以诚待你，给你诚实的意见。

同样的道理，如果对方给你的反馈是泛泛的，不要放弃，要有礼貌地追问，想办法搞明白对方真正的意思是什么。只有明白了，你才能有的放矢地去改进。

比如，若对方给你的反馈是："你需要在沟通上下功夫。"这个说法可以有一百种解读。你可以接着问："可否说得具体一点？是我和听众互动中需要更多的眼神交流？是我的幻灯片做得太过忙乱？还是我讲的报告逻辑不够清晰？"这样一层层问下去，可能你会得到更清晰的方向。在追问时一定要注意技巧，不要咄咄逼人，把语气放松，用探讨的口气,而不是让人有威胁感的逼问口气。

▶ 把反馈落实到行动上是给对方的鼓励

给你提供反馈的人为你花时间、花精力,有时还要担心你是玻璃心,给反馈会得罪你。所以,肯给反馈的人是我们应该感谢的人。即使对方给的意见不对,采不采纳是你的事儿,表达感恩、表达尊重是应该做的。对对方最大的尊重是认真思考对方的反馈,认为对的去付诸行动。然后呢? 然后是付诸行动后反馈给那个给你反馈的人,实现沟通闭环。

这样的做法一举三得: 一是向对方表示感谢; 二是对对方的肯定: Ta 的建议你采纳了,感谢 Ta 帮助你进步; 三是显示你的靠谱。你在乎 Ta 的反馈,并及时告诉 Ta 采纳建议后的一些成效,这些成效可能对给你反馈的人也有用。

我一直是这个做法的获益者。

早年时,美国同事帮我纠正英文,他帮我纠正了一个发音,我感谢他后把类似的词汇集结成一个小系列说给他听,他则更细心地帮助我更多。

后来我做管理,主持会议后领导给我反馈,让我放慢语速。一周后,我告诉领导:"过去七天,我每天晚上都拿出半个小时,模拟主持会议,给自己录音,发现了几个控制语速的诀窍,并请他今后监督。"领导高兴地说我孺子可教(英文原文是: You are very coachable),他一高兴又给了我一些建议。

再后来,我辅导下属时,有人反馈我给他做年度总结时,"但是"(but)这个词用得挺频繁。一旦用了这个转折词,前面一堆好的意见都被打了折扣,人家觉得我说的一堆好话,都是为了给这个后面的"但是"(but)作铺垫,成就感折损。我认真听取了反馈,请同事帮忙监督,决定把这个"但是"(but)换成"而"(and)。几个月后,我专门去谢那个给我反馈的同事,他很高兴,说一个小小的词汇变化,把整个谈话的正向指数提高了一个段位。我们之间的信任程度也得以加深,实现了真正的双向共赢。

不排除一种可能性,那就是你诚心诚意地去寻求反馈,对方却好像不怀好意,恶语相向。也许此人实属"坏人"之列,但是至少通过这个过程,你知道了谁是"敌人"。想开点,有一个每每从鸡蛋里挑骨头的"敌人",说不定他是你成长道路上的"诤友"。我们都应该记住,很多时候实话往往简单粗暴,而谎言却经常温情脉脉。在职场混,脸皮厚一点,方能走得远。

改天是哪天？别让随意性毁了个人品牌

我们来看看下面这两段对话。这样的场景我们是否很熟悉？

对话一

甲："你交代我帮忙的事我办好了。"

乙："太谢谢你了！你帮了我个大忙,改天我请你吃大餐致谢！"

然后就没有然后了。

对话二

A君："这事办得差不多了,就差王总点个头了,可惜我和他不熟！"

B君："小事一桩,包在我身上！王总是我的好友,改天我和他打个招呼就行！"

同样地,然后就没有然后了。

这两段对话中的乙和B君都是说话随意的典型。两段对话中都出现了"改天",但是没人知道改天是哪天,当然就没有然后了。

先说乙。别人给帮了忙,还是"大忙",乙口头表示感激不尽,口口声声说要请甲吃饭,大概乙觉得至少可以口头上先把人情预还,但若不兑现,其实还不如不说。

人家甲帮忙,从来也不是图乙的这顿饭,乙就这么一说,然后没了下文,充分暴露了乙的承诺不严肃和说话随意性。

再说说B君。也许B君好心,但若真的好心,最好是有口又有心的好心。本来不必提帮忙这事儿,结果B君不假思索,脱口而出,这就无端地提高了A君的期望值,给A君带去了虚假希望。结果事后B君把此事忘到脑后,若A君一直在眼巴巴地等着B君的帮助,很有可能会耽误事儿。

▶ "言必行"是个人品牌的一个重要方面

没打算做的事,就别图一时痛快脱口而出。一旦答应了的事,要履行诺言,即使没办成,也给人一个交代,形成沟通闭环,不让人空等。

杜绝随意性,不论是在生活中,还是职场上,随意与否都是一个人靠谱系数的重要指标。其实,随意性经常不知不觉地发生在我们周围,如果我们从言语、着装、沟通和行动几个方面做起,有意识地去努力,让自律指导自己,久而久之,个人的金字招牌自然竖起。

开头的两个例子属于说话随意的范畴,而言语的不注意范围则大得多。

生活中的亲戚朋友,职场上的同事圈子里,不乏口无遮拦之人,想到哪说到哪,不动脑子,从不觉得出口伤人有啥了不起,还把自己的大大咧咧作风变相标榜成"我这人没有心眼,说话直白,我没有恶意"的无辜良民。其实,这是在绑架别人的涵养。

我想起一个小故事。

有一个男孩,脾气很差,经常出口伤人,并不以为然,有时迫于压力说声道歉,也只是轻松地一带而过,他拒绝反省。他的父亲为了帮助他,给了他一包钉子,要求他每次说了伤人的话就在院子的栅栏上钉一个钉子。

开始的一段时间,每一两天,男孩都要去钉个钉子,几个星期后,男孩意识到说话前先动脑子的重要性,钉的钉子日渐减少。男孩把自己的转变告诉了父亲。

父亲又建议,如果你能坚持一整天都不说伤人的话,你就去从栅栏上拔一个钉子。经过一段时间,小男孩终于把栅栏上所有的钉子都拔掉了。

父亲拉着男孩的手来到栅栏边，说："儿子，你很有进步。但是你看，那些钉子在栅栏上留下了那么多小孔，栅栏再也不会是原来的样子了。当你口不择言对别人恶语相向后，造成的伤害就像这些钉子孔一样，会在别人的心中留下伤口。无论你说多少次对不起，那伤口都会永远存在。其实，口头上对别人造成的伤害，与肉体上对别人造成的伤害没什么两样。"男孩很惭愧，下决心改掉了说话随意这个坏毛病。

为这个有心的父亲点赞的同时，让我们告诫自己，想到哪儿说到哪儿并不是坦诚，而是不负责任的随意行为，是不成熟的表现。提高个人修养，从注意说话开始做起。

▶ **着装用心也是态度端正的体现**

对自己的着装用心，释放的信号是你态度端正、不潦草。

有一次，我看到一位学者穿着 T 恤、休闲裤登上了严肃的国际学术会议的演讲台；还有一次，我看到一位男士穿着拖鞋、短裤去出席好友庄严的婚礼。

我心里忍不住问：这位学者真的把台下听众当回事儿了吗？这位仁兄真的把好友的终身大事放在心上了吗？至少表面上的答案是否定的，因为他们的着装彻底出卖了他们不严肃的心思。

着装得体是门学问。应视场合决定着装，该郑重时郑重，可休闲时休闲，穿着得体也可以叫作衣商高，衣商也是情商的一部分。得体就是指符合环境，符合职业，符合特定场合中自己的身份。

如果拿不准某个会议或者场合该正式还是休闲，就走安全路线穿正装。因为礼多人不怪，穿正式点好过穿得不严肃而有悖大环境，以至落得个随意、不讲究的名声。

▶ 当今职场的沟通严谨之必要

沟通是个具有持续生命力的话题,永不过时。

若沟通严谨,则可避免误解;若沟通不严谨,则可能双方尴尬,引发不必要的猜忌。

当今职场,电子邮件成了工作语言,而邮件是虚拟世界的文字表达,读邮件的人看不到身体语言,听不到语调变化,所以表达严谨、减少随意性就更显得格外重要。

这里讲讲工作邮件沟通的几个准则。

第一,请把称呼专业化。即使是关系挺近的同事,工作邮件中勿用"亲"之类的随意称呼,不要觉得这是小事一桩,把职业习惯渗透到每个细节是专业形象的一部分。

第二,请确保内容专业。有事说事,就事论事,杜绝情绪化,更不可人身攻击。

第三,除非真的紧急重要,慎用紧急符号,若单纯为了吸引注意力而把不紧急、不重要的事件贴上标签,"狼来了"几回之后就没人信你了。

第四,言简意赅,惜字如金。尤其是写给领导的邮件,要直奔主题、简明扼要,这样领导看完你邮件的几率比较大。

▶ 行动自律是需要长期培养的素养

有句话叫"人最大的敌人是自己"。生活中,我们有太多事是坏在自己管不住自己上,所谓不够自律。

举个简单例子,有人天天下决心健康生活,计划锻炼加少吃,可是落实到行动上时,夏日怕骄阳,冬天怕寒风,锻炼成了空话;又实在难抵美食诱惑,结果既管不住嘴,又迈不开腿,任由卡路里日积月累,尽管天天感叹"控制不了体重,何以控制人生",却还是在自律这里掉了链子。

在职场上,行动自律尤为重要。一个自律的人说到做到,守信用,同事领导看在眼里,靠谱的个人品牌逐渐形成,行动自律是需要长期培养的素养,可以从以下几件易于付诸行动的事儿做起——

● 守时

开会不迟到。不论是一对一小会,还是集体会议,不做让人等的那一个。如果提前知道迟到不可避免,就事先和会议组织者打好招呼,充分体现对会议组织者的尊重,同时小小的细节也体现了个人修养。

● 说到做到

生活中职场上,总有人因为面子或者其他随意性原因,明明知道做不到某件事,却还是要答应下来。

本文开头的两个例子都是说到没做到的典型。在工作中,无论对上级、平级还是下属,承诺的事情务必落实,若因为种种原因答应了却难以实现,也给对方一个回复,这是信守承诺的具体表现。

说到做到不仅事关个人品牌,更可能关系到集体的工作业绩。我们每个人都是集体业绩的一个环节,若不能按时完成任务,下游的同事工作进度就可能受到影响,领导的全盘计划就可能被耽搁甚至完全被打乱。职场上的说到做到者会赢得尊重,让人信赖,容易成为领导心中的可用之才。

● 保证工作质量

此话说得直白点,就是对自己高标准、严要求。

通常来说,团队中成员的工作表现是呈正态分布的,极好的和极差的占少数,多数处于中间的"不错""还可以"地带。

追求卓越、力争上游,不仅是有进取心的表现,也是行动自律的直接结果。此类员工,干活靠谱,成绩亮丽,领导不必担心 Ta 掉链子。此类员工,在领导需要人去完成紧急重要任务的时候,最容易被想到,因此出彩的机会就多。

此类员工无论走到哪里,都是精品员工。

▶ **克服随意性,是一种长期的修行**

它需要森冷的意志,需要精卫填海般的执着,需要扛得住"不舒适"的勇气。然而,这一切努力都值得。

坚持自律,好比是发行自己的信用货币,就像足够的金钱能给我们财务自由一样,长期的自律能带给我们腾飞的自由。

自律,堪称人生最尊贵的标配。自律的人,全世界都会给 Ta 让路。

有一种不堪叫用力过猛

不少朋友每逢新年都会立 Flag，立志在新年里做 N 件事，全力以赴，追求极致。我呢，不合时宜地泼点冷水：请努力工作，好好表现，但无论是面子工程还是里子工程，都应切忌用力过猛。

礼数过度、过于谦卑、热衷展现花拳绣腿等表面文章，都属面子工程中的用力过猛，给人虚伪做作的不真诚感受。至于里子工程，如果明知力所不能及却硬去强求或者不自量力地"多拉快跑"，假以时日，你会发现在殚精竭虑之后，气血耗尽，没过几个月就会疲态尽显，属典型的"开头跑得快最终跑不远"，这就是用力过猛的后遗症。

▶ *生活和职场都是真正的长跑*

我是长跑运动员，多年的长跑经历让我反思出很多道理。其中我想得最透彻的就是合理配速。

长跑与短跑本质不同。短跑比赛讲的是爆发力、反应速度，以及追求短时间内达到极致，而长跑比赛最重要的，是按照自己的节奏合理分配速度和体能，最忌讳看到别人暂时超越而急躁地去改变自己的章法和节奏。

当暂时落后时，克制住强烈的"不惜代价赶超上去"的欲望非常不容易，需要多年的历练打磨和从容自信。成功的长跑运动员，都是心态极好的淡定之辈，不怕试错，不求一直一马当先，耐得住寂寞，受得了暂时没有光环的落寞，这样的人，反而因为宠辱不惊，不急不躁，妥善保存体力,往往可以后发制人,后来居上。

生活和职场,是典型的长跑,讲究的是长期的策略和持久的执行力,用力过猛既会心力交瘁,也会体力不支,不可持续。

▶ 过分努力的员工同样有可能是问题员工

在职场上,有一类问题员工,并不是因为不努力,而是因为过分努力,用力不少却不得要领,没有把力气用在最该用的地方。

对领导来说,这类员工辅导起来挺有难度。因为工作努力是这类员工的金字招牌,没有功劳还有苦劳的毒鸡汤,让这类员工的自我认知产生偏差。事实上,这样用力过猛的员工,反而可能成为单位业务向下一个目标迈进的阻力。这个说法貌似令人费解,实则有理有据。

过于努力的员工,往往过分注重自己的业绩表现,过分强调自己的本职工作在工作链条上下游中的重要性,用句时髦的话说,叫作把刷自己的存在感看得比大局更重,强调个人英雄主义,而漠视集体利益。

表现在具体的事情上,举个例子,小王为了把自己的业务做出彩,不惜代价地争取资源,不顾单位的整体资源投入需要全盘考虑,声嘶力竭地为自己争取,其实他自己一亩三分地的"西瓜"仅仅是大局中的"芝麻",几经领导提醒,他还拎不清地去争抢额外资源,这就是用力过猛的典型表现。

还有一类员工,专长于某一项技能,为了凸显自己在单位里的重要性,不惜滥用集体资源,去解决一些根本不存在的问题,为了表现而表现。或者对市场真实需求置若罔闻,闭门造车,弄一些不接地气的问题瞎钻研,目的是标榜自己所谓"领域专家"的地位。实际上,这种太带表演色彩的表现,拎得清、眼光毒的领导一眼就可以看穿,所以不要自作聪明。

▶ 用力过猛，常常会弄巧成拙

说个我对娱乐圈选秀的观察，可能会引起大家的一些共鸣。草根选秀是相对公平的不拘一格选人才的有效方式，但是在这股清流中经常混进一股浊流，就是参选人爱卖悲惨。

有的参选人上台后先花上好多分钟煽情，分享自己的悲惨经历以及自己如何克服不可想象的困难走到今天，先下手道德绑架观众和评委，这样做无非是想制造"取得这样的成绩格外不容易"的悲情氛围。这种场面见得多了，让我觉得这些人和爱炫富的人如出一辙，因为太想得到，却又对自己的实力信心不足，所以企图通过卖悲惨来变相乞得一些附加分。

职场上也有类似的人。过分渲染自己工作中遇到的困难，诸如客户如何难缠、竞争对手如何资源充沛、分销商如何看人下菜碟等。

这些人想传递的关键信息是：我能做到今天的成绩有多么不容易，领导需要给我额外嘉奖。这种渲染请适可而止，作秀不要过分，用力过猛地贩卖困难，有可能使自己落下个缺乏担当的恶名。

▶ 不急于表现才能细水长流

有些职场人，特别是新人或是刚跳槽去新单位的人，急于表现自己，天天打着鸡血"用生命去表现"，结果初始阶段用力过猛，后劲不足，反而过早"夭折"。

急于表现，其实还有另外一个副作用，就是过早地抬高别人对你的期望值。本来按照节奏循序渐进，会持续地赢得别人的好印象，积累个人品牌。结果因为急于"放卫星"，拼尽全力，换来别人暂时性的眼前一亮，后来别人发现你的表现并不是可持续的，大失所望，反而损坏了个人口碑。

> **五分不完美经济学，从用力过猛的陷阱里拔出来**

如果大家留意观察一些政商名人，揣摩一下他们的关键成功因素，不难发现一个共同点：他们通常不是精专一项的单纯学霸，其中太多人属于"十项全能"的多维达人。

就拿普京来说，多数人对他的印象也许是，为了追求权力用尽心机、不遗余力，而事实是，他是一个德智体美劳全面发展的"五好学生"，赛车、骑马、开飞机、弹钢琴、打冰球、柔道八段，以及跆拳道黑带九段……普京多项富有成就的副业，证明了他没有用力过猛地单纯追求权势，而抽出时间把自己的才能多元化，谁又能否认，他的这些成功副业从一定程度上帮助他性格更加立体，意志更加坚韧，多个跨界才能成就这个有血有肉、有智谋、有手段的政客。

大家也许听说过"第十名现象"，说的是纵观走上社会的成人，最有潜力、发展得最好的往往是在校的以"第十名"为代表的中上游学生，而非尖子生、状元。

大致的原因包括：最顶尖的学霸可能为了保住名次而专注于应试，知识面窄；尖子生为了追求好成绩，把所有时间用来学习，甚少参加课余活动，考试分数高但综合能力却未必最强；一直处于名次顶端的孩子可能受名利拖累，赢得了却输不起，抗挫能力未必强。而恰恰，知识面、综合能力和抗挫能力是将来在社会上打拼最需要的。

"第十名"们往往有良好的学习能力和知识基础，却没有"必赢"的思想负担，更有可能拿出精力去广泛涉猎，心更大，思路更广，反而更容易成功。这个理论不一定放之四海而皆准，个中道理却耐人寻味。

我有一个类似理论，我叫它"五分不完美经济学"。我认为从学生时代起，就应该把时间分配功利化，不追求完美。一百分和九十五分之间没有质的区别,若从六十分做到九十五分需要七成努力的话,从优秀的九十五分到完美的一百分可能需要额外五成的努力,因为从优秀到完美的每一小步都需要额外用力,五成努力拿回五分成绩,投入产出比不划算。

不用力过猛地追求事事完美,是一种智慧。用那五成努力的时间,去做些所谓不图成绩的非核心学习,这些非主流学习带来的收获往往才体现你的综合竞争力,你会更快地接受新知识,保持终生的学习力,而且,因为知识面广,你往往是个更有趣的人,而这,才是职场上愈行愈远的核心竞争力。

说到底,任何的用力过猛都意味着额外使劲,因为额外,所以难以持续。用力过猛其实是追求短平快的短期行为。而职场却是个马拉松,需要的是可持续的努力。

新年伊始,在思考必须做好的核心项目工作的同时,预留一些时间去做能让自己养精蓄锐、满血复活的伸展项目。也许你会惊奇地发现,核心项目和伸展项目会触类旁通,互补双赢,让你保持最佳状态。

不追求一时的肾上腺激素飙升,保持每日精进的从容状态,付出努力,但不强求极致,学会恰如其分地用力。如此,立长志,而非"常立志",每日进步一点点,对自己的正向激励在长期主义的复利下,会积累成奇迹。

有点狼性，才能成为狼角色

有一年夏天，我去美国著名的国家公园——黄石公园休假游览了三天。黄石公园的五大必做事之一，是清晨或者黄昏去野外观赏大型动物。我们有幸与黑熊、棕熊、灰狼、麋鹿、野牛近距离接触。这次旅行，让我对狼的生存智慧有了新的思考。

狼给人的直观印象是矫健敏捷、凶猛专注，瞄准目标便勇往直前。切换到职场，对每个有进取心的职场人来说，从狼身上学点优秀品质不仅是必要的，而且是必须的。

▶ **嗅觉灵敏，善于发现目标**

狼的第一特质就是机警、敏锐、眼力好。狼在寻找目标时眼观六路、耳听八方，时刻保持着对周围环境的高度敏感。

无论在自然环境还是职场环境中，竞争都是激烈而残酷的，优胜劣汰、适者生存法则无处不在。这里所说的"优者""适者"的重要素质之一，就是想冲在别人前面。

在市场上，你和几个竞争对手同时在捍卫已经开发的业务疆土的基础上寻找新的发展机会，机会只会留给有足够准备的具有先知先觉意识的有心人。你只有足够早地去做功课，对市场进行三百六十度全方位无死角的地毯式研究，才有可能有效地抓住切入点，做最优化的资源投入，才能对未来走势成竹在胸，胜券在握。

虽然市场嗅觉需要一定的天分，但是勤能补拙定律在此一样适用。

勤奋惯了,把市场情况了解个底朝天,智慧自然来。所谓聪明,很多时候是靠勤奋磨炼出来的。哪里有那么多天生的"嗅觉灵敏",只不过是多年铁杵磨成针,功夫到了自然会犀利。

在个人的职场晋级中,嗅觉同样重要。

当今的大环境,新技术层出不穷,过往的所谓保险系数很高的职业,在几年后很可能被边缘化甚至完全消失。以特斯拉为代表的新能源汽车正在强力挤压着传统汽车行业,就是个典型的例子。

可以考虑用一个办法提高自己的职业嗅觉。一年两度,通过对自己简历的更新来对职业做一个策略性思考。如果你的职业处于上升期,你所从事的也是热门行业,可以借更新简历的机会"自己花钱买花戴",把自己的闪光点、新贡献、关键技能体现在纸面上,落实到白纸黑字上,也算是对自己的一次重新包装。机会来时,你已整装待发,让机会正好和你撞个满怀。

相反,如果你发现自己的行当已经与当今的大趋势渐行渐远,则要扪心自问:我现在干的这一行,三五年后一定还会存在吗?若可能消失,我现有的哪些技能在哪一类未来还会存在的行业能派上用场,我现在还要抓紧时间学点什么技能,才能保证自己的未来市场竞争力?

这样的"嗅觉",能帮助自己提高自我认知。对自己的长短板有个实事求是的评估,以便及早采取行动,使自己做到"一专多能零缺陷",这也是对自己的负责。

▶ 结果导向,时间观念强

近距离观察过狼的人都会感觉到,狼时刻都处于"准备好了"的状态,时刻都在争取时间,直奔目标。狼很明白,抢得一分钟,就多了一分获取猎物的机会。时间观念强,追求结果是狼性精神的重要精髓。

职场上有这么一类人,手脚麻利,做事利索,和 Ta 接触不消一会就能让人感到从里到外的那股干练。不浪费时间，关注结果导向是这些人的共性。

职场上具有这种分秒必争素质的人效率高，往往容易得到领导的关注，也往往容易得到干额外任务的辛苦机会和表现机会。

我曾经听到抱怨，说虽然一个重要任务没有完成，但没有功劳也有苦劳，毕竟过程中花费了努力，没有结果只是不幸运。

说这话的同志请头脑清醒点，这些话，领导用来安慰你还差不多，自己用来安慰自己就有点不懂事了。每个人的工作都是上下游链条上的一个环节，你掉了链子，直接影响到大局的工作成绩，就是没有尽职。过程重要，结果更重要。没有结果的过程和硕果累累的过程相比，显然不重要。

我还听到过抱怨，说领导大小活都派给我，就是看我吃苦耐劳能干活，多干活也没啥好处！其实，最不应该担心和顾虑的就是能者多劳。请相信大多数领导们的智商，让你多劳，往往是因为领导认定你是高效的和可信赖的，是能在指定时间内完成任务的"能者"，好处通常就在不远处。

当然，渣领导不是没有，也请你相信自己的智商，屡遭明显不公平待遇后你可以起立转身，另谋高就。但是，你多干活学的技术是自己的，技多从来不压身。

▶ 讲究团队精神

俗话说"猛虎不及一群狼"。狼是群体意识很强的动物，狼通常以群出现，有集体，才可壮胆，才可借力，才可以寡敌众。

职场如战场，既然是打仗，就一定不是孤军奋战，而是集体行为。这个群体意识就是团队精神。再高级的人才，也不可能是全才，一个好汉三个帮，在职场上，用好两只手很重要：一只手给予别人帮助，另一只手用来在需要的时候借力，寻求帮助。

两只手都强的人,才是整合资源的高手,才能实现共赢。特别是在大公司,部门繁多,职责细化,职场高手都是跨部门协作的有力推手,让别人心甘情愿地帮你其实不难,自己在力所能及的情况下多为别人提供帮助,相当于多做情感储蓄,自己的举手之劳很可能是给别人雪中送炭,别人会记得你的好。

同时,时刻怀抱感恩心态,事成之后在公开场合多夸赞别人的功劳,强调团队的作用,下次别人还愿意帮你。寻求帮助的最高境界是让人觉得不帮你太不应该。

▶ **让危机意识指导努力方向**

狼是很有危机感的聪明动物。用现代词汇来说,狼从来不会满足于享受生活,总是吃着碗里的,惦记着明天锅里还有没有吃的。

不是有个成语叫"狼吞虎咽"嘛,狼吃肉简直可以用"吞肉"来形容,它要快快地吃掉眼前的,然后一刻不停地追寻下一个猎物,因为饥饿的威胁时时存在。

在工作岗位上,往往也有诸多的不确定因素。不断充电修炼内功,每天多做一点,才能成为职场常青树。比如,当两个公司合并时,人才肯定有重叠,舍谁留谁,领导们往往会用"能给公司带来多少价值"做重要衡量尺度。

有危机感的职场人,会在平时对本职工作勤耕不辍的前提下,多学其他技能,凭借进取心和行动力,比职场同伴多修炼核心竞争力,成为老板眼中的"可造之才"及"可用人才"。的确,只有早有远虑,才会没有近忧。

▶ **专注自律,修炼自我驱动力**

狼是群居动物中最有纪律性和积极主动性的族群。在狼的字典里,没有"尽力而为",只有"全力以赴"。

狼等待猎物时,哪怕是数九寒天,都耐心专注,不受干扰,几个小时按兵不动。待时机成熟,出其不意,大获全胜。这种素质演绎到职场上,就是靠专注、靠脚踏实地的坚持努力获得成功。

通往成功的路上艰难很多,岔道很多,诱惑很多,负能量很多,这些都是破坏力。唯有克服浮躁,专注坚持地付出努力,一步一个脚印地积累正能量,才能获得成功。这个信念、定力及自律精神,即所谓的自我驱动力。

成功的过程就是破坏力与自我驱动力不断博弈的过程。破坏力总是来自四面八方,而自我驱动力只能来自一方,以寡敌众向来少见,这就解释了为什么成功总是小众的专利。但若"寡"的自我驱动力如激光般专注,必将把"众"发散的破坏力打得一败涂地,此成功将不仅是笃定的,而且是可持续的。

▶ 与狼共舞,淘汰小资

在生活上,为了不辜负我们所在的美好时代,应该"小资"一点,但若在职场上"小资",必陷入在劫难逃的"肥猫"状态。作为具有上进精神的职业经理人,一定要找到可以让自己绽放狼性和激情的舞台,若一个舞台很保守,很中庸,很理性,很"温水煮青蛙",则狼性无处生长,应该考虑及时离开,转战新舞台。

狼性精神,说到底是一种进取精神,是一种追求卓越的意识。若你觉得与狼共舞很累,那证明你还不够优秀,还需不断进步,因为不进步则会遭淘汰。当你真正成为强者的时候,你会发自内心地感叹:与狼共舞才有棋逢对手的畅快。

挣五千花一万，大气者成大器

大气是一种稀缺资源。我们如果肯把大气作为评价一个人的形容词，那么此人在我们心目中一定是高大上的。一说到大气，我们往往联想到大方。其实，大气是物质上的"大方"与精神上的"拿得起放得下"的共同代名词。

说职场大气之前，让我们拿生活中的最常见的花钱、交友和男女感情说说事儿。

先说花钱。我们有很多词儿形容小气的人，如：算计，抠门，吝啬，葛朗台，铁公鸡，小家子气，等等。这种人有个共性，就是对钱有种变态的心理，不舍得花。与此相反的，大气的人通常肯花钱也敢花钱，真正大气的人有挣五千花一万的范儿，通常这样的主儿还真能在不久的将来挣到一万，因为Ta有信心、有底气。请注意，这句话反之不亦然，不是有胆量挣五千花一万的人都是大气的人，Ta也有可能是败家子。

在这里，正确的自我认知是关键。理性判断自己具有可持续挣钱的能力后，就把钱投资到自己身上和维护有效的友情上，越是穷的时候越是要相对大方，这种心态是帮你走出贫穷的唯一出路。穷的时候没啥可守，越守越穷。我经常用泳池理论形容花钱上的理性和大气。钱好比水，挣钱好比注水，花钱好比让水流走，不花钱好比把出水口堵上。只有让出口畅通，水才能源源不断地流动起来，只有不断注水、出水，才能保持池水清澈，泳池动态丰满，清水洋溢。流水不腐，户枢不蠹，所谓财源滚滚来。只要我们通过理性判断得出注水的速度和容量大于出水，财富就会可持续地动态积累起来。

我们都愿与大气的人交朋友,大气的朋友靠谱,大气的朋友会有"给你,拿去"的行动而不仅仅是"等着,我会帮你"的空洞承诺。大气的朋友,己所欲,才施于人,这种朋友,会在你最脆弱的时候说"有我呢",同时真的给你提供个肩膀。大气的朋友,通常有性格,因为有性格,有时被视为有明显缺点。有性格咋了?没性格的人好似低度酒,软绵无力不够味,有性格的人似高度陈酿,虽辛辣却可醒神、消毒。

男女感情之事,大气其实是对自己的厚待。爱是可短暂、可长久的旅行,无法百分之百去计程,全看缘分深浅。山盟海誓不是大气,只是让山难堪、让海尴尬的无聊承诺。情路上,大气者给予,因为他们相信给予是最好的沟通。对方若懂你,也能以大气之心回应你,则最好;若真的因缘分不够而在爱过之后要分手,请不要让自己脸上泥泞不堪。哪怕你曾经是情种,哪怕你对曾经的"共剪西窗烛"是那么的恋恋不舍,请摒弃缠绵,选择毅然决然。

与其把自己放低到尘埃里,察言观色去在意别人的不忠与不善,不如主动转移精力去经营自己的尊严和美好。毕竟,别人的爱不是你精神世界的总统,自己爱自己才是。我们既然从无数旁人的故事看到风花雪月无常,就必须学会大气地笑着遗忘,放过自己。

职场上,大气是难得的品质,具有持续的温暖力。职场大气有很多表现,我用"三个保持"来概括:保持笑容,保持宽阔的胸怀,保持不计较的心态。(英文原文是:Always keep your smile, Take the high road, Focus on the important stuff and ignore the trivial ones.)这三条是八年多前我离开原公司时前老板送给我的精神嫁妆,这三条也一直是我职场上的有效制怒缓冲剂。对喜欢的人和事保持笑容很容易,对不喜欢的人和事保持笑容,对所谓不公平待遇保持宽阔胸怀、高姿态则实属不易,这种淡定,不是无可奈何的丧权辱己,而是拿得起放得下的职场进步术。如果有一天你发现被人利用,恭喜你,说明你还有用。如果有一天你被人指指点点,请记住,不被人妒非英才,只要你优秀,就一定有人说你，除非你完全不值得说。

　　人天生是爱比较的，越在乎比较的结果，往往就越爱计较。职场上，上下左右的关系都要平衡。对上要完成任务，对下要责权并授，对平级有各种合作的同时也伴随各类明的暗的竞争。人比人，有时真会气死人。我们经常无意识地拿着自己的失去与别人的得到比，拿自己的失落和别人的荣誉比，比来比去，越比越没希望，越比越没斗志，一不小心，便沦为职场怨夫怨妇。

　　其实，适当的阿Q精神是有用的。例如，这次没提拔到你，你稍多点耐心，机遇就在拐角处。我们应该相信，多数领导是耳聪目明、善于发现闪光的金子的（当然，渣领导也是真实存在的）。肯吃亏的人通常最终都不会吃亏。无关大局的据理力争其实不如保持定力，等待瓜熟蒂落，功到自然成。

　　当然，所谓不公平的事天天都在发生，都在以不同的面貌出现在我们面前，很多时候触及我们的个人利益，让我们很不爽。怎样才是为自己真正扳回一局的正确打开方式？

　　我想起了德国和日本，这两个国家在今天都是傲娇的高度发达的经济实体，必有值得我们学习的过人之处。自从我进入商界，管理过全球不少区域的业务，论敬业属日本，论规矩属德国。日本人意志森冷，危机感无时不在，卧薪尝胆几十年，曾经攀至世界第二经济大国的宝座。德国人高度自律，不越雷池，在欧洲经济危机四伏的非常岁月，坚守阵地，捍卫实体经济，成为当仁不让的区域老大。当然民族情结、民族仇恨很难在一两个世纪内泯灭。这是可以理解的，也不该忘记。

　　我们应该反思，复仇的最好方式不是祥林嫂般地反复絮叨我们怎么被欺负了，也不是义愤填膺地泼妇式骂街，这样做，你那曾经的仇人毫发无损！想复仇，就得不惜一切代价，包括从"敌人"身上学习可取之处，把自己变强大，让曾经的仇人不得不仰视。所谓低头赌气，不如抬头争气。

同样的道理也适用于职场。在遭遇不公时,不与眼前的得失较真儿,哪里跌倒哪里爬起来,告诉自己:我吃亏是因为我是弱者,只有跑步前进,修炼内功,弥补与那些在此轮竞争中先行于我的对手之间的差距,才有可能在将来的竞争中不再被人挤下马。当你王者归来,那些曾经靠踩你爬上去的人想再来找你合作时,你既可以奉上一句"你别来,我无恙"而拒绝"缴第二次学费",也可以以完全的强者心态给对方第二次机会,选择权完全在你自己,因为实力给了你大气的资本。

有一条要牢记,大气是建立在有能力又肯干的基础上的。若你庸庸碌碌毫无成绩,有你没你都一样,你大气不大气又怎么样呢?别人还可能说你之所以"大气",是因为你窝囊、没竞争力。换句话说,你若有价值,大气会让你增加身价,你若没价值,怎么都是没价值。我们要的是真大气,不要伪大气。

职场上的大气,其实是有实力、有自信者的标签。有了它,你会发现精明和厚道本就不矛盾;有了它,你的职场幸福指数会维持在高段位。如果你坚持微笑,坚持豁达,坚持宽容,你会发现,终有一天,你会热爱微笑,把豁达注入自己的基因,宽容也在不知不觉当中成为了你光荣的个人品牌。若真修炼成"世界以痛吻我,我却报之以歌"的心态,职场终不会辜负你,职场美好将在不经意之间,盛装莅临,旖旎而来。

打造职场影响力的 3 张王牌

什么是职场影响力？若你的建议总有人听，你的质疑总引人思考，你的决策总得到支持，那么你在公司一定是有影响力的，你会影响一圈人，你通过影响这些人来影响公司。随着你的影响力扩大，你走上职业发展的快车道便势不可挡。也许你会说，我就一个小萝卜头，能活在当下就不错了，职场影响力好像离我很远。果真如此吗？无论你是职场小白，还是已经立足，抑或是已经颇有建树了，在不同的职业阶段，职场影响力的定义和级别有所不同，却都是一门持续的必修课。职场上努力的过程是个人奋斗的历程，在这个过程中通过用心做人，认真做事，适度作秀，打造个人影响力，会助力职业发展，加速职业上行。

▶ *用心做人*

公司请你来是干啥的？是用你的能力来给公司解决问题、做成事情的。所以，要想在公司里有影响力，首先要把人做好，把事做成。所谓用心做人，认真做事。经常听人讲，做事之前先做人，人品确实是职场人的终生名片及最高学历。"用心做人"是一种思维方式。你不需要在公司找到最知心的朋友，但与人为善，放宽胸襟，做个好人是底线。好人的定义和表现有很多，这里着重强调两个与职场紧密相关的特质——

第一，积极正向，做个凡事往好处想的人，做个相信办法总比困难多的人。这种人身上充满正能量，像个小太阳，让人倍感温暖，让人愿意靠近。职场其实也如婚姻,蜜月期过后,各种不堪、各种丑陋、各种杂质污点都会不时显露。咱经常被灌鸡汤,说婚姻中需要学会包容各种鸡零狗碎,男女主人需要做好家庭的精神领袖。如果我们把这种心态带到职场,既 Nice,又耐撕。做好每天的日常,总有一天你会闪光,变得不寻常。

第二,善待他人,做一个优秀的团队成员。职场上任何一人都是团队的一员,真正能把团队利益放在第一位的 Think Big(大处着眼)的人最终能从平庸中脱颖而出,职场人的团队精神通常是考核人品的试金石。

有人以为,职场凶险,机会有限,竞争无处不在,帮了别人就断了自己的机会,这是狭隘的初级阶段思维。群众的眼睛都是雪亮的,竞争心太强会树敌众多,你会成为众矢之的,让大家合起伙儿来提防你,给你放了暗箭你可能都浑然不觉,因为没有死党朋友告诉你。你若学会长袖善舞,与团队共同进步,急团队之所急,为团队荣誉而战,在大目标前提下的个人出色表现更容易被放大、被认可。在团队中,你若乐善好施,你若肯于分享,同僚们会心存感激、择机回报的。这种日积月累的给予与付出,会帮你搭起坚实有用的人脉。

职场其实也如江湖,无论何时,良好的人脉会让你在突发情况下"巧遇"贵人,逢凶化吉。其实,哪里有什么"巧遇",都是平常的良性积累在关键时刻发挥作用罢了。这在《高质量人脉,是所有职场上行的加速器》一文中有过详细阐述,搭建人脉的最关键之处就是你的人品被认可,你放弃自私、乐于助人并且有料去给予他人。

▶ **认真做事**

职场上,做好人会为你赢得第一个个人品牌,但这还远远不够,因为职场是功利的,是必须出成绩的,必须把事做成、做好。认真做事没有捷径，唯有努力。这可能需要你主动延长工作时间，主动担当额外的艰巨任务，之所以有句老话叫"光荣而艰巨的任务"，是因为艰巨的任务一旦完成，你会感到无上光荣。

无论在职场的哪个段位，要时刻保持学习的饥渴心态，对新技能、新工具高度好奇，投入时间、投入精力去精通，先人一步会早得利器、早出成果。比如，花时间去研究自己的公司和竞品公司，了解自己的产品和竞争对手的产品，做到三百六十度无死角烂熟于心，并与它们"热恋"，培养起高度的兴趣与认知，知己知彼，才能为百战百胜奠定下坚实的基础。

"认真做事"的第一精髓是高执行力。尤其是在你职业初期的时候，因为眼界"境界"见识都有限，你对领导的指令未必理解。当你意识到你与领导的境界相去甚远的时候，乖乖去做多数时候没错。的确，不理解也去执行是一份沉重，但是，在充满竞争的市场上活下来本身就需要沉重的努力。业精于勤奋，精于吃苦，更精于不打折扣的执行力。

"认真做事"的另一精髓是拒绝借口。我们经常听到各种花式抱怨。有人说公司不给机会培训，只会让我们自己摸索。请你收回这个美丽的借口，专业技能绝不仅仅是从培训师那儿学到的，就如同管理之道绝不仅仅是靠读MBA才能学到手一样，培训提供的是大锅饭，是让你不饿肚子的基本技能，要想在本专业内精耕细作，出人头地，必须自己苦干，自己摸索出来的经验才是真正的小灶。

又有人说，某某人天资过人，他不用努力就可以做得很好，我再怎么努力也是无用功。请问你有没有听说过这样一句话："大部分人努力程度之低，根本轮不上拼天赋"。

任何人的基因百分之九十九都是相同的，天赋存在于百分之一的差异中，你若有心努力，请调动那百分之九十九的潜能，在通往出类拔萃的路上，你会走得更快一些。

▶ 适度作秀

人品为上,要想把事情做好,还要适度作秀,这叫内部营销,推销自己的品牌。"适度作秀"的尺度很重要,务必踩对节奏,找准时机。若于不该用力时用力过猛,会给人急功近利,流于表面文章的印象;若于该出手时不出手,则会痛失被伯乐相中的好机会。所以作秀一定要等瓜熟蒂落,笃信功到自然成。毕竟,作秀是锦上添花,先有了锦,花才有地方绽放。

作秀有多种渠道,这里试举几例——

第一,公司年会。对许多公司来说,这是一年一度珍贵的年度露脸盛会,职场有心人不会被觥筹交错的狂欢淹没,而会有备而来,把握机会展示自己,努力成为年会的亮点之一。

第二,关键业务会议。充分准备是关键。即使你不是该会议的主角,也可以认真研究一下会议的背景资料和主要议题。当机会合适,你可以提出自己胸有成竹的意见,你这个非主角可能会让大家眼前一亮。

第三,时刻牢记关键数字。对数字的敏感度是很多职业的加分项。事实胜于雄辩,准确的数字可以碾压枯燥的理论。熟记行业相关的重要数字至少释放几个信号:你热爱工作,你精通业务,你对市场敏感,你有想赢的精神。

我手下曾经有个区域销售经理,他负责一个二线城市,但是每个季度新数据一出来,他都能熟记全国所有一线城市和前十个二线城市的自己的产品和两个竞品的市场份额和增长率。他曾经说:"一线城市是风向标,我要根据一线城市竞品的风吹草动来调整我的区域投入并密切关注产出。"难怪他领导的区域多次成为全国的增长冠军。他的职场一路开挂,这与他的努力、他的用心、他对数字的执着和对市场的敏锐嗅觉是分不开的。

第四,跨界展示才能。有多维才能的人总是相对容易被人记住。比如小王是一个优秀的市场推广经理,还是单位里首屈一指的男高音;小李是个不错的零售客服专员,他因为家族生意的原因,在红酒品鉴方面堪称专家,能深入浅出地把葡萄品种、发酵方式、收藏年份背后的故事,以及各大酒庄的历史娓娓道来。因为他们的跨界才能,他们经常被邀请去客户联谊会上一展歌喉或者给员工上葡萄酒鉴赏课等,在提高自己知名度和影响力的同时,也间接为公司创造了价值。

我们所处的时代,生活很不便宜。更何况,命运分给我们的粥,还可能比别人碗里的稀一点儿。生活中,适者生存,而适者往往为强者。艺术家爱说"生活是门艺术",而从柴米油盐的生活走向另一个高度的人可能会说"生活更是一种本事"。职场何尝不是如此呢!以做人为前提,以做事为基础,以作秀为升华,是符合逻辑的打造职场影响力的3张牌,是硬邦邦实打实的本事!若你打好这3张牌,便会凭借自己打造的影响力,笑傲职场。

还不是领导？先学学领导范儿

我曾做过两场关于领导范儿的演讲（领导范儿的英文叫 Executive Presence），是全英文的脱稿演讲，我根据回忆把演讲整理出来，译成中文。整理过程中发现演讲内容并不需要根据中英文语境做啥调整，看来，在讲究领导范儿的这个话题上，中西方职场是息息相通的。

▶ **作者演讲的提纲**

我们都有过这样的经历：有个人一走进会议室，也不知道 Ta 身上的什么地方散发着强大气场，反正 Ta 一入场，众人立马对他行注目礼，好多人心里同时会说：这人一看就像领导！这种一下子就能吸引人的能力，就叫"领导范儿"。

领导范儿是一种无形的领导气质，是一种让人心悦诚服地被吸引的能力。领导范儿是一个人走上领导岗位以及在领导位置上越行越远、越走越高的关键。

为啥这么说？原因诸多，随意选取三个——

第一，领导范儿可以帮助你把积极正向的形象传递出去，使自己越来越像领导。

第二，一个成功领导，具有快速树立威信的能力，而这是领导范儿的精髓。

第三，说句大白话，如果你没有领导范儿，看起来根本不像领导，多半情况下你也成不了领导。

领导范儿听起来抽象，却可以具体地被分解成三大块：外在面貌、沟通能力以及待人处事的成熟度。

▶ **领导范儿之一：正向的外在精神面貌**

也许你没有意识到，你时刻都在呈现着自己。从早上一进单位，到参加大小会议，到午休，到和同事们的十分钟茶聚，你都在持续地被观察、被评判。虽然别人不一定会说出来，但你的一举一动就好比数据库中的一个个数据，源源不断地被输入大家的感官，形成或者强化着别人对你的综合印象。

所以，时刻保持良好的形象和精神面貌很重要，而这一条和提高内在功力相比，是个相对容易执行的加分项。

● 从最简单直接的外貌着装做起

如果说相貌来自天生，是父母给的，那么发型、妆容、衣着构成的综合外貌，却是可以自己控制的。符合职业特点，拒绝劣质衣物和饰品其实并不难做到。宁可添置为数不多的几件质量上乘的衣服，也不要让好多件廉价品上身，要有追求精品的意识。

有钱可多而精，缺钱可少而精，量可有多有少，品质却要坚持精。精品经得起推敲，耐得住考验，难被时光淘汰，或许价高，但倘除以时间这个分子，却物超所值，性价比高。

更重要的是，精品携带了若干附加值，彰显品味，提高自信，提升档次，都是为你赢得领导范儿的入场证明。很多时候，你外貌是什么档次，就被人归为什么档次。

无论这个潜规则公平与否，别人在还没有时间深度了解你的教育程度和业务能力的时候，往往会简单粗暴地以貌取人。而事实证明，以貌取人往往不会错得太离谱。

- 身体语言时刻都在出卖你

一次目光交流、一个握手、一种说话姿势无不在展现着你的教养、内涵以及领导力。如果你这方面经验太少，可以找相关资料研读一下。

什么样的目光接触不温不火，什么样的握手力度恰如其分，在什么场合下针对什么样的人讲话是应该身体前倾还是稍后仰等，这些都是有据可依的，都是领导范儿的入门课。

找一两位你身边领导范儿比较足的领导重点观察，定向学习，看看他们是怎么做的，用心去实践，并及时归纳总结，是可以把自己练成这方面的专家的。

- 热情待人是正向精神面貌的直接表现

真诚热情是多数领导重要的个人品牌。无论谈话对象的地位高低，都拿出友好平等的态度真诚地展现热情，这是好的领导范儿，具有这种素质的人让人愿意靠近，具有人格魅力。

▸ 领导范儿之二：强大的沟通能力

能说善写会沟通，是很多领导的强项。这虽然不是一日之功，却有一些诀窍。首当其冲的，无论是写还是说，清楚简洁是灵魂。

- 精通当众讲话

这是重要的领导范儿。各种技巧，可以参阅《当众讲话，真的比死亡更可怕？》一文。

这里再概括一下：内容精炼，不要传达太多关键信息；避免"啊""这个""那个"等类似为了避免所谓尴尬瞬间而硬加的语句填充词；用最直观的语言，把复杂问题简单化，深奥问题通俗化；上台前反复练习，提高自信。

- 成为电子邮件的专家

电子邮件作为重要的工作语言，其品质很体现领导范儿的高低。

一个好的电子邮件需注意几条要点：宜短不宜长，去情绪化，针对接受方调整语气，避免告状，假定你写的邮件会被转给你并不希望看到此信的人等。

- 在面对面沟通上花时间

真正的对话往往是最有力的交流。重要的沟通，应该选择面对面，这样，对方会觉得被重视，现场气氛会使沟通细节生动、具体化，还会避免文字沟通可能带来的误解。

- 强化聆听力

聆听，会有效地释放愿意与对方合作解决问题的信号。

有个短语叫"沉默的力量"。在很多时候，特别是在与对方有不同意见的时候，沉默可以是个有力的反驳工具。持续的辩解会把对方推向对立面，陷入逆反状态；反而是选择性的沉默，会敦促对方思考和自省。

领导的一个重要功能是当群众的情绪垃圾桶，垃圾是从耳朵进去的，克制急于发表自己观点的欲望而强化自己的聆听力，其实是领导力的重要表现。

▶ 领导范儿之三：待人处事中展现出高度成熟

成熟是个模糊的多义词。在对领导范儿的解读上，成熟二字却有着至高无上的地位。成熟的领导可以指望，不成熟的人即使身在领导位，也难得人心，未必能做得长远。成熟可以渗透到一言一行中，领导范儿定义下的成熟，表现在日常工作的细节中。下面选取五点加以说明。

- 压力下表现沉稳

领导与吃瓜群众的一个重要区别是：临危不乱，压力下不慌。明明一手烂牌，却还能保持头脑冷静，不丢份儿。无论是遭遇不公平待遇,还是遇到难缠的下属,或是被客户刁难,都能有效制怒,管理压力,不做情绪的奴隶。有效处理压力的具体方法可以参考《滚蛋吧,压力君!》一文。

● **熟识本领域,做到言之有物**

"外行领导内行"这种不服领导的群众声音很容易获得理解和同情,因为大家都怕被外行瞎指挥。专家型领导容易获得群众认可,因为大家会觉得是在被内行领导。言之有物才能树立威信。

始终把好奇心调到最高档,干一行爱一行,专一行精一行。如果接触一个新领域,拿出海绵精神,在虚心学习的前提下不妄自菲薄,因为级别越高,越重要的不再是哪一方面的高精尖业务专长,而是高瞻远瞩的策略性思考能力。

身为领导,不需要对管辖范围内的业务样样精通,却不能不懂,不懂者难服众。"一专多能零缺陷"的领导能把话说到位,知道职责范围内的轻重缓急,全盘掌握大局的能力强,这些是团队最需要的。

● **争取同盟少树敌**

四面楚歌的人,即使当上领导,恐怕也走不远。走上领导岗位的人,一定要有力挺你的上级、平级和下属,缺一不可。

厚道对待上下左右,创建健康的同盟关系,多一个朋友就多一条路,少一个敌人就少一个障碍。在有利益冲突的时候,选择性争取、选择性放弃,只选值得打的仗去打。

在某些时候,把本来属于自己的表现机会让给别人,会帮助你争取到支持,将来也会多一个合作者。详情可以参考《厚道才是真精明》一文。

● **积极主动地发现任务、完成任务**

真正的领导者不会等着被分配任务。如果你发现做一件事可以改进流程或者提高效率,主动向领导请缨,获得大致许可后立马着手去做。

在积极主动中,你会获得表现机会,领导力得以展现,这为你担当更重要的角色不断地埋下伏笔。

● 善于反思总结

要成为领导,不是每天只顾埋头做事,而要有反思的时段,反思是总结归纳的加油站。有了给养,才能持续有料地给下属提供有效反馈和帮助。尤其是在任务重、压力大的情况下,反思好比暂时的超脱,可以帮助我们避免犯明显愚蠢的错误。

▶ 从一点一滴做起吧

也许有人会说:我现在还不是领导。等我当上领导,再按照你说的这些领导范儿规则去做也不迟吧!此言差矣。把领导范儿做好,会帮你早日走上领导岗位。所以从今天起,请开始把培养领导范儿加入到自学大纲,只有你从外表到内心都像个领导了,让你当领导才更加水到渠成。

换个角度讲,如果你立志有朝一日成为管理者,先从领导范儿的一点一滴做起吧。毕竟,没个领导样,谁放心让你当领导呢!

人生如戏,重在演技。演技可是个技术活,领导范儿是"演技"范畴中的一门必修课。但修炼演技不仅仅是锦上添花,许多时候,你针对性地付出努力,很多机会之门会因此向你打开。

求 **职** 必得

你人有所值，薪情大好了吗？

先给钱唱段小赞歌。

钱是我们的朋友，好朋友，贴心好朋友。

"嘘寒问暖不如打笔巨款"这说法虽然政治上很不正确，但仔细一想，嘘寒问暖是心意，打笔巨款是能力。在多数情况下，能力可以帮助实现心意，反之却不亦然。

职场人士年底都有个希冀，今年的加薪幅度能大些、再大些。多数公司的加薪沟通发生在十二月底至二月中旬之前，也就是元旦与春节期间。不难想象，加薪幅度的高低，或多或少会影响职场人士春节期间的消费指数和兴奋系数，也可能成为某些不愁找下家的抢手人士决定去留的消音器或导火索。

这一篇说说加薪过程中的或明或潜的规则以及行为指南，希望帮助大家在加薪季可以平心静气地有所斩获，薪情大好。如果你所服务的公司没有加薪的传统和规矩，也可参考如下思路来要求加薪。

▶ **先讲规则**

以下几条你需要知道。

第一，每年的加薪，公司层面的预算是固定的。

各级领导需要严格遵守预算，部门超预算是极个别事件，因为若一个部门超了，就需要另外的部门少一些来使总预算平衡。加薪这事事关真金白银，特事特办的个案不是没有，但是极少。相对的平均主义和一定程度上的大锅饭不可避免,这与绩优者多得并不矛盾,只是业绩绝对好的和成绩平平者在加薪方面想实现百分之百线性公平,在实际操作层面很难实现。所以管理好自己的期望值可以避免没必要的心理落差。

第二,顺畅的加薪沟通都是相似的,不顺畅的则各有各的不顺。

最常见的员工投诉如下:我不在乎加薪少,在乎的是不公平、不公正。这句话道理上是没错的,但是它基于一个大前提:员工的正确自我认知,包括对自己在团队中水平的认知以及对团队其他成员水平的全面和准确的认知。正确的自我认知并不是想有就有、人人皆备的,而是一种高级的职业素养,需要靠职场经验、分析能力以及客观判断力去累积搭建。所以在大喊"不患寡患不均"之前,请先问问自己:我的自我认知是否有偏差?我是否真像自己想象的那么好?

第三,加薪是一个严肃的决定,绝大多数领导都会慎重处理。

也就是说,他们把可能的后果都想清楚了。加薪决定不是没有谈判余地的,但前提是你必须做到三个了解:一、了解自己在领导心目中的斤两;二、了解领导的心情和脾气,Ta是听得进意见的还是不喜欢被人挑战的;三、了解领导在公司的影响力,即使 Ta 有心帮你,Ta 真的有能力把你额外的要求付诸实现吗?这三样缺任何一样,都可能谈判不成,反而把天儿聊死,把关系弄尴尬。

了解上述大规则很重要,因为它会帮助你换位思考。下面来说说作为下属,在加薪沟通中的行为指南。

▶ **加薪沟通三要点**

一要提前做好功课。

加薪沟通是领导主导的,做好功课会帮助谈话朝对你有利的方向推进。准备好让数字说话,尤其是要举出你给公司带来真金白银、实打实效益的例子,以及你主导的为公司增效节流的项目,这些需要提前熟记,信手拈来。

二要牢记此次谈话的目的。

这是一次展现自己价值,貌似谈加薪、实则谈机会的关键对话。所以,不要仅仅把焦点对准票子。你要做的,是避开直接谈钱,在不喧宾夺主的前提下,貌似不刻意地把今年的业绩亮点以及明年的工作重点言简意赅地概括提炼,让领导带着"我今年真该给 Ta 多加几个点"的念想结束谈话,是最佳境界。

你要知道,如果领导自觉自愿地感到应该给你更多,Ta 可能会帮你寻找更好的提拔、培训,或者有助于你成长的机会,这比那几个点的仨瓜俩枣含金量高多了。

三要表现出职业素养。

无论加薪的幅度是否达到你的期望值,无论领导的评价你是否爱听,请务必沉住气。如果皆大欢喜,请你由衷地感谢,并表表决心。领导也是需要鼓励的。如果结果令你失望,切忌情绪化,你可以平静地表达这个数字比你想象的低不少,同时请教领导是否有什么你自己没意识到的问题。球踢出去后,就让领导多说你少说。

记住,寡言与沉默有时是最有效的抗议,竹筒倒豆子反而容易让人产生逆反心理,让你本来有的八分道理折扣好几分。哪怕彼时彼刻你内心正对自己说:此处不留人,自有留人处,在你落实"留人处"之前,低调处理,不断后路才是真正的保护自己。暂时解气的恶言恶语、嘴上过瘾没有半点好处,只能出卖你的素养底线。

也许你并不知道,如果领导认可你的工作和为人,而因为种种原因使这次加薪给你的幅度没让你满意,Ta 可能已经在想用什么办法做些弥补,你要做的是理性地表达内心的真实感受,让领导自觉自愿去采取行动,而不是图一时痛快去打击领导做任何修正的可能性和积极性。

▶ 加薪沟通三点不要做

一是不要拿同事做参照。

很多公司有明文规定,不允许同事之间沟通工资和加薪幅度,不论你是否认可这些规定,至少在和领导做加薪沟通时不要明目张胆地犯规。

还有人经常挂在嘴皮子上的一句话是:外来的和尚好念经,从某公司跳槽来我公司的小李工资比我多不少。要知道,跳槽的平台对任何人都是敞开的,市场是自由的,选择做生还是做熟,完全是个人的自由决定,你也有这个自由。

小李跳槽的一个目的就是实现收入上的一次跨越,付出的代价是到新公司从头来过,放弃在原公司积累的资源和人脉。如果你跳去另一家公司,只要你斤两足够,也可以像小李一样,问题是你是否愿意放弃现有的舒适区,同时你有那个市场竞争力吗?想清楚这个逻辑,你就会认可:在加薪沟通上,聚焦于自己,攀比帮不了你。

二是莫把苦劳当功劳。

"做成了什么"往往比"做了什么"更重要。加薪决定多数时候是用结果来做硬指标的,苦劳往往只是做参考。如果你今年业绩平平,还在通往"结果"的"过程"中,可以分享一下你的学习心得以及为明年业绩提升所做的充分准备,但要适可而止,要拎得清。毕竟,人家有结果的人,过程可能比你更辛苦。

三是不钻牛角尖。

见招拆招,争取可以争取的,放弃争取不到的。加薪的幅度基本上反映了领导对你的认可程度及信心。如果你认为自己的加薪水平处于下游,而领导又没有明确给到你改进的反馈,你需要尽力去试探,是 Ta 对你的能力没信心,还是仅仅是你今年的成绩有待提高,直接问得不到明确答复的话，可以尝试通过争取别的机会探底。

比如，正规的公司一般都会有一些针对有潜力员工的培训机会，你可以提如下的要求："我想进一步提高能力、改善业绩，您可否把三月份的市场部领导力培训机会给我？"或者，如果你是销售员工，可以说："我想给自己更大的挑战，为公司做更大的贡献，我想申请去经营更大的客户。"

领导对你这些要求的反应很说明问题。如果反应是 Yes，那么请不要太在意加薪的幅度，珍惜机会，继续努力。如果反应是 No，你需要掂量的是你的价值是否真的被低估。

你可以考虑认真地看一下外面的机会，最终走不走是一回事，但你需要知道自己真实的市场价值。如果到别处收入可以得到大幅度的提高，综合、去情绪化地考虑后，可以换个地方让自己人有所值。

当然，也有可能，你做过调查后发现，你目前的收入其实与市场价值没什么出入，是你自己期望值太高，这也会让自己更安心地工作，寻找新的业绩突破点。

加薪季是某些人的开心季，也可能是某些人的焦虑季。加薪沟通不是一锤子买卖，功夫在平日的其余三百六十四天。

▶ 三点建议

以下三点是从今天可以做起的建议，作为结束语。

第一，努力成为持续的高绩效人士。高绩效不仅给你提供最佳的职业安全感，像多加薪这种好事还会追着你走，因为你时刻被需要着。

第二，与领导保持规律性沟通，定期积极主动寻求反馈。这样不给领导任何借口在年底时给你一堆迟到的、令你完全意外的反馈，让你无言以对，荷包受损。

第三，在行业内多交朋友，确保自己了解市场行情。知己知彼才能有主动权和谈判权。

年末盘点 7 件事，让你今年不白干

年底两个月，需要开始计划实施年末的重要事情，切莫推到十二月底。那时千头万绪一起涌来，若不提前部署好，则会顾此失彼，追悔莫及。

年末时可以考虑因地制宜地做起下面 7 件事。

▶ **整理工作笔记本**

做工作笔记是很多职场人都有的习惯。不论是传统的纸质本子，还是现代化一点的智能手机和 iPad 记录，好记性从来不如烂笔头。会议和谈话的记录对防止遗忘，及时跟进，以及避免浪费脑细胞去痛苦回忆都是有用的。真正好的工作笔记，通常有时间、事件等关键词。每个人的记录风格各不相同，有的喜欢简洁，只记几个自己能看得懂的、能起到提示作用的关键字；有的则如速写，把内容翔实记录。年底整理工作笔记的过程，是一个复习工作、更新知识的过程。

很多时候，会议中听来之前不知道的东西，随手记了下来，却未必消化成了自己的东西。翻看的过程中，你会发现，有些名词和术语，当时不理解，后来在工作中多次用到，现在豁然开朗。还有些问题，与自己的日常工作相关，却至今不懂，需要找明白人跟进一下，不留知识死角。

整理笔记的过程，还是一个提纯巩固的过程。那些听过的，事后却证明无关紧要的内容应剔出去，不占脑容量。而与工作密切相关的重要信息则绝不能放过，不仅要找人问明白、搞清楚，还要深入理解，因为只有真正理解，才能记忆深刻，将它真正变成自己的东西。这样的积累过程，会帮助你拾遗补缺，成为干一行精一行的好手。

▶ **自我反思**

在年底的时候，正规的公司都会规定，让领导和下属做个业绩对话。其实，不论公司是否有此硬性规定，自己都应该做个小结。总结今年的表现，对这一年的成绩做个全面回顾。这样，如果公司有上交书面年终总结要求的话，你因为早有准备，年终总结更容易全面出彩。

在这个过程中，为了让自己的桩桩件件成绩不成为漏网之鱼，第一条中提到的整理笔记，可以起到提醒的作用。

有一条很重要，那就是诚实地检讨一下，这一年当中哪些是做得欠妥的，还可以怎样做得更好。这个检讨，完全是自己与自己的对话，不必上交，所以务必对自己诚实，否则就失去了意义。

对拿不准的事情，找知心好友或值得信赖的职场导师商讨一下，目的很明确——如果自己做得不对的，今后改正；如果做得没问题，也通过这个过程打消了内心疑虑，今后遇到同样的事情会更加坦荡，更加有信心。

▶ **思考明年我想做什么**

任何追求进步的人，都应该"吃着碗里的看着锅里的"，所谓未雨绸缪。有含金量的工作，应该是经常有挑战、有学习机会的，而不是简单的重复劳动。

当然，你自己的本事需要和工作的要求相匹配，如果你一无想法二无技能，恐怕也只能从事单一的简单劳动。任何有意义的、有满足感的工作，都应该是双向的：一方面给公司带来价值，另一方面自己有所长进。员工和公司之间，必须得能持续彼此贡献，彼此获益，才能保持彼此的吸引力。如果有一天，有志向的你觉得从现在从事的工作中再也学不到新的东西了，吸取不到新的能量了，职业倦怠感就会滋生。

所以，要问清自己明年想要什么，分析在现在这个岗位上是否还能持续贡献的同时持续学习这个问题很重要。

很多人有个误区，就是认为职场成功或者进步的唯一尺度是有没有获得升职。这个想法既不现实也不正确。说不现实是因为每年的晋升名额是有限的，不可能每次都是你；说不正确是因为很多的平级调动或平级前提下的扩大职责范围，都是个人成长的好机会。在多数行业，如果有机会获得不同岗位的历练机会，会使自己的履历更丰满，资历更丰富。我们所处的时代，更需要的是"一专多能零缺陷"的多面手人才，能够做好多个平级岗位的轮转，也是将来获得提升的所谓曲线救国的常规路径。

想清楚自己明年想做什么后，找合适机会与领导及时沟通。很多新的岗位安排都发生在年初，不要错过这个时间窗口。向领导提要求的时候，一定要记得把个人的要求与公司的需求捆绑在一起。双赢才是可能让领导动心的卖点。

先对自己做精准定位，同时站在领导的角度想，如果采纳你的方案能给领导带来什么价值，这样的双赢才是最好的谈判砝码，才是成功出售自己的关键。

▶ **更新简历**

在做好了上面第一二三条后，更新简历就成了一个自然的动作。即使你还没想着去跳槽，时刻准备着把自己包装好，别让机会到来时找不着你，是只有好处而没有任何坏处的。

你自己可能都没意识到,过去这一年,你积累了一些新技能,你的策略性思考能力也提高了一个段位,这些闪光点,必须一字一句地体现在纸面上。更新简历,是个自己花钱买花戴的过程,这个过程,迫使你去了解市场热点,迫使你把自己的技能与市场需求作比较,迫使你去规划明年的进修重点。即使这个过程会让你增加些许焦虑感,也必须"反人性"地去做,因为人无远虑必有近忧。

▶ 给前领导以及给予过你帮助的人写封信

不排除你的"前任"领导很渣,曾经让你生无可恋,或者你们完全志不同道不合的可能性。但是我相信,在大多数情况下,"前任"领导值得保持联系。善待前领导有诸多表现,可参见《让我们来谈谈"前任"》一文。

在年底的时候主动问候、汇报近况是件很容易很暖人心的事儿。这样做不仅是与人为善的具体体现,还是难得的职场美德。同样的,我们每个人都曾经遇到过帮助我们的贵人,我们也应该给他们同样的礼遇。

这里特别说一句,发给前领导和贵人的信,应该是度身定做的包含一些具体内容的问候信息,而不是那种群发的没啥温度的网络模版。这种信,赶早不赶晚,早早的问候,使你的信不至于被淹没在节日当口的信山信海中,更容易被记住。

▶ 与孩子进行一场谈话

如果儿女到了上小学的年龄,年底待办事宜之一,应该包括与孩子的一场谈话,就像在单位里做年底业绩总结一样。这是一场劳心劳力的双向互动,却是一笔非常值得做的投资。

也许有人问，小破孩儿懂个啥，有啥好谈的，乖乖听话就是。此言差矣！你把孩子当大人，孩子就会觉得被平等对待，在日后的叛逆期大家就都可能会好过一些。这互动可不是闹着玩儿的，需要认真备课。半大不小的孩子，往往高估自己的聪明，低估世界的复杂，在考虑自己的智商时是通胀，在评价家长的情商时是通缩。特别是当青春期撞上准更年期，不总是那么好玩的。

做家长的该备的第一节课，就是做好心理准备。

首先，毒舌虽是一种新时尚，但这世界还是有点儿冷，孩子对温暖的需求量更大一些。所以，说话时尽量温暖，争取做个"中国好家长"。

其次，在家人面前，尊严多数时候是不需要的，所以，放下。

最后，女孩之美，在于明亮。男孩之帅，在于坦诚。所以，赏识教育当道，即使一言不合，咱也绝不气急败坏。

做好了自己的心理功课，要备的第二节课就是找到孩子今年做得最给力、最闪光的一件事，从中提炼出一种优秀素质，加以表彰升华。对有需要改进的地方，就事论事，不把问题扩大化，并且给孩子辩解的机会。

记住这场谈话的宗旨是鼓励而不是打压。和孩子跳好这场心灵探戈不容易，不过只要愿意练习跳，就是一个好开始。

▶ 对自己对家人负责，去做个体检

忙忙碌碌又一年，食品污染、推杯换盏、超时劳动、加班加点等都让我们身体这部机器磨损不少，就像我们的座驾需要定时检修一样，我们的身体也必须进行年检。

没毛病最好，安心过年。发现毛病，应及时诊治，不贻误时机。如果我们对待体检都像对待上班打卡一样，那得有多少疾病可以被治愈，多少悲剧可以避免！

我们必须想明白一件事：你若倒下，工作岗位上离了你，地球照样转，甚至慢都不会慢一下；但是，对家人来说，你若倒下，家庭这个小地球，却真的可能停转。所以请一天假，去趟体检中心，把年底体检当成政治任务，才是对家庭的最大负责。

一年走过来，真正让肾上腺素水平飙升的大喜大悲，总是小概率事件。我们天天面对的，多数是一地鸡毛。在这平淡忙碌的日子里挖掘精彩、创造惊喜，才是我们自我成长的深层逻辑。

想跳槽吗？且慢，看完这篇再跳不迟

每逢年关，职场同道们谈话免不了两个热词儿：年终奖和跳槽。本着"改变能够改变的，适应不能改变的"职场大原则，我把年终奖这种领导和公司有绝对话语权的事情放在一边，着重讨论我们可以有决定权的跳槽问题，包括是否跳、什么时候跳、怎么跳等。这其中，样样都是技术活儿。跳得好的，越跳越高，实现一个又一个的华丽转身；跳得差的，一跳栽一跟头，几年都恢复不了元气。

什么时候可以考虑跳槽？大前提是慎重考虑之后，包括问过自己以下几个问题之后：是否可以承受离开舒适区，是否可以放弃做熟而选择做生，是否能够承受可能的错误抉择带来的后果，现在的公司是否真的有"生无可恋"那么糟糕。

关于跳槽的激发因素，N 个人可能给出 N 个答案。其实合并同类项，无非是以下两种情况。一是现东家不给力了，二是准东家更吸引人，或两者兼而有之。这两者很难绝对分清楚。很多时候是因为现东家不给力了，所以怎么看怎么觉得准东家更吸引人；或碰上个挺吸引人的准东家，回过头看现东家，怎么看都觉得不再给力了。这从道理上讲，挺像男女感情上新欢旧爱的事儿。

先说现东家不给力了。这个"不给力"可以分精神上和物质上的不给力。精神上不给力，就是没有激情了。行文至此，我想起了多年前有个艺术圈的名人对王菲、李亚鹏离婚的评价，说王菲之所以提出离婚是因为李亚鹏再给不到她正能量了。且不说此评论是真是假，但长久的婚姻必须双方能互给能量、互相照亮，这话是有道理的。

职场何尝不是如此呢！员工和公司之间，只有能持续彼此贡献、彼此获益，才能保持彼此的吸引力。如果有一天，一个有志的员工觉得从现在从事的工作中再学不到新的东西了，吸取不到新的能量了，便会生离职之心。

很多时候这种心生去意与 Ta 的直线老板有关。我们常说，员工离开一家公司其实是离开 Ta 的老板，若老板肚子里已无料，或不愿意给员工机会了，自然留不住优秀之士，于是有志之士开始到外面的世界找精彩。也难怪，良禽择木而栖，贤臣择主而事嘛！

物质上不给力比较容易理解，钱给得不到位呗！如果你发现你的全部薪酬（请注意不仅仅是工资，而是包括基本薪资、奖金、年终奖和任何可以折算成钱的实实在在的福利）明显低于其他公司和你资历相当的同道，或者你发现公司宁愿多花一万去招新人，也不愿意拿出五千来留你这个业绩不错的旧人的话（当然这需要你有正确的自我认知），可以考虑离开。

再说准东家更吸引人这档子事儿。"吸引人"的点无非是明显的升职加薪，或者职责范围扩大，或者新的工作节奏更适合你的家庭需要，或者上升通道离你的职场目标更近。下面我们细细讲来。

▶ 跳槽去什么地方呢？

这是个系统工程，各种学问不少。

第一，人往高处走，新平台一定要明显比现平台好才值得考虑。

例如公司大了，管理的团队大了，汇报线升级了，职责范围广了，曝光机会多了，职位级别高了等，这些都算是平台变大了。先说一说职位级别，这里面水分可以很深。大公司的经理调到小公司当总监其实就是平调。再说，从总公司总部经理级别调往分公司时，往往级别上会升到总监，却可能仅仅是平调，因为分公司的职位往往是虚高一级的"地方职位",所以在岗位调动前需要把职位的含金量找熟人搞清楚。

说到公司,行业里基本都有潜规则,公司按规模、名气等分成一二三级梯队,除非是明显升职,可以考虑从梯度高的公司跳去梯度低的公司,否则应该尽量秉承从低梯度往高梯度走的惯例,因为违背常理的跳动会引来未来职业发展路上的很多质疑,也许一个逆向移动,将会是条不归路。

经常有人诟病大公司的诸多弊端,例如官僚,例如做决定慢,例如派系斗争,例如沟通协调成本高。其实,大小公司各有利弊,大的公司贵在有规矩,小的公司赢在灵活性。我的建议是,在职业生涯发展的过程中,一定要有一段在大公司的工作经历,让自己识规矩、懂方圆,学习大公司做决定的过程,见识其规避风险的措施。

在大公司历练过之后,理解了程序、过程、规矩后,才有资格批评哪些程序是可以简化的,哪些过程是不需要的,所谓见过世面之后,才有资历指点江山。最常见的跳槽,包括从中小型公司跳到大公司的类似位置,这种算是鱼儿从小池塘游到大池塘,见识会更广,发展空间也许会更大;从大公司跳到中小公司升了职的位置,这种算是从大池塘的小鱼变成了小池塘的大鱼,往往曝光度、责权利、话语权都会大些。

第二,请负责任地替自己谈好价钱。

你需要知道,"外来的和尚好念经"这句话在薪酬谈判的问题上是个不争的事实。跳槽入新公司的这一次薪酬谈判,有可能是你未来待在这个公司最容易实现目标的一次谈判,用好它!掌握好市场行情,朝着你同等资历的同道薪酬的中高端去谈。

钱是温暖可爱的,是可以缔造家庭幸福的,是可以帮你"提气"的,此时不谈,更待何时!至于现有的薪资,对方如果不坚持要的话,没必要主动透露。

可以反问对方:"贵司认为我的资历值多少钱?"如果对方公司规定你出示现在薪酬证明,请把证明之外的可以折算成金钱的部分解释清楚,同时列出你的跳槽成本,诸如通勤时间加长,出差增多,晚上应酬频率可能增加等,希望对方考虑给一个显著的增幅。在谈判的过程中,尽量不先露底,而是诚恳地向对方表明:我相信贵司一定了解市场行情,一定会诚心诚意给我一个公平的薪酬。如果他们给得不够高,你可以再谈,而如果你把自己的底交出去了,很可能将来会后悔。

第三,请把职业上升通道谈清楚。

跳槽从长远来看,是为了加速自己的成长,加速实现职业目标。虽然在成长过程中,你的目标可能会变,但在此刻,你最要对得起的人是你自己,你需要让准东家、准老板负责任地回答你,虽不是硬承诺,但有承诺总比没承诺强。

▶ 找好了下家,下一步该怎么做呢?

第一,让你的直线领导最先知道你的离职决定。

这不仅体现了你的职业精神,还有几个好处:一是你若给足领导面子,Ta 也会给你面子。二是不排除一种可能,当你把准东家的聘书亮出来的时候,你的领导有可能会想尽办法帮你特事特办,没准儿你不用动地方,照样也实现了升职加薪(当然这种情况并不多见,是个超级技术活儿)。三是你给了领导足够的时间思考下一步,这样 Ta 的工作会尽可能地减少损失,Ta 会感激你,短期长期都会。

第二,把工作尽量做到无缝对接。

请把手头的项目一五一十地交接清楚,请把关键客户一一梳理成档,并就与关键客户的沟通与现东家达成共识。如有可能,请推荐接班人、候选人。总之,你要诚心诚意地使你的离开对现东家的业务影响最小化。

第三,离开后,不泄密,不主动从原东家挖角。

即使下属想追随你而去,请暂时婉拒,给些时间让接你班的人成长,直至他们能挑大梁后再议。总之,要让你的现东家在你走后全方位念着你的好。职业圈子是不大的,是会口口相传的,你的善举会为你赢得品牌,赢得口碑。

▶ 请允许我这个职场老司机送上几点忠告

第一,除非待遇上有明显提高,不要做没有提升、没有转换工作性质的纯粹平跳。

因为这会凭空滋生出很多疑问,是否你与现任老板处不来了?是否你在现公司犯了啥错误?是否因为你表现平平而在现公司没有发展前途了?你要花很多时间去解释、去圆场,而常识告诉我们,需要很多解释的事通常都有隐情。准东家对你都会有手握不定时炸弹的不安全感。

第二,不做职场"跳蚤",避免频繁跳槽。管理者在招聘员工时,对频繁跳槽的人通常有顾虑,甚至是深恶痛绝的。我们面试时经常听到的频跳理由无非是:"我前几次跳后发现不符合期望值"(这说明此人判断力是有问题的),或者"我想通过不断跳槽争得向上发展的机会"(这也许是事实,但招聘的老板也会想,这位同志会不会把这个岗位也当成跳板,翅膀稍硬,便会飞走)。

所以,我建议在任何一个初级岗位,至少要干满两年,任何中高级岗位至少要干满三年。这样,你的每一步都留下了脚印,留下了可圈可点的亮点,忠诚度本身就是重要的个人品牌。

第三,跳槽有风险,裸辞需谨慎。除非万不得已,除非你非常不差钱,除非现有岗位让你极端不开心,多一分钟你也不想待,或者遇到突发事件,否则不要裸辞。骑驴找马是最大限度保护自己的稳妥办法。否则,下家总会有"你是否在原单位干不下去了"的疑虑。

第四,请时刻抱有感恩的心态。我们生活在消费的社会。在这个社会里,给钱的是顾客是上帝,这个逻辑在雇佣关系中同样适用。虽然你可以解雇上帝,但请你记得感谢你那曾经的衣食父母。

年底了,你会把自己"卖"个好价钱吗?

年底转瞬即至,年终总结及加薪沟通被提上议事日程。怎样让你的年终总结精彩纷呈?

正规的公司,年底都会做两件事:领导和直线下属做个业绩对话,之后加薪的议题也会紧锣密鼓地跟上。大多数时候,年度加薪的多少是领导对你过去一年表现的物质化评估。

事关真金白银,我们必须把自己可控的部分做好,为薪情打好、打稳基础,而这个可控的部分就是年终总结。不管公司对年终总结是否有要求、是否有模板,自己都要花时间对过去一年的成绩做个全面包装,让年终总结全面出彩。

许多朋友想当然地认为,自己过去一年的点滴成绩领导都会门儿清。这样的朋友显然低估了领导的职责半径,并高估了领导的记忆周期。领导管的是 N 个人组成的团队,我们每人都仅仅是领导的 N 分之一,而我们是自己的百分之百,自己当好自己的宣传员责无旁贷。在年终的时候把自己工作的那一部分做系统化地总结,突出自己的本职工作对团队的重要贡献是我们必须认真对待的薪情基础。

精彩的年终总结各有各的精彩。这里分享几个实用的要点——

▶ 7 个关键

第一,年终总结篇幅请控制在两页纸内。

这样可以最大限度地保证领导有耐心、有时间读完你的总结。

第二，能让数字说话，要让数字说话，不要仅仅是自说自话。

第三，一定要强调你取得的成绩对公司的总体业绩的影响。

不论你从事的是什么岗位，无论你是否是所谓的核心业务部门成员。

举例说明，如果你是人力资源部门的，增强员工凝聚力是你的工作重点之一，今年的主要成绩之一是把销售精英的流动率从前一年的百分之三十降低到了百分之二十。那么亮点来了，公司每培训一个新员工以及员工缺岗期间损失的业务是可以大体量化的。从这个角度讲，每减少一个高绩效员工的离职就等于为公司创了收。在年度总结中，要找类似这样的具体例子，为自己的工作贴上公司利益的标签，并实事求是地进行量化。

第四，避免简单的任务清单罗列，而要突出做这些事的目标和对业务的重要影响。

比如你今年做了6件事，有效的总结是把这6件事的中心思想也就是核心目标写清楚，必要时加小标题。这体现的是你做这个任务之前进行了先行思考，思考后的行动往往更有效。这是显示你策略性思考能力的好机会，不要错过。

举例说明，快消品公司市场部老王，原来的年终总结是罗列了6条任务清单：

1. 建立新的电子商务渠道；
2. 简化产品关键信息；
3. 与代理商达成新的梯度奖励计划；
4. 把市场调研从原本一二线城市推广到现在的三四线城市；
5. 指导销售团队差异化策略，建立高端产品专业销售队伍；
6. 对重点客户增加回访，增强客户忠诚度。

这份总结貌似言简意赅，老王好像确实也很忙。那又怎么样呢？一桩桩、一件件任务的目的为何，这些任务为啥重要，好像都没说清楚。

如果加以修改，给人的感觉可就大为改观了——

先加个总目标：我们的产品已经上市三年，逐渐进入了瓶颈期。增加市场份额是今年的工作重点。我们决定从两个方面入手：强化现已占有的市场和开拓新的市场。

针对现有市场，我们决定强化销售渠道，在销售各个环节创新增效，有鉴于此，我们采取了以下行动：

1. 建立新的电子商务渠道。大家现在对电子商务渠道的接触点、敏感度普遍提高，我们与全国知名的电子商务公司建立了伙伴关系，对重点客户进行了广阔网络覆盖。电子邮件信息送达率和阅读率在今年的每个季度都名列行业前三位。

2. 我们今年把产品的关键信息简化到十个字，客户记忆率增加了百分之五十。

3. 我们今年与代理商达成了新的梯度奖励计划，我们的货品在城市的覆盖率增加了百分之四十。

针对我们的产品销售处女地或产品信息覆盖比较弱的区域，我们今年的工作重点是找出突破口。对此我们采取了以下行动：

1. 把市场调研范围扩大，从原来的一线城市延伸到二十个三四线城市。针对当地消费习惯，有的放矢地加大投入。

2. 在市场调研的基础上，建立差异化销售策略，对高端产品建立专门的销售团队。针对都市白领女性的产品A的销售，今年实现了百分之五十五的增长。

3. 增加了百分之二十的重点客户回访频率，增强了辐射效应和客户忠诚度。

结尾再来个小结：通过这些努力，产品A的市场份额从原来的百分之二十一增加到百分之三十，更为重要的是，今年的这些行动，为未来两年的可持续增长打下了坚实的基础。我们的目标是两年后做到市场份额的龙头位置。

这样一经修改，有勇有谋的市场专员形象跃然纸上。

第五，总结成功经验。

职场生涯是个持续学习的过程，年终总结洋洋洒洒一大堆，如果能总结出其中共有的成功关键因素，成功则可能复制。领导可能用你作为范例，在团队推广成功经验，如此免费的曝光机会何乐而不为！

第六，不要忘记加入反思这一环节。

年末的思考很重要，应把重点放在对自己、对团队可以做得更好的地方，提出一些思考和建议。请记住，高潜质人才永远不会满足于现状，总在寻找怎样可以更快、更高、更强。同时，有领导潜力的人才永远不会只关注自己，而是会同时关注团队，所以在这一环节里，对自己提要求、对团队提建议会彰显你的胸怀以及你站得高、看得远的领导范儿，即使你今天还暂时不是领导。

第七，在年终总结里，附带你对明年的工作重点的思考。

这说明你对这份工作充满了热情，已经想在前面，并积极主动地想与领导达成共识。

书面总结写好后，提前发给领导。如果公司领导没有约谈的硬性规定，你应该主动与领导约谈。通过这样面对面的机会，了解你在领导心目中的真正的分量。

▶ 三要、三不要

谈话中需要注意三要、三不要。

三要包括——

第一，要记得把领导"放进"你的成绩里。

请勿虚伪奉承，而要具体细化领导在这一年当中在辅导、解围、挡箭、协调等方面为你做的实事。

第二，要重点突出。

虽然你用两页纸把去年的成绩作了概括、总结，但请在谈话前把你最引以为豪的成绩倒背如流。人人都有记忆疲劳，你要浓墨重彩地花百分之八十的时间强调你对公司业务影响最大的也是你个人贡献最大的三项成绩。突出的三件事永远比面面俱到的十件事更容易让人记住。

第三，要积极寻求反馈。

记住年终总结是一个绝佳的了解你在公司位置轻重的机会，通过领导的表态，你可以掂量出一二，这对你自己明年的职业发展、是去是留是至关重要的。大概我们每个人都想听表扬，但务必鼓励领导讲出你的待改进部分，知道短处，才有可能有的放矢地去努力，做更多的有用功。

至于三不要——

第一，不要照本宣科。

记得书面总结和面对面总结是和领导的两个接触点，如果你说的和手写的完全一样，你就失去了一次独特的表现机会。正确的打开方式是：面对面谈时适当加点细节，帮助领导了解你取得这些成绩背后的思考。成绩本身往往明显，背后的思考不一定明显，却最体现你的水平和潜力。

第二，不要情绪化。

若在总结过程中你不同意领导对你提的意见，请注意表达方式。可以用如下的语句："您刚才讲的我不太懂，可否麻烦您举例说明"，或者"可能我对您的期望值理解得不够透彻，可否麻烦您讲具体些"，再或者"我们可否换个角度思考，您觉得我这样说有道理吗？"底线是不要在现场将矛盾激化，如果明显意见相左，彼此都需要时间考虑，不要在现场妄下结论。最好的办法是，建议双方都针对异议深思熟虑，一两周后再聊。

第三，不要把年终总结谈话当成告状的平台。

年终总结应该以你自己为中心，是一个弘扬自己成绩的好时机，不要在这宝贵的时间段本末倒置。即使你对同事有些怨言，因为他们影响了你的业绩，可以简单提一句，并申请另外的时间深度剖析这件事。在做年度总结时应做大度将军，不做祥林嫂。

祝大家的年终总结精彩呈现，花开之后结硕果。

新年新气象,从更新简历开始

农历年后是招聘旺季,许多单位都伸出橄榄枝,四处招揽各级贤才。无论你是否有意跳槽,时刻准备着,别让机会到来时找不着你。

▶ 更新简历的现实与历史意义

简历,有简单的职业经历的意思,是落实在纸面上的你——浓缩版的职场人。简历,也是你的个人招牌和职业外衣。既然是外衣,则需定期更新。

很多职场人有个思想误区,认为简历只是用来找工作的,只在想换工作的时候才想起来更新简历。这个想法太片面。

定期更新简历,从战略意义上讲,至少还有以下两个功用——

第一,更新简历是个自我回顾的过程。

一年一度或者两度,需要排除干扰,静下心来,梳理一下过去一段时间自己工作取得的新成绩,掌握的新技能,为单位做的新贡献。自己要及时记录,把这些闪光点体现在纸面上,别人没有义务去挖掘你的内秀。找出自己的可圈可点的诸多方面后,需要把自己独特的技能和持续的贡献进行归纳总结,跃然纸上。更新简历相当于一个再包装自己的过程。

第二,更新简历是督促自己进行一次职业思考的过程。

任何追求进步的人,都应该"吃着碗里的看着锅里的",都应该争取从事有持续性、有挑战的工作。任何有持续性、有挑战的工作,都应该是双向获益的：一方面，你给单位带来价值；另一方面，自己不断地有新的学习点，持续长进。

只有这样，才能保持你和单位之间有持续的吸引力。如果有一天，你觉得你从现在的工作中再也学不到新东西了，你不费啥力气就可以把工作搞定，那么可能很快你就会滋生职业倦怠感。

更新简历的过程中，可以带着如下思考——

一是过去这段时间我是否学到了新技能？

如果你发现，你从事的是简单、重复的劳动，需要和领导要求给自己加点"有料"的工作，也就是能让你学习的同时也做贡献的工作。

二是你的工作与市场大潮流是否匹配契合？

如果你发现自己的工作与当今的热门渐行渐远，则需要问自己，我的职业三年后是否还存在？如果有可能被取代，我现有的哪些技能可能还会用得上，还要再抓紧学些啥新东西才能保证自己不落伍？这些问题，如果自己拿不准，赶快找业内资深人士咨询一下，并根据他们的建议和指教，尽快采取行动。

带着这些思考，更新简历的过程中可能会产生一些焦虑。我无意贩卖焦虑，因为我笃信：人无远虑，必有近忧。一年一度做这种所谓"反人性"，或者是叫"对抗舒适区"的思考，其实是对自己的最大负责。可参考《舒适区舒服，却不是该常待的地方》一文。

▶ 更新简历的几点实用建议

上面这些，算是提纲挈领地说了说更新简历重要的现实意义和深远的历史意义。下面几点是实操层面的，讲讲怎样写简历才能让自己的内秀跃然纸上。

● 避免低级错误

先从最简单的任务做起。无论简历采用什么格式，请注意以下这些稍微用点心就可以避免的低级错误——

第一，中文错字和英文拼写错误。无论中文还是英文，用个简单的纠错软件就可以解决错字问题，简单易行。

第二，数字笑话。任何数字都要准确，数字最容易闹笑话。我曾不止一次见到过类似"2029年—2010年从事某某工作"这种错误，显然作者是想写2009年—2010年。这么个简单的事儿都能出错，别人怎么能放心把经常要和数字打交道的工作交给你？再上纲上线一点，事关你自己职业前途的简历都不上心，别的事儿你真的会去用心做吗？

缩写词的滥用。

很多单位都有自创的缩写词，什么ABC，什么UPS……自己单位的人天天自用明白啥意思，外人看了却不知所云。别忘了简历是给别人看的，简单直接，让人一目了然，不必做任何猜测，是最最基本的要求。

● **格式和顺序是有学问的**

简历格式没有一定之规，却有个十六字基本要求：内容简洁，读来通顺，年份清楚，信息全面。

通常来说，姓名、邮箱、电话是必有的开头信息，后面的内容可以参考下面几个方面：

职业目标(Career Objective)；

核心技能(Core Competency)；

工作经验(Professional Experience)；

教育背景(Education)；

荣誉称号(Awards and Honor)。

以上这几个内容不是固定模板，需要根据所在行业及惯例做调整。例如：如果你是做学术研究的，可能就需要把论文列上去。

有几点要特别强调一下——

第一，如果你是有了一些经验的职场人，请把工作经验放在教育背景之前。

你积累的多年工作经验远比你是哪个学校毕业重要,雇主招人是想用你的工作技能,不是你曾经的出身。哪怕你是名校毕业,这个金字招牌在工作几年之后也会被逐渐淡化。

第二,把最近的工作经历放在最前面。

用倒叙法。我见过太多的简历把 1995 年开始的第一份工作放在最前面,我得翻一页半纸才能找到他最近的工作经历。要知道你最近在干什么远比你五年前、十年前在干什么重要得多。重点居首是职场和生活通用的道理。

第三,用要点列举符号"·"罗列重点经历,避免长篇大论。

● *善用 STAR 原则*

英文有个组合词叫 STAR,是四个英文词:"Situation, Task, Action, Result"的词头组成的,译成中文就是背景、任务、行动和结果。STAR 原则在许多工作场合中,例如面试、述职、答辩等,都可以活学活用,在写简历时,尤其是描写工作经历部分时,这个原则也很好用。

每个用 STAR 原则写出来的句子都是一个迷你故事。用这个原则时,要突出的是行动和结果,能用数字说话的不单纯用语言描述。比如这个例子:在两个竞品市场份额各占百分之四十和百分之六十的情况下,我领导我司 A 产品上市,通过强化与三大电商及两大物流巨头的合作,于六个月之内抢占了百分之三十的市场份额。

● *确保关键词写到位*

越来越多的公司,在招收初级员工和部分中级员工时,会收到大量简历,没有时间去人工阅读每一份简历,就把申请人简历利用电脑关键词搜索来做初筛。你需要对关键词有明确的认识。

这里的关键词有两层含义:如果你有的放矢地针对某个招聘广告而投简历,要确保你的简历中包含了招聘广告中最重要的关键词,而且要用完全一样的词汇。这样才不至于被不会举一反三的电脑在第一轮机筛时就把你淘汰出局。

如果你的简历投放并不是针对某一个现成的职位,那就要确保你熟悉所在领域的市场热词以及新趋势。只要是你懂的,需要把这些热词写进简历里;如果你还不懂,需要赶紧补补课,至少知其然,最好做到既知其然又知其所以然。

● 靠谱的背景调查证明人

越来越多的单位招聘开始启用背景调查系统,这就要求你有几个靠谱的证明人。这些证明人最好是你的前领导,或者是熟悉你之前工作的同事,最好能提供具体的积极正反馈。

虽然你可以找私人朋友来做证明人,但是说不出你工作表现细节的证明人是会被打折扣的。未来雇主会疑心:你为什么不找前领导,是你之前表现不佳,还是和前老板关系不佳?两者都是要亮红灯的。

所以,努力工作竖好口碑与善待前任领导是同等重要的。关于如何与前任领导相处,可以参考《让我们来谈谈"前任"》一文。

● 细节决定成败

有几个细节,无关对错,算是经验之谈,供参考——

第一,电子邮箱请放个人邮箱,别把工作单位邮箱明晃晃地放在简历上。

第二,出生年月和照片属于私人信息,没有必要放在简历上。因为你不知道年龄歧视是否存在,你也无法控制某些人对外貌的偏见,不放这些信息是为了防止躺着也中枪。

第三,简历不要超过两页纸。同时不要为了塞下更多的内容而把字体设置得小到别人没法读。

第四,一份简历至少要修改三版。同时,找个非本单位的资深人士帮你挑刺儿、润色。

● 防止简历泄露单位机密

很多人意识不到这一点。在不遗余力鼓吹自己成绩的同时,无意间把公司的机密泄露了出去。正规的公司有很多明文规定的保密信息，如正在研发的新产品、某些关键商业数据……

　　你若有机会接触这些工作，需要小心，在写简历时不能踩机密的红线。否则会吃不了兜着走，有可能要担负法律责任。如果你拿不准，也可以看看公司的详细规定，宁可让简历的某些细节缺失，也绝不越界。

　　如果说你担心更新简历会制造出一些对未来不确定性的焦虑感，那么我希望，至少本文提供的一些基本方法能帮助大家生产出一张不错的 A4 纸大小的"个人名片"，而且这张名片的水准能够达到你和它相看两不厌的地步，这样做你的焦虑感也许会淡化一些，因为把自己包装好了，你距离诗和远方又近了一步。

新年马上要做的自私事儿

写这篇文章的时候正值元旦,在新年大快朵颐的同时,需要想想那些马上要做的事儿。过完了年,马上需要打开新的工作卷宗,投入到火热的新一年当中去。提早打算,更有机会赢在起跑线上。

做这个打算时,请本着自私的原则,围绕一个中心思想:我怎样才能发展得更好?针对这一主题,可以从以下7个方向延伸出去,把自己的计划细化,撸起袖子,在新年大干一场。

▶ 我能再多担当些什么新职责?

不论单位有无要求你做年终总结,你自己都应该做一个非正式总结。总结的目的,是帮助你梳理过去一年工作的主要闪光点及不足之处。这个非正式总结不需要向任何人交代,所以务必对自己诚实。

在这个总结的基础上,新一年需对自己提更高的要求,其中一个就是挑战自己,要求承担更多的新职责。在去找领导之前,需要自己先想通,避免三个思想误区——

第一,我干的活儿岂不是越来越多?又不会额外给我加钱。

其实,最不该怕的就是能者多劳。注意,这里指的是承担更多职责,而不是简单的重复劳动。艺多不压身,你懂得越多,个人资本越多。说到底,你是在给自己积累资本。

第二,我能忙得过来吗?

事实是事情多了,就会逼你学会抓大放小,这本身就是成长和进步。学会排列工作中的优先顺序本身,就是走向管理者的前奏。所以,请感谢这种机会,不仅不要惧怕,还要去争取。

第三,很多人认为,晋升是职业发展的唯一路径。

实则差矣。特别是在职业初期,最该争取的是广泛涉猎的机会,使自己成为多面手,这会帮助你在今后职业发展的路上修炼成"专多能零缺陷"的职业人。

▶ 把所在平台的效益最大化

你也许听过一个说法:离开了平台,你什么都不是!说的是有的人在很好的企业坐着不错的位置,就飘飘然认为自己能有今天,靠的完全是自己的努力,而无视好企业这个重要平台的作用。其实离开了这个平台,此人是英雄还是狗熊还不知道呢!此说法虽有些偏颇,但道理没错。同时也给我们提了个醒,那就是既然你今天站在这个好平台上,就要把平台的优势发挥到最大。

比方说,大外企注重人才的系统化、长期化培养,在各种培训上不遗余力地投入,那你就认真学习,给自己学习的机会,不学白不学啊!

再比如,你在一个正规的企业做销售,公司的各个部门功能齐全、人才充沛,在这个海陆空全面覆盖的大平台上,有人给你保驾护航,你就要拿出所有本事把业绩做出来,所得的亮丽业绩的主要荣光是你的!别以为小单位就没有平台优势,因为人少,所以每个人都要当多个人用,人人都得是多面手,你就有机会把触角伸向业务的各个方面。偷师学步,本事学到手是自己的!

所以,只要有心,无论在大小平台,你永远都不是在单打独斗。这不是在单方面地占平台的便宜,好处是互相的。你依托平台,学了本事,应用到工作上,便等于回馈了平台,平台也获益。你和平台互相出彩,互相成就。有朝一日,若平台能持续认识到你这个人才的价值,你们就可以继续互相贡献。若平台看走了眼,不识你这个英雄,你可以带着一身技艺另寻高就。这等好事儿,干嘛不做?

▶ 让简历永远跟得上时代脉搏

你好久没更新简历了吗?大错特错,这是对自己的不负责任!简历是你的招牌和职业外衣,许久不更新简历就好比你在新年还穿着过时的旧衣衫。纵有万般内秀,还需跃然纸上!如果你的简历已经有一年没有更新,请你于二十四小时内开始着墨动笔。

下笔前,请认真参考几篇行业动态的严肃文章,确保自己熟识行业新趋势,掌握新热词,如果你正好熟悉现在逐渐热门的某项技术或者某个领域,需要确保将这些热词用在你的简历中。

因为有越来越多的公司在招聘初级甚至某些中级员工时,面对海量简历,无时间一一看过,就用关键词搜索作为简历初筛。你要确保你的简历里面有这些关键词,而不是在第一轮就被冷冰冰的电脑拒之门外。关于简历撰写,这里强调几个原则——

原则一:篇幅不超过两页,避免夸张形容词,重在描述事实。

原则二:把最新的工作经历放在最前面,用倒叙办法。阅读者更关心你现在做什么,至于你五年前、十年前在做什么,没那么重要。

原则三:业绩部分,能用数字说话的就少用描述性词汇。

原则四:如果你还在职业初期,你的简历一定要找有经验的职场能人帮你润色修改,非本单位的最好。

原则五:至少改三版。每一版修改之间至少隔一天,这样放一放有助于消除盲点。

▶ 要交几个猎头朋友，如果你还没有的话

请不要误会，不是让你今天就跳槽。请记住，好工作多数不是你求出来的，而是别人猎到你的。要想增加这个被猎的可能性，总得让人知道你的存在吧！

当然，如果你大名鼎鼎，猎头自会找上你，人家靠这个吃饭呢。但如果你还在职业的初期、中期，需要资深的人帮你引荐，得在猎头那里挂上号，这是互利互惠的事儿。好的猎头公司，对最新的招人动态，最新的薪资以及最短缺的人才方向都有着极强的敏感度。

多了解点外面的世界，可以帮助你强化自己的优点，填补自己的劣势，使自己更有市场竞争力。这样，等机会到来时，你已经准备好，不会让机会找不着你。

▶ 策略性织网，维护有效关系

所谓策略性织网，指的是经营人脉。我在《高质量人脉，是所有职场上行的加速器》一文中曾详细阐述过。今天着重强调在新年的节点上，要思考的几点——

● 策略性织网的关键是可持续

只有能互相帮助的关系才可持续。所谓的靠关系吃饭，其实是靠交换关系吃饭。所以你得有用、有价值。

● 怎样才能让人愿意与你交往？

你得有至少一两样拿手的东西，这个拿手，可以是工作上的，比方说你是销售先锋，你特别会把故事讲圆等；也可以是非工作上的，比方说你是孩子升学方面的专家、葡萄酒行家等。总之，你得有一个能让别人记得住你的个人品牌，至少在这方面别人愿意向你请教。

- 维护人脉是重脑力劳动,也是重体力劳动

你必须需要有所取舍、有所侧重,这个需要做阶段性更新和调整。对给过自己巨大帮助的老师、老板以及贵人,应终身铭记,不应做功利化处理。这些人,不仅仅是人脉,早已上升到人脉之上的层次。

知恩图报不仅是值得赞赏的美德,更应是一生的修为。和有恩之人的交往,更多的应该是想怎样去反哺、去报答。

- 针对自己的工作做新打算,策划一个织网策略

比如在哪一类的人身上要多投入时间;怎样结交,找什么人引荐;要用什么样自然的方法去强化已有的关系等。

- 也是最重要的,"赢"来的人脉最长久。

你越能干,在一个领域做到拔尖,别人自然愿意向你靠拢、向你讨教。所以说,非牛人们忙于织网,而是牛人们被人织网。在织网的过程中,使自己强大起来,就离牛人越来越近了。

▶ 有的放矢,强化薄弱环节

每个人都有薄弱环节。有短板不可怕,可怕的是明知是短板却任其短下去。

举一个例子,你做销售管理,却对基本的财务报表知之甚少。你若想继续在这条路上上行,必须把数字知识搞透。你不需要成为财务精英,但必须能和财务人员基本平等地对话,这样才不至于闹笑话。这时应怎么办?

去找那些为非财务人士准备的财务速成班,武装自己,哪怕这不是你的兴趣,不是你热爱的东西,但这是你看家吃饭的必备本领。若还不理解的话,请去看看《比兴趣和热爱更重要的》,洗洗脑。

▶ *定出今年必须要做的 3 件事，马上开始做*

最关键的是两条：一是要切合实际，二是不要超过 3 件。因为如果制定的计划太多了，你就容易给自己找借口不去实现。这 3 件事不一定都是与工作直接相关的，但必须是一旦做成，就能让你如释重负或有成就感的。这样的 3 件事，会激励你，让你这一年有持续的动力。

每做完 3 件事中的 1 件，请给自己一个犒赏。至于犒赏的点子嘛，在《比兴趣和热爱更重要的》一文中的第三条有明确提示。我的体会是：及时可见的自我激励，是最好的源动力。

也许有人会说，很多职场人有个长期痛点，知道你上面说的 7 点都对，都应该着手去做，但一旦被日常事务缠身或者被难以处理的人际关系烦扰，就会疲于应付而忘了这些点。

其实，这种困扰人人都有，或多或少而已。越是这样，越发说明了元旦做这些思考的重要性。在新一年的十二个月里，要不断提醒自己，不忘初心，这才能帮助自己提升对外来干扰的免疫力，不随波逐流，靠定力取胜。

春节假期，这7件"要事"你做了几件？

中国春节七天的长假期，现在已经"享誉"全球，令老外们羡慕不已。我和他们说："我们公司的春节假其实一直要放到正月十五。"一位金发美女问我："这么长时间的假，大家都干啥？"我说："假期多多乐多多，事情也多多。"如下7件事都可以在假期做做。没做的，还有周末两天可以补上。

▶ 放纵一下自己，把纪律的锁链打开

为所欲为，狂吃滥睡，做一回洒脱勇士，怎么舒服怎么来。平时吃得节制的爱美人士，暂时忘却减肥使命，全心全意满足口腹之欲。大口吃肉，海碗喝酒，吃肉才有精力，让豆腐青菜一边歇着去，吃饱了才有力气去减肥对吧！

▶ 随心所欲穿梭在网上

可以网购几本平常一直想看却没空看的小说，偷窥作者的心灵，揣摩他们笔下的多彩世界。

如果还有点闲工夫又碰巧有点文字功底的话，信手写篇点评什么的，没准儿也能说到某些凡夫俗子的心里面去，一不小心弄个"10万+"，也能网红一把。

同时，别忘了在网上做点和工作相关的事儿，查查今年有什么新潮的行业动向和热词儿,比如大数据、云计算、人工智能等,和你沾得上边儿的你要略作功课,年后必要的时候这些可能是你的宝贵谈资。

▶ 对自己好一点儿,为自己的身体加点油

做做美容操,不怕痒的小伙伴们享受一下全身按摩,抚平那几度造次却始终没敢久留的皱纹,抓住青春的尾巴。如果那皱纹顽固不化,怎么用力也赶不走,那就发扬一下阿Q精神,随它去吧。毕竟有皱纹的地方,表示笑容曾在那里待过。凭着一张笑脸,我们可以开心地永远在年轻的章节里徜徉,与岁月握手言和。

▶ 坐下来给真正的朋友们认真写个非群发微信

说说"量身定做"的心里话,回报那些曾经无条件帮助过我们的善意和好心。特别是提携过我们成长的老师和前领导,善待他们是我们的人品必修课。不带功利色彩的纯粹挂念,已经是我们这个浮躁时代的稀缺品,所以收到你的问候的人会格外惊喜。毕竟这些学业和职场的导师,曾经用他们的一言一行演绎了这世界上有一种情谊叫:你若是花蕾,我甘洒雨露;你若盛开,我为你喝彩。这些呵护,值得我们一辈子珍惜。

▶ 认真坐下来,当当老人的听众

哪怕我们并不认可老人说的内容。毕竟,我们能当老人听众的日子着实不多,对于老人,那是唠叨一次少一次。老人们要的,也许不是我们的俯首帖耳、照章去办,他们要的,也许仅仅是满足一下自己的倾诉欲,是对我们在平常忙碌时对他们漫不经心的一点小反抗,就像小孩子撒娇一样,争抢一点我们的注意力。请在假期里给他们这点小满足。

如果他们说的都是些陈芝麻烂谷子的落伍逻辑,你可以行动上坚决不改,但请务必表面上虚心接受,把面子工程做足。我们中国的词语中,孝和顺总连在一起,表面的顺从本身就是孝敬老人的一大表现。

过去十二年,我经常反思自己最后悔的事儿就是在我妈妈有生之年和她较真儿太多,试图凭自己的见多识广以理服人的时候太多,结果做无数无用功不说,还扼杀了不少本可以一团和气的难得的相处时光。家哪里是讲理的地方。我们要强也好,强调是非也罢,都不一定是坏事,只是别用错地方。

▶ 做个家庭年度财务规划

我们的小家庭就像一个小公司,总得有个首席执行官、首席财务官什么的。咱们生活在这么物质的社会,柴米油盐酱醋茶,哪一样都离不开真金白银,仅靠精神胜利法去生活不接地气。

年度加薪也许能跑赢通胀,却不一定能赶上孩子的钢琴学费涨幅;计划中的欧洲之行,可能因为汇率浮动,瞬间让十块钱缩水成八块钱了。这些风险因素虽然不一定可控,我们却可以在年初的时候就未雨绸缪一下。

把可能的进项列一个宏伟愿景,把花钱的事项列一个优先次序:第一档是必须花的,第二档是很可能要花的,第三档是可花可不花的,第四档是诱惑很大、看起来很美,貌似很值得却属于此刻心有余而力不足的,诸如此类,写好了之后与伴侣达成共识。

如果孩子已经十几岁了,可以让孩子参与进来,在做好保密教育的前提下让孩子知道家庭财务状况。这样做的好处是,让孩子从小对钱有概念,对钱的强大功力有敬畏,将来才会有动力凭自己的努力去追求小康以上水平的生活。同时,让孩子有了知情权,会使你将来有必要行使干预权时更有"舆情"基础。

记得我曾经这样和儿子说:"嘘寒问暖不如打笔巨款,这说法虽然政治不正确,但是,嘘寒问暖是心意,打笔巨款是能力。在多数情况下能力可以帮助实现心意,反之却不亦然。你爸你妈希望你将来既有'打笔巨款'的能力,又有嘘寒问暖的心意。残酷的事实是,如果你没有'打款'的能力,嘘寒问暖往往也成了奢侈品,因为忙于生计会吞噬掉你多数时间,根本顾不上嘘寒问暖的精神需求。"目前看来,这含金量比较高的初级教育在我家挺有用。

▶ **更新简历**

这是一个自我回顾,"自己花钱买花戴"的过程。静下心来的时候,你会发现,自己可能有很多闪光点没有体现在纸面上,这个时候要把自己的关键技能落实到白纸黑字上。

即使你没想着去跳槽,也应时刻准备着把自己包装好,别让机会到来时找不着你,这是只有无限好处而没有任何坏处的。更重要的是,更新简历的过程,是督促自己进行一次职业思考的过程。

如果你过去几年一直在做重复劳动,没有学到新技能的话,你要动动脑筋,在新年给老板提提要求,给自己加加码,去学一些新东西,否则职业倦怠感迟早会袭来。

如果你发现自己的职业进入了平台期,短时间没有上升的空间和可能,则需要找找原因,是自己能力有限,还是公司政治对自己不利,大概是时候找信得过的职场导师聊聊了。

如果你发现自己的行当已经与当今的热点渐行渐远,则要问问自己,我所从事的职业,在三年后还会存在吗?如果可能消失,则要问问自己,那我现有的哪些技能在哪一类未来还会存在的行业还可能用得上,我还要抓紧学点什么技能才能保证自己的市场竞争力?

如果自己不清楚，年后第一件事就应该是找你够得着的业内资深人士咨询，并紧锣密鼓地付诸行动，给自己充电。

也许，这次简历更新会增加你的些许焦虑，但人无远虑，必有近忧。在人到中年之前认清自己的长短板，是对自己、对家庭最大的负责。

这7件事儿，是我曾经做过的、觉得有用的经验之谈。读完此文也许能让你有一些思考，在上班前后顺便做几件适合你的，至于是四五件还是六七件，无所谓对错。人生的乐趣，其实恰在于偶尔不一定那么正确却又无伤大雅的时候。

舒适区舒服，却不是该常待的地方

舒适区这个词是英文 comfort zone 的直译。生活中有舒适区，可具体可抽象：具体如家里的一个温馨角落，那是一片自我的天地，是可以不被打扰的，按照自己意愿、思想去行事的天地。抽象如某种生活状态：家庭稳定，工作悠闲，社会关系尽在自己掌控之中，与想结交的人都关系不错，与不想靠近的人也不必因为某种需求而要去处心积虑地违心巴结。

职场上也有舒适区，它可以是我们习惯待的岗位，可以是我们习惯的思维理念以及我们最愿意用的沟通方式等。但是，与生活舒适区不同，职场本就不是让人来舒适的，流连于职场舒适区必潜藏危机。所谓人无远虑，必有近忧，所以，认知职场舒适区，并有意识地走出职场舒适区的人，才有可能成为职场常青树。

▶ **认清舒适区第一推手：习惯**

我们常说：习以为常。习惯，是长时间逐渐养成的一时不容易改变的行为或倾向，很多时候是我们生活和工作的最高统治者，属于典型的舒适区。

如果这个习惯被职场所不容，我们就要逼自己走出这个舒适区。比如，某女过往习惯了上班穿便装衣裤加运动鞋，现在就职成为办公室白领，公司规定必须穿职业套装、高跟鞋，她就必须甩掉那个统治了她多年、令她舒适的着装习惯，而开始把自己朝着西装革履的丽人方向打扮。

再比如,某烟民男,烟龄已满十五年,部门刚换了老板,对烟味零容忍,这烟民男为了适应这一职场新形势,决定和自己过不去,主动给自己施加压力,痛戒抽烟这一烧钱传统。这位仁兄走出舒适区的过程是痛苦的,烟瘾上来四肢无力,烦躁抓狂,生不如死。

然而经过几个月的折腾,他收获不菲。他的聪明上司耳闻目睹了他的戒烟过程,从心底里认可他的意志力和坚持精神,决定委以重任。而这位仁兄的家人也喜出望外,不仅家里不再见云雾弥漫,而且此人每月省下的银子也相当于升了一级工资。

▶ 从挑战"不适"开始

生活上、职场上,我们都有这样的经历,总有那么一些人,我们认为比较另类,我们不愿意与他们交往,甚至不愿意与他们沟通。对待生活里的这一群人,我们也许还可以选择井水不犯河水,选择老死不相往来。但在职场上,很多时候我们没有选择,因为这"另类"人士很可能是我们的老板、我们的下属或者我们必须合作的关键跨部门人士,我们绕不过去。我们纵有百般不愿意,也要调动全身的积极能量与创意,或者改变自己一贯的沟通方式,或者折扣一下自己一贯的价值观,或者退让一下自己的容忍尺度。

总之,在不违反大原则的前提下,我们必须自觉、自愿地从自己的沟通交往舒适区走出来,尝试包容,尝试变通,尝试换位思考,尝试同理心思维。

也许,过一段时间后,我们会从最初的纠结不自在,变得长袖善舞、八面玲珑,我们也许会惊奇地发现自己内心其实有很多之前没有发掘的大气及宽容精神,而这种精神,恰恰是在职场路上愈走愈宽的尚方宝剑。

职场上，一个岗位干久了，轻车熟路，我们渐渐走入舒适区，任何变化都是对舒适区的干扰和破坏。

然而，职场上经常是计划赶不上变化的，我们刚想享受一下驾轻就熟的红利，新的状况出现了，可能是一个去异地的职场发展机会，可能是去和不熟的人做上下级，可能是去做之前碰都没有碰过的业务。这些新状况，都是机会，也都有风险。

"机遇与风险并存"的真正含义是，世界上没有零风险的机遇。"乱世出英雄"的真正隐喻是，我们未必喜欢的变化反而有可能把我们成就。

不妨在深思熟虑、权衡利弊后果断走出舒适区，欣然接受不确定性，甚至与风险热情相拥，挺身而出，承载压力，背负期望，勇往直前，哪怕走出舒适区的初始阶段需要我们格外用力，甚至忍辱负重。

总有一天，我们会从忐忑到坦然，从坦然到自然，一切都将瓜熟蒂落，水到渠成，只要我们真是那块料。那时，我们将会感谢自己当时果断走出舒适区的冒险而英明的决定。

▶ **理性克服心理上的懒惰**

行动来自思想。走出舒适区的一个重要推手，是勇于跳出固有思维的自我驱动力。

固有思维就是懒惰思想。我们的大脑深谙懒惰之道，经常向我们输送一堆貌似可信的理由，给我们释放"当下最安全"的自我麻痹剂。我想起了某著名企业家曾经说过的一段话：

当我骑自行车时，

别人说路途太远，

根本不可能到达目的地，

我没理，

半道上我换成小轿车；

当我开小轿车时，

别人说，

小伙子，

再往前开就是悬崖峭壁，

没路了，

我没理，

继续往前开，

开到悬崖峭壁我换飞机了，

结果我去到了任何我想去的地方。

这段话的中心思想是：只有跳出固有思维，敢想敢干，才能走向卓越。

固有思维是普通人的思维、大众化的思维，非创意思维。跳出固有思维，说到底是一种克服懒惰思想，积极主动寻找解决方案的正向态度，是一种笃信办法总比困难多的坚定信念。

就拿锻炼来说，很多职场人认为每天忙得像陀螺，都快累死了，锻炼？那只不过是个听起来很丰满，现实却很骨感的奢侈想法。今天人在旅途不方便，明天太过疲劳没力气，后天孩子病了要照顾，总之不是没有时间，就是没有精力。

即使这些理由都不存在，也有健身房离家太远、户外活动雾霾太大这些所谓的客观存在的其他借口。对秉承固有思维方式的思想懒人来说，定期锻炼这个听上去很美的计划，还真就因为上述原因被搁浅了。

然而总有那么些自律又肯动脑筋的人，在办公室里放双运动鞋，留个健身垫，在午休时间、加班空当，或者高抬腿原地跑，或者偷空练会儿瑜伽，积少成多，把碎片时间充分利用，锻炼工作两不误。

这算是生活在我们周围的、具体的、看得见摸得着的勇于克服思想懒惰，跳出固有思维并果断付诸实施的具体例子。

▶ 克服行动懒惰，考虑成熟后今天就行动

我身边有太多这样的好例子。闺密一诺自不必说，从生物学博士到光速成长为咨询公司合伙人，再到盖茨基金会中国掌门人，她哪一个跳跃不是离开舒适区的华丽转身？

另一好友，著名癌症科普作家，笔名为"菠萝"的李治中博士，是另外一个生动的例子。菠萝曾从服务多年的著名制药企业科研岗位辞职，离开面朝大海，四季都春暖花开的加州圣地亚哥，带着全家搬到上海，开始全职做儿童癌症公益。

朋友说他这个弯拐得有点猛，也就是说这个转身离他的舒适区有点远。我在敬佩的同时却并不意外。几年前因为儿子的治疗我与菠萝相识，一直以来与他接触，菠萝给我的印象就是三个字：行动派。

他孩子小，工作压力也不少，却在几年前自发做起了"向日葵儿童公益"，并写了无数篇"讲人话"的癌症科普文章。这些事儿需要想法，更需要自律的、不懈的行动，他做到了。他回国后，中国的癌症患儿家庭又多了一个希望。菠萝，是以实际行动走出舒适区、成功挑战自己的有情怀的科学家典范。

▶ 偶尔去舒适区待会儿，疗伤自愈

因为在舒适区可以懒散，可以休息，我们每个人都需要它。这就像我们每个人都需要休假放松，休假时找自己最愿意干的事儿，读书、旅游、狂吃滥睡，怎么开心怎么来，彻底放松后才能有继续再战的能量和力气。

且打拼的过程辛苦，不如意事十有八九，经常出现山重水复疑无路的情况，会心情低落，压力倍增。这个时候，去舒适区待一会很有必要，把紧绷的心理弹簧放松,把负面情绪释放归零,会让明天的下一个弹跳更高更远。

这里的关键词是:一会儿。只待"一会儿"是暂时放过自己,若长时间待在舒适区,会让自己习惯更多地把思维用在强化失败带来的挫伤感上,而害怕去尝试和再次成长。

当你越来越坚持自己的信念,走上一个又一个台阶时,你会发现,经历不适,挑战不适,最终战胜不适,你会得到巨大的满足感,你会发现自己原来有这么多你自己不知道的可挖掘潜力。毕竟,对一个要强的人来说,最痛苦的事不是失败,而是"本可以"。

面试官的"阴暗"心理，你知几分？

马不停蹄地忙了三个季度后，我于三天前的周末到纽约小憩。走在曼哈顿的摩天大楼中我与闺蜜"偶遇"，我们相约到意大利餐馆大快朵颐。鲜香美味的墨鱼汁蛤蜊意粉让我脑洞大开，善心大发，决定冒着心灵被偷窥的危险来泄点密。

这是玩笑话，真正激发我灵感的是，即使是周末，曼哈顿的摩天大楼中间，进出写字楼的红男绿女依旧如织。我当时想，哪一个进出曼哈顿写字楼的人不是过五关斩六将硬拼进去的，不知被面试蹂躏过多少次——希望我的泄密多少能给大家帮点忙。

之前我曾听到一个试图跳槽、结果没通过面试的童鞋表达困惑："真不知道面试官是咋想的，我觉得我和这份工作是绝配，结果面试后就没有然后了。"

这篇文章就说说这个话题：面试官在考核你的过程中心里到底想什么？我冒着心灵被偷窥的危险，来暴露一下面试官的"阴暗"心理和阳光心理。

简言之，"阴暗"心理就是：你若有掖着藏着的大缺点、大漏洞，我一定要揪出来，即使你是善于表演的"职业面霸"，我也要通过这短短的个把小时把你看透；阳光心理则真是很简单：我求贤若渴，花时间面试的目的就是为了找颗好"萝卜"填了这个坑，何为"好萝卜"？是不必完美，但却合适的那一颗。

▶ 简历是了解候选人的第一个突破口

一般来说，见面之前，面试官会提前拿出几分钟研究一下候选人的简历。既然仅仅只有几分钟的阅读时间，简历的条理清楚、脉络明晰就很重要。建议篇幅不要超过两页纸，把最重要的放在最前面。有经验的面试官会在读简历的过程中找漏洞，找问题入口，以便能够有的放矢地发问。

比如，若发现该候选人过去几次换工作多为平移，在同一公司里没有被逐步重用的经历，则面试官会想办法刨根问底，发掘一下是此人潜力有限，还是总是遇人不淑？两种情况都可能亮起红灯，会被重点探寻。

不少简历看起来从形式到内容都光鲜亮丽，这不奇怪，因为简历很多时候都是被美化、被包装过的，所以面试官在发问时很可能会多问简历之外的内容，多让对方举例说明。

比如，对方在简历中若声称自己策略性思考能力强，或跨部门协调能力强，面试官便会以此为突破口，让对方用具体案例说明详情。

再比如，若对方在一个岗位上工作了八年却无晋升，可以问 Ta 是什么原因。若原因讲得并无可疑之处，面试官会进一步发问是什么力量支撑着 Ta 对自己不变的工作坚持了八年，抗战都结束了却还能保持激情。这种问题，没有标准答案，考核的是对方的现场应变能力、快速思考能力及表达能力。

▶ 每个细节都在出卖你自己

面试的时候，面试官可以从很多细节中以小见大。

例如，候选人是否不请自坐，选择什么位置坐，面试中的身体语言等。

朋友给我讲过一则小故事,说有个主管喜欢在面试时放些小道具来考验候选人。此主管把一本封面颜色很抢眼的杂志(确保候选人能看到)放在候选人将被邀落座的椅子上,看对方的反应——

A先生不管三七二十一,看了一眼,一屁股坐在了杂志上。

B先生把杂志拿起放在了桌子上,然后落座。

C先生先问了一下面试官:"请问这是您的杂志吗?我该放哪儿?"得到答复后把杂志放到了桌子上才落座。

三位先生的三种表现代表了三种素养,显然C先生的表现最值得称道。

另外,若面试在会议室进行,候选人离开时是否会习惯性地清理纸杯、把椅子归位及随手关灯,这些都是貌似小儿科的事情,却又都是个人修养的小小晴雨表。虽不一定决定成败,却可以为一个人的总表现加分或减分。

在这个把小时的面试过程中,有意识地去关注细节,拿不准的话不说,拿不准的事不做,会减少你的犯错几率。

▶ 面试外的功夫:背景调查

对重要的位置所做的重要的雇佣决定,一般面试官会把面试外的功夫也做足,而背景调查是个重要工具。

面试官纵有万般机智神勇,也有可能在面试时误判或产生盲点,背景调查可以帮助纠错及排除盲点。靠谱的面试官往往有广阔的关系网络及良好的个人口碑,广阔的人际网络使他们可以找到人去询问,而良好的个人口碑可以使人愿意对他们说实话。

若几方面背景调查的反馈与面试时的观察大相径庭,有经验的面试官会格外小心,尤其是当某候选人在面试观察中几乎完美,而背景调查的反馈却很负面时。

在这种情况下,面试官可能会认为,此人也许善于作秀,却不一定善于做人及做事。而面试官若真的笃信自己的判断却又想核实某些第三方提供的信息,可能会进行二次面试,更加有的放矢地去挖掘一些深层次信息,再做判断。

所以,无论我们在哪个行业,圈子其实真不大,好人不一定美名远扬,恶人却一定臭名昭著。无论在职业生涯的什么阶段,建立好、保护好自己的个人品牌,是让自己越走越远、越飞越高的尚方宝剑。

▶ **很多面试官相信第六感觉**

在我看来,第六感觉是指不一定由具体事例引起,而更多的是接触之后形成的近乎抽象印象的总体感觉。比如"这人好像比较矫情"或"这人有些假",或"这人应该协调能力强"等。

有丰富阅人经验的面试官的第六感觉往往没错。面试中的双方缘分、第一印象和第六感觉占了一半以上的分数。

正因为此,不少有经验的管理者曾经说过,面试官在很短时间内做的雇佣决定经过事后的考验往往是正确的,这从另一侧面反映了没有纠结、没有疑问的第一印象和第六感觉,是多么重要。

有些时候,面试官面试过后反复纠结,拿不定主意,拿不准此人是否合适,这种情况下雇佣的人,往往可能会出问题。因为纠结、犹豫本身就说明此候选人有些说不出的不对劲。若在面试中这种不和谐就已暴露,日后难免会充分暴露并发酵升级。

之所以在这里要强调这个第六感觉,是为了让候选人把心放宽,因为一个面试是否成功,除了硬指标,很多时候取决于"眼缘"。面试你的人,往往也是日后工作中经常与你打交道的人,若不投缘,趁早别生闲气,过分指责自己。你既然不是人民币,就不可能人见人爱。此处不留人,自有留人处。收拾好心情,重新上路。

总结一下面试官的所谓小九九,其实也没啥神秘的,应对方式无非就是:简历写周全,不犯低级错误,平时做好人、做实事,建立好口碑,剩下的,交给缘分,顺其自然。

破解了面试官的部分心理密码后,可以相应地去做一些准备。要准备的东西太多,这里我根据自己的经验列出几个精华的、可能有用的方法,供大家参考——

● 多准备几个例子

例子是让简历生动起来的"催化剂"。最好的例子,是"一例多能"款的。也就是说,同样一个例子,可以通过不同的侧重点,反映你不同的能力和优点。如果有三四个这样的例子的话,不论面试官怎么问,你都可以把例子套上不同的卖点,把自己的优点突出出来。比方说,如果你去年在竞品市场份额占压倒性优势的情况下克服巨大困难,成功领导一个新产品上市了。

那么你拿这个例子,至少可以强调四个方面:

1. 你的不服输精神和强大韧性;
2. 你的策略性思考能力;
3. 你的跨部门协调领导力;
4. 你的卓越执行力。

● 别问明显的愚蠢问题

什么叫愚蠢问题?就是体现你明显没做过功课的问题。你去一个公司面试,你不能问人家公司的主要产品是什么,这是你面试前应该做熟的基本功课之一。此问题一出口,你就把自己出卖了:没做功课,这很难让人信服你对面试的位置真的有兴趣。关于可以问什么样的问题,请参考《你不可不知的 6 个面试潜规则》一文中的第三条潜规则。

● 把常规的非刁钻问题准备得炉火纯青

这些常规问题一箩筐,比如介绍一下你自己(麻烦你别去读简历,这是珍贵的二次推销自己的机会，用生动的例子说明自己是可以胜任此岗位的优秀人选）；再比如你为什么对这个岗位有兴趣（记住先说你能贡献什么，同时可以说这个岗位能给你带来什么挑战，别单纯说自己是来学习的，想清楚了：人家是雇你来干活的）；还比如你未来三五年的职业规划（这种高大上问题得略加小心，在不了解此机构组织架构和升迁路径的时候，不要贸然说我想升什么职位，因为如果你表达的期望值很高，面试官可能会觉得自己的庙太小，留不住你而把你拒之门外。你可以泛泛而谈，说自己将来对某个或者某两个部门有兴趣，如果有机会，希望能逐渐走上管理岗位去帮助、带动更多人）。

● 把简单的、自己可控的事情做好

面试如同相亲，第一印象很重要。你要至少赢得第一眼的缘分。"以貌取人"往往不会错得太离谱，这里的"貌"并不单指长相，而是指包括容貌、气质、着装、妆容等给人第一印象的综合外貌。容貌是爹妈给的，着装和妆容却可以做些功课，要努力让自己的外在优点最大化。

面试穿什么要根据所在领域的行规来定，如果拿不准，宁可着装正式，避免过多繁杂修饰，干净利索体现职业精神就很好。

面试的过程是阅人的过程。双方互阅。你提供给面试官一次考核你机会的同时，必须自己也得学点什么。即使失败，也需要知道自己可能是因为啥没成功。如果说失败限制了我们的想象力，那么比失败更可怕的是我们甘于失败。

试图破译面试官的问题，回顾面试过程，思考自己怎样可以答得更出彩，一次次的努力，会不断增加自己的筹码，有这种精卫填海般的执着后，成功可能会迟到，但早晚会来报到。

你不可不知的6个面试潜规则

春季,也是职场的春天。这不仅仅是因为年终奖到手后不少人想寻找新的挑战,而且因为很多公司在春节后都会启动年底获批的新人招聘。一方面,有员工想再攀高枝;另一方面,雇主们正好伸出橄榄枝,两方面的需求,促成了春天的职场悸动。

如果你通过了初轮的筛选,成功进入面试环节,那么恭喜,你已经跑赢了至少一半的潜在竞争对手。进入面试就等于进入了对方的意向圈子,你要做的,是力争出彩,脱颖而出。今天就讲讲你需要知道的面试潜规则。之所以说"潜",是因为教科书上不一定会白纸黑字地告诉你这些,但阅人无数后,我可以负责任地告诉你,这些不成文的规矩显然存在,知其然并知其所以然,或许可以增加你成功晋级的机会。

▶ **潜规则一:以貌取人多数情况下没错**

把自己收拾得像模像样很重要。对有经验的面试官来讲,以貌取人绝对不会错得太离谱。这里的"貌"并不单指长相,所以单纯的颜值不够高不会大伤元气,这里的"貌"是指包括容貌、妆容、气质、着装等给人第一印象的综合外貌。

很难想象一个外表邋遢的人做事能井井有条、干脆利索。你的着装从一定程度上反映了对这份工作的重视程度。着装不必隆重,但正装是最好的,你的着装折射了你的品位,你的做事作风、你对面试官的尊重和对这份工作的诚意。主动呈上名片也是你专业度的一个侧面体现,因为名片如个人商标,重视个人商标的人通常是工作上对自己有要求的上进者。

落实到具体细节,无论男女,选择保守的颜色比较安全。正装需要穿得多么隆重当然要看行业、看工作性质而定,尊重行规就好,但是通常来说,男士最好着衬衫西装,女士着裙装更显庄重。装扮要以简单明快为主调,切忌用力过猛。

我曾有过一次经历,面试了一位婀娜多姿的女性,耳环戒指多彩纷呈,偌大的项链胸前晃荡,厚厚的浓妆反而掩盖了她的天生丽质。从我见到她第一眼起,我已经打定主意让她出局。因为我知道即使她资历再好,我们的客户和这样装扮的人是不会有共同语言的。

▶ 潜规则二:有没有经验不是最重要的

无论什么职位,面试的人群无非两类,一类是没做过此类工作的,一类是对这个职位有过类似经验的。两种人各有利弊。没经验的人,需要学习,但可能在培训过程中走的弯路会少些,就好比一张白纸写起来,无干扰无框框。有经验的可能上手快些,但有可能由于新职位对Ta来说缺乏新意而欠激情。了解了面试官的这种想法,去面试时,你应在这方面做足功课。

若你是没此类工作经验的,要列数你过往的哪些经验对此工作是有益的,哪些技能是可转移的。比如你原来是做零售的,这回来应聘客服经理位置,你虽然没有客服经验,但你可以说你善于揣摩客户心理,会想客户之所想,在回答热线电话时,会更容易与顾客对接,这是客服经理必须有的素质。如果你是有经验的,就要告诉面试官你应聘的这个位置哪些地方对你来说是充满新意的,为什么这些新意对你来说很重要。

比如你原来是在一家中型企业做一种抗生素药物市场推广的,现在来应聘一家大型药企的抗感染市场部经理位置,就可以从以下几个方面去说这个新意：

1. 大型药企给你提供比中型企业更高的眼界和更多的培训机会；

2. 这家大型药企的产品线更加丰富,抗感染产品就有五个,你做推广时可针对不同医生群体和病患群体做出更多战略性推广计划；

3. 大型药企的医生及病患培训项目让你觉得很有吸引力,你设计的市场推广和教育项目可以直接延伸到一线病人。

▶ 潜规则三：一定得准备几个问题对面试官发问

这充分体现了你对这份工作的重视和向往。问的问题要有些含金量,这要求候选人提前对这个公司、这个职位,甚至未来的老板做点研究,只有做好功课,问的问题才能有的放矢,给自己加分。问题的好坏没有一定之规,但是尽量选取具体的问题,与未来这份工作或者与面试官直接相关的问题,切忌问假大空问题,那就成了为了问而问,会让人觉得你不接地气。

我遇到过一个有备而来的候选人。他问我："我做过分析,结合您刚才给我的介绍,我觉得这个位置对沟通的要求有两方面：一方面是与外部高端客户的沟通；一方面是对贵司内部几个部门,特别是销售和市场部的沟通。内外客户需求是不一样的,传达的关键信息也应是不一样的。可否请您分享一下您对我在这方面的期望值？"寥寥数语,有点有面,有抽象有具体,在诚恳请教的同时不失时机地表现了自己的分析能力,这样的问题是经过精心准备、适当包装的加分题。

▶ 潜规则四：务必对自己的薄弱环节有所准备

谁都有软肋，都怕人戳中。其实，准备好了就不怕。今天列举几个常见的容易被面试官挑刺儿的问题，请准备好答案——

第一，在同一岗位多年都没有被提拔。你可能会被问到为什么晋升机会从来没落到你的头上，或者，是什么力量支撑你对同一份工作坚持了八年，抗战都结束了，你还能保持热情吗？

第二，频繁跳槽者。职场"跳蚤"是很多面试官不喜欢的，你要把跳槽的具体原因讲清楚，得能够自圆其说，让人相信你正在面试的这份工作是你严肃考虑后的意向，而不是短期的一个跳板，是打算长期在此发展的。

第三，涉猎面太广，啥都干过，啥都不精的"万金油"。在职场上，还是很讲究术业有专攻的，如果你面面俱到，就好像总在跑龙套，难以上升，也很容易给人造成你不知道自己擅长什么的印象。

每个人的短板各不相同，没有标准答案，但要根据自己的情况讲出令人信服的理由和解释。

▶ 潜规则五：很多面试官提的问题并没有标准答案

面试中，往往有一半甚至以上的问题没有二选一的答案，问你问题的初衷并非想看你是否给出了正确的答案，而更多的是考核你的情景假设、逻辑推理和综合分析能力。就像有的咨询公司面试中出现一个房间能装得下多少块方糖这种在现实中永远不会真正遇到的问题，其实这考核的就是在一个大问题出现的时候从何处入手的问题。

这个问题其实有几个答案，没绝对的对错。我给一个答案，供大家参考：假定一个房间长 10 m、宽 10 m、高 3 m，那么它的体积就是 $10 \times 10 \times 3 = 300$ m³，一块方糖假定是 5 cm 见方，那么一块方糖的体积就是 $0.05 \times 0.05 \times 0.05 = 0.000\,125$ m³，那么 $300 \div 0.000\,125$ 的答案就是这个房间最多可以放下的方糖数。如果房间有门又有窗，还要根据门窗凹凸情况适当添减。你看，先做假设，再测量已知条件，然后推理运算，最后得出通常的结论，还不忘加上特殊情况下的可能偏差。最后要多少块方糖这个答案已经不重要了，关键是我们合理地给出了得到结论的过程，并展示了自己严谨的思维。

面试官的问题可谓五花八门，你很难百分之百地准备充分，保险的办法是准备几个案例，在不同的场景下套用，比方说你最自豪的一件事，你经过的最大的挑战以及你是怎样克服的，准备例子时遵照 STAR（situation，task，action and results）原则，简短说明背景、任务、行动方案和结果。有例子会更显真实，更让人印象深刻。

▶ 潜规则六：视频面试注意扬长避短

现在越来越多的面试采用视频的形式。视频面试可以把你的弱点放大，比如眼镜片反光、脸盘显得过大，面部的皱纹及青春痘容易显现；镜头如果不到位，有时会显得面部稍有变形；有时网络不给力，声音会滞后等。但是视频也可以帮助我们藏拙，比如可以把因为紧张而容易忘的要点放在桌子上，随时看一眼；因为不在现场，紧张的情绪也不容易暴露；不善于使用身体语言的同学也不必太担心，因为对方的视觉窗口有限等。

做好下面几点可以有助你把视频面试效果优化：

首先，一定要提前做技术测试。如果视频链接是对方提供的而无法提前演练，那么就一定要提前找人和你做个 FaceTime 测试，至少知道你的脸型在和镜头的什么距离下最佳，一般情况下要与镜头间距稍远，距离产生美是有道理的,要让对方见到你的整个上身,而不是只显示你的"大头"。

第二,要找好最佳位置和灯光,避免任何繁杂的背景,白墙最好。

第三,有时视频的声音与画面不是完全同步的,建议你语速放慢,确保对方听清楚。

第四,在开始面试时就和对方商议好万一视频出现技术问题的备选方案,比如互留电话号码等。

面试是个双方智慧火花碰撞的全方位沟通过程。做足功课、充分准备是关键,抱着认真、执着的信念,在现场不卑不亢,以自己的职业精神赢得对方的尊重和认可。通过阅读别人,发掘自己的优劣势,历练自己的判断力,何乐而不为。若有幸碰上高明者,棋逢对手,进行一场高技术含量的对话,不论之后是否有幸共事,至少在这场谈话中可以收获对方的智慧。

面试,是别人给你的免费进修机会。面试一回,总结一次,学习一把,把自己提高一个段位。得之,我幸;不得,我命。

面试,是成功路上的补习课,坚持学习的人,全世界都会为 Ta 让路。

揭秘面试6大陷阱问题，帮你绕过那些经典"坑"

前一篇讲了"你不可不知的6个面试潜规则"，这一篇讲点面试现场的干货，说说面试中常见的容易掉坑的陷阱题及可供参考的应对答案。之所以不叫"正确"答案，是因为很多答案并非唯一，也没有对错，回答时若能避开常见陷阱，巧妙强化优势，弱化短板，就是聪明答案。

▶ 你为啥想离开现在的公司，到外面看机会？

面试官真正想探究的，是你的离职原因是否可疑，你是否是在现在的岗位混不下去了才不得不寻找下家。

参考答案：第一，人往高处走，这个机会对我来说是升职，我在现在的公司也有升职机会，但如果外在机会就在眼前，我当然愿意争取。这样说，不卑不亢，双向选择，内外机会，先到先得。

第二，我对自己有职业规划，在我的职业生涯中，一定要有一段在大公司工作的经历（如果你面试的公司相对于你的现公司是大公司的话）。从小公司到大公司，职务相同则相当于提拔，我愿意把在小公司学到的实践经验和快节奏带到大公司来做贡献，同时我自己也会得以开阔眼界。

第三，这个新机会可以让我带团队或者带更大的团队，这是我领导力旅途中的一步跨越，我相信我的潜质，希望早日得以发挥。

总之，回答这类问题是要聚焦于积极正向的方面，例如更好的机会、更大的团队，我可以更好地贡献，注意避免以任何形式的贬低现公司、现老板以及现在团队,即使面试官朝那方面去诱导,也不要上当,看下面一条。

▶ 评价一下你的现任老板

面试官真正想考查的是,你是否和老板关系良好。如果你现在和老板关系不佳,即使主要是你老板的问题,也是个值得警惕的红灯,因为一个巴掌从来拍不响。

参考答案:如果你的现老板是你很欣赏的那种,回答这个问题很容易。之所以会成为难题,很可能是因为你觉得现任老板不咋的,你想离开现公司,其实是想离开现老板。但即使这样,如果面试官不逼问,请你只聚焦于现任老板的优点。

如果面试官一定要让你说现任老板值得改进的方面,你还是坚持避而不谈的话,既不现实也显得不诚恳。你要从积极正向的方面讲起,比方说我从老板身上学到了策略性思考,大局观念以及结果导向的思维模式。我还想学到的是大原则和小通融之间的平衡以及把握好大方向与合理授权之间平衡的技巧。当你这样说的时候,你起始于肯定,同时通过"我还想学到"的委婉口气,间接带出了可能这后面两条未必是你现老板的最强项。

在评价别人弱点时,永远不做个人攻击,永远不用强烈字眼,同时总是加上一句,这只是我的个人观察,我的判断也未必百分之百的准确,这样给别人的印象是你是在做客观评价。

▶ 你的缺点是什么?

面试官真正要考查的,是你的自我认知、你的诚恳度,以及你身上有没有对目前这个机会的致命硬伤。

这里有两个要点要牢记：第一是避免明显地借着说缺点实则给自己贴金。我曾经面试过一位名校 MBA，在回答我这个问题时她说了一个缺点："我只关心下属的工作，不关心他们的生活和家人。"而另一位同学给我的答案是："我有点工作狂，生活与工作的平衡掌握得不好。"

此类回答在我看来真不诚恳，这哪里是缺点，分明是在炫耀自己努力工作嘛！各位，哪怕这些真的是你的缺点，请你藏好掖好，因为这样的答案给人感觉上的副作用太大，以至于你可能被"判处死刑立即执行"，而无缘这份梦想中的工作。

第二是需要明确了解现在这个机会最需要的素质，你提供的缺点，不要正好是对方最需要的素质。例如，市场部经理这个位置最需要的素质之一是策略性思考，而你过往接到的反馈是这恰是你的弱项。如果你真想通过拿下这个机会挑战自己，更好地学习提升的话，那你就一定要把这一项缺点藏好，找别的缺点说，否则面试官通常不会愿意冒这么大的风险，把这个位置给你。

▶ **你在同一岗位干了八年，为何无缘晋升机会？**

面试官真正的顾虑是：你可能能力有限，别人不看好的人，我为啥要接盘？

你也许真的能力有限，但你还是想要这个机会不是吗？你要巧妙地淡化对方的顾虑。你要让 Ta 明白，你拥有八年经验，而不是一个经验用了八年。

可以考虑套用以下几种情况：第一，我对这份工作一直很有热情和成就感，一直认真投身工作，为自己想得少。我现在意识到机会不会从天上掉下来，需要自己争取，是时候为自己的提升考虑了，所以我开始积极地寻找机会了。

第二，我现在的公司一直是扁平化组织架构，提升机会有限，这也是我想寻找外面机会的重要原因之一。

第三，我从事的工作，性质上比较讲究持续性，公司需要我在这个岗位上发挥专长。在发光发热多年之后，我觉得是时候涉猎更广泛的领域了，我在公司内和公司外同时找机会，我会择优决定。

以上几个答案都是把公司利益放在第一位，并且是在陈述事实（架构扁平，讲究持续性），不针对人，没有抱怨，让人听起来比较客观。

▶ 你过往频繁跳槽，是什么原因？

这是个挺棘手的问题，没人喜欢"职场跳蚤"，没有哪个老板喜欢你从事一份工作的主要目的是给下一份工作提供跳板。你的关注点是要让对方放心，跳蚤模式已经是过去式，我现在在做长期打算。可以从以下几个方面考虑——

第一，如果过往每次跳槽都是升职，那你可以说：我比较幸运，业绩一直不错，所以在每一个岗位时都有外在机会很快找到我头上，而且每个机会都好得让我难以拒绝，现在我已经上升到了一定的阶段，是时候考虑稳扎稳打，用时间来证明我的领导力和影响力，所以我决定在这个机会上至少干两三年。

第二，如果你的频繁跳槽发生在职业初期，可以说初入职场，我想探索一下自己的热情和才能在哪个方面，在不同的公司工作给我提供了不同的选择，我认为我现在找到了真爱的领域，贵司的位置正好属于该领域，我决定朝这个方面长期发展。

第三，频繁跳槽的确给我提供了诸多快速上升机会，但是现在我也意识到了它的副作用。比如在每个公司的根基都不够深，所以我决定在现在这个机会上深耕，为自己在这个公司赢得更持久的品牌。

以上三种说法的好处是，你强调频繁跳槽的确给你带来了好机会，而且是因为你的表现不错，机会才会找上你，同时你也有不错的自我认知,因为你意识到,随着阅历加深,是时候精耕细作了。

▶ 你啥都干过,你的兴趣和长处究竟在哪里?

面试官的顾虑在于,你是不是啥都不精的万金油啊?你的回答要针对对方的痛点,强调你既是知识面广的通才,又是某个方面有专攻的专才。

你可以考虑这三种说法:第一,我在此领域从事过多个方面的工作,例如市场、集团销售、零售、研发、技术支持和渠道管理。这给我提供了在这个领域深耕的全方位知识和眼界,在这个过程中,我发现我最精专的是渠道管理,而这正好和现在的这个机会契合度很高。

第二,强调你的表现一贯是干一行爱一行、专一行精一行,并举例说明。你涉猎广泛其实是你最大的优点,变对方的疑心为你的卖点,可能会改变对方"面广必不精"的偏见,这里的关键是你从事的每一个领域都有实例来证明你的优秀表现。

第三,找几个背景广泛的通才成功案例,说明他们成功的一个关键因素就是经验广泛,你想以他们为榜样,你相信通才基础上的专才,可以对公司贡献巨大。

希望这些例子起到了抛砖引玉、帮助你拓宽思路的作用。把最困难的几个重量级问题准备得胸有成竹后,到了真正面试时,你的信心会支撑你的发挥水平。如果碰巧问题并不难,你更有可能发挥得游刃有余,收放自如。

需要说明的是,很多面试官在面试的时候偏好跟着感觉走,根据谈话的上下文随机扔出你可能没有准备的问题。在这种情况下,即便面试官问的是表面听上去具有挑战性的问题,你要做的,是本着正向思维的原则,把事情的积极面挖掘出来、展现出来,对事对人不刻薄,不妄下结论,同时承认你自己的看法未必百分之百的正确。这样显示出你的成熟、谦逊、公正和客观。

每次面试都是一场演出，千万别相信自己可以不经彩排就直奔现场直播。对困难问题的充分准备，会提升你的积极情绪，会构建你发自内心的自信气质。

职场空降兵成功生存的8大黄金法则

新春伊始,年终奖落袋为安之后,不少职场人士开始思考新的职业发展机会。关于跳槽前后的重要考虑,我在《想跳槽吗?且慢,看完这篇再跳不迟》中已经详细解释过。

这一篇是后续篇。如果成功跳槽到新单位,或成功地在同一公司获得跨部门发展的机会,即成为空降兵该咋办。

既然空降,安全落地生存下来是第一要务,先谋生存,后求发展。不幸的是,因水土不服而壮烈牺牲的职场空降兵不在少数。

本着人往高处走的原则,跳槽的时候,很可能是从非管理岗位晋升到管理岗位。所以本文讲的都是空降领导的例子,然而,这些道理无论对基层一线领导、资深领导还是普通员工,都有参考价值。

我喜欢用再婚理论来形象地诠释空降兵。想象一个场景:一个离异女子嫁给带着一帮孩子的新丈夫,打算与新丈夫共同经营这个新家。这里有几个关键角色:离异女子好比空降兵,她的前夫家好比空降兵的原公司;新丈夫好比新公司的老板;那群孩子好比空降兵将面对的新下属,新丈夫的兄弟姐妹好比空降兵的平级同僚,而新丈夫大家庭的七大姑八大姨好比新公司的跨部门同事及领导。

我们来看看这出戏该怎么演。

《中国式结婚》这部戏中有一句话我一直很欣赏:嫁给了一个人,其实是嫁给这个人社会关系的总和。初嫁入门,与新丈夫家庭成员互相赢得认同感是这桩婚姻成功的第一关键因素。与新丈夫处理好关系,挑战不大,至少不是最大的。因为你是新丈夫的选择,于情于理新丈夫都会对你施以关心、爱护及理解。比较有难度的是与新丈夫的孩子的相处以及与新丈夫兄弟姐妹的信任建立。

先讲一个成功案例。

女子A,进入新家庭后,自己虽然工作很忙,挣钱不多,然而拿出大部分业余时间操持家务,给孩子们辅导功课、调理饮食。有点节余,宁可自己不添置衣服,也要给孩子们买学习用品,买衣服鞋帽。

A经常问丈夫孩子们的喜好脾气、饮食习惯,并让丈夫反馈自己哪里还可以做得更好,可以与孩子们更拉近距离。A还经常与丈夫的兄弟姐妹长辈们走动,带着真诚、带着热情,与长辈嘘寒问暖拉家常,与平辈礼尚往来寻找共同兴趣点。短短几个月的磨合期里,A已经有效地消除了孩子们的戒心,赢得了丈夫家人上下左右的好感。

丈夫自然以A为荣,对A更加关爱有加,良性循环由此开始。

再讲一个不成功的案例。

女子B,高调进入新家庭,以女主人身份开始准备重整河山。她先把家里的格局布置按自己的喜好重新调整,她看到孩子们衣冠不整、吃相不佳后,决定对孩子们立规矩,定了几准几不准,让孩子们限期改正,口口声声说是帮孩子们培养良好习惯。但孩子们颇不适应,偶有反弹,时不时提一下亲生母亲慈爱、宽容的种种好处,这让B觉得尤为刺耳,反驳孩子们:"现在是我当家,要按我的规矩办事。"

B又跑到丈夫那里去倾诉不满:"没想到这帮孩子这么难管,若按我以前的规矩,早就惩罚他们了,我已看着你的面子忍了又忍,都是你和你前妻惯的毛病!"做丈夫的哪里听得进去这些,孩子都是自己的好。心想,我的孩子们在邻里中一直都是楷模,怎么你这人一进门他们就变成了面目全非的熊孩子了,一来二去,丈夫开始质疑自己选择B是否正确。

如此,在初始磨合阶段已产生了信任劫持,后继的关系修补将面临重重挑战。

上面两个例子经常在职场空降兵身上出演。公平地说,空降兵的初衷基本都是好的:早出成绩,快出成绩,证明自己,报答老板的知遇之恩。然而,因具体做法欠妥当,往往陷入事与愿违的窘境。

空降兵在空降初始阶段有四大忌,要有认知并尽力避免——

▶ 忌抱怨

抱怨无非来自现实与期望值之间的差距,比如应聘时被告知接手的是个优秀团队,结果发现接了个烂摊子;比如上岗前听说平级同僚关系简单,结果发现帮派意识严重,有欺生行为;比如一直以为新公司规章制度严明清晰,照规矩做事即可,结果发现部门之间官僚主义严重,沟通成本极高等。

应该说职场上和生活里一样,让人喜出望外的事太少,信息不对称的情况居多,所以,上述状况基本属于常态。空降兵要做的第一件事即把心态放平,深入一线了解第一手真实情况并研究解决方案,多看少说,没有把握之前绝不轻易指点江山,避免"瞎指挥"状况。

▶ 忌急于改变

即使是在同一单位发生职位的改变,也至少需要九十天时间去学习、去适应。如果是从别的单位空降,所需时间可能更长。因为了解公司文化、熟络人际关系都是慢热型的功夫活儿。也许你接的真的是个烂摊子,也许你将面临的问题真不少。

但请先不要急于有大动作。按兵不动一秀城府,二秀度量。可以对表现差的人提要求,而且是明确要求,给 Ta 机会,也许这个"落后分子"能借着换老板的功夫转下风水,会加倍努力,创造出奇迹。空降兵到来时,周围人,尤其是下属,通常都是先观望,揣摩来者的风格、脾气,测试其底线。

此时空降兵不急于改变的稳健作风会给观望的人创造心理上的暂时安全感，在这种安全感的环境下，更容易提升配合度。而作为空降兵，最需要的是下属的配合。有了配合，才谈得上凝聚力，有了凝聚力，才有可能创赢。

▶ 忌恋旧情结

恋旧情结杀伤力很强，可以以多种方式表现，有时当事人自己都意识不到。比如有的空降兵口头语是"我以前公司是怎么怎么做的"。要记住，既然你是空降兵，要适应新公司风格的是你，不可能让新公司适应你的风格，这种无意的恋旧表现会让新公司的人心里不舒服，别人会很自然地反驳："你的前公司那么好，你干吗还离职加入我们公司？"可以做的是，慢慢地把前公司的一些合理做法以建议的方式低调渗透到新公司，假如行得通，自然会获得认可与推广。

恋旧情结的另一个表现是空降不久即呼朋唤友，把原公司人马招呼到新团队。这样做副作用太大，一是显得你露怯，领导不了新人，只能靠旧人壮胆；二是给团队成员二等公民的感觉。即使你表面公正，也很难让人信服你心里是没有亲疏之分的。

▶ 忌与老板"高调秀爱"

老板既然招你进来，一定是认可你的，你不必昭告天下。有的空降兵，喜欢有意无意地显摆老板对 Ta 的信任与厚爱，这既把老板置于不利之地，还会触犯众怒，使平级同僚联手群起而攻之。

凡是喜欢显摆的人，往往是内心缺乏安全感和成熟度的人，反而容易成为别人欺生的目标，踏踏实实把真功夫用在打开工作局面上，才既是给领导脸上贴金（证明 Ta 招了你是英明决定），又是为自己赢得个人品牌的好机会。

说完了四忌，再来看看四要。

下面这些技巧可以帮助空降兵快速制胜——

▶ 做几个投入小产出不小、快速见效的小成绩

利用招你来的领导希望你成功的心态，借 Ta 之力，弄几个点睛之笔。赢得同事认可，巩固领导的信任。如果你加入的是新的单位，可以动用一些之前的私人关系，比如可以请你的媒体朋友帮忙，给团队的某个市场活动做宣传；可以用自己兄弟姐妹的关系，帮助团队搞一场别开生面的团队建设活动；还可以请领导在背后敲边鼓，用自己擅长的跨部门沟通能力，用自己是新人这个理由作出一副无辜姿态，推动解决一个多年未决的扯皮问题等。

▶ 尽快建立工作中常用的关系网

尤其需要与分管于同一个领导的平级们迅速建立友谊，以行动打消大家对"外来的和尚好念经"的顾虑和妒忌。这里的关键是要有谦恭的态度。偶尔合乎时宜的自黑也无伤大雅。这有助于帮助大家放下警戒，帮助你快速融入圈子，这是王道。

▶ 与直线领导保持热线沟通

你需要熟悉新领导的期望值、沟通方式和工作作风。我建议和领导达成共识，在入职后的头两个月至少每周沟通一次，第三四个月至少每两周沟通一次，四个月之后再视情况来决定沟通频率。初始的三个

月是建立信任的关键窗口期,一定要拿出足够的精力去和领导沟通,确保你的方向是正确的,你对领导的理解没有跑偏,避免无用功。

▶ **多观察,少说话,寻找关键人物**

空降初期是学习的过程,少说话,没人把你当哑巴,大家反而可能会觉得你是深藏不露。多观察,是指多看周围人的做事方式,通过会议发言来鉴定谁是主要决策者,谁是分量重的人,开始考虑未来的某个项目,谁可能是主要的支持者,谁可能是有利益冲突的拦路虎等。

信息经过收集,动脑处理后再付诸行动,你的成功率会大增。而这,在你空降初期,对培养自信和争取对你持观望态度的人的支持至关重要,不可搞砸。

选择了做空降兵,就同时选择了不确定性。若一切顺利,那你真幸运,祝你永远顺风顺水,虽然你我都很清楚,这几乎是不可能的极小概率事件;若碰上钉子,这才是常态。

空降的职场体验里,既有贴心的温暖,也有刺骨的寒冷,职场上有一门必修课叫作"接受",我们改变可以改变的,接受不可以改变的。更何况,等到你成长起来的那一天,那些原来不可改变的,也会因为你愈来愈大的影响力而成为可以改变的,那不是很美好的一件事情嘛!

请相信,所有的努力都将被真诚回馈,只是时间早晚问题。

人间 **职** 得

滚蛋吧！压力君

写这篇文章时，正值我在现在的公司服务八周年纪念日，我荣幸地接到了一位高管同事送来的贺信。同时，他请我去给他的团队讲讲初级管理者如何更好地作充分准备，为将来做更多的管理工作打好基础。他自嘲说："我在员工大会上讲的他们都听腻了，请你自拟主题，讲点吸引眼球的话题。"几乎没用什么思考，我说："讲讲如何减压吧！"他马上回答："我们真是心有灵犀一点通！"（他的英文原文是：Bingo! We always click!）

我经常看到、听到一线的基层员工对做管理工作充满憧憬及渴望，我欣赏和鼓励这种奋斗精神和上进意识的同时，总是善意地提醒他们："你对你将要承受的压力做好准备了吗？如果晋升是职场的一个跨越，那压力也是伴之而来的特殊礼遇。能否实现升职后的华丽转身，很大程度上取决于你对可预见及不可预见的压力是否有化解的能力。"

其实，生活中何尝不是如此呢？压力是个狡猾的家伙，它有时由突发事件引起，有时由多个小事件积累发酵而生，有时无形，有时有形。当我们感觉到它的存在的时候，它已经霸道地控制了我们的情感，让我们不安、烦躁甚至抑郁，我们被无辜地裹挟甚至绑架了。

自我们出生起，压力便开始陪伴左右：从小就要赢在起跑线——进入好的幼儿园才能进入好小学，才能进入好中学、好大学，得到好工作，赚得好收入，找到高大上的伴侣，才能让下一代有好爹好妈可以拼。这说法虽世俗，却也是不争的事实，至少现在是。

既然我们此生注定要与压力、焦虑为伍，何不破解一下它的密码呢？即使做不到如励志文章中所说的化压力为动力,至少可以尝试"兵来将挡,水来土掩"。结合我工作这么多年的经验,我总结了以下对我挺管用的几招,大家也许可以一试。这些招数排名不分先后,适者为上。

▶ *招数一：找个真正懂你的人倾诉*

这里的关键词是"真正懂你"。"真正懂你"的底线是此人不会害你,最好此人是全心全意爱护你的。

这个人需要根据自己的阅历和判断力去定义、去寻找,可以是家人,可以是朋友,可以是闺蜜,可以是哥们,可以是红颜知己,可以是青衫之交。但选择异性朋友作为倾诉对象时要审慎,方式审慎,言辞审慎,避免让对方产生错觉,以为你还要索取释放压力之外的情感满足。除非你想以此倾诉为试探,来检测你们是否有可能走向浪漫关系。

倾诉的宗旨是,找到合适听众,释放压力,而不一定是寻求解决方案。很多时候,苦水倒出来了,压力就被赶跑了一大半。真正懂你的人,知道什么时候站在你的立场上和你同仇敌忾,什么时候站在对方的立场上对你进行批判,纠正你的自我认知,指出你正在遭受的压力根本就是自己造成的。所谓知己难寻,生命中有两三个这样可托付的挚友,是我们的一大幸事。

▶ *招数二：运动*

很多人都会认同运动是减压良策这个说法。研究表明,运动可以改变神经反馈中的物质基础,运动产生的积极躯体疲劳可以抵消和驱赶压力感。

运动靠的是坚持的力量,因为坚持而达到了目标,会产生正向满足感,这种正能量可以抵御压力产生的负能量。所以说压力在运动这种积极的休息面前,也不得不示弱甚至败下阵来。

▶ 招数三:与酒结良缘

如果你有一点酒量,你会同意"酒桌上可以释放压力"这说法。酒精用对了,可以是个好东西。约三两知己,大口吃肉,大碗喝酒,大声骂娘……酣畅淋漓,午夜时分,酒醒之后,不快之事已经随着下酒菜逃遁无形,你就又是一条好汉。

这个体会,来自我在哈佛大学工作时的老板的耳濡目染。他是位性格有点古怪而心地善良的老学究,我是他团队唯一的女性和唯一的亚洲人,那时我刚到美国,对酒知之甚少,他经常不吝赐教,教了我好多奇怪的酒名字。他经常召集团队的人到他家里小酌,声称此为"周末减压运动",他对我说:"培养对酒的感情要从烈性酒开始",他的至爱是马天尼,是一种用伏特加或杜松子酒与味美思酒兑成的烈性鸡尾酒。

我经常陪他喝,喝了酒的他话会多一些,讲他的越战情结,讲他的加州姻缘,讲他的哈佛奋斗史。他是语言表达大师,平平淡淡的一件事,常被他渲染得起伏跌宕,那种游刃有余里面,一定有酒的功劳。每每道别时,我们总是诚挚地感谢他,他却总是回谢道:"谢谢你们陪我喝酒,你们是我最好的压力出口。"

想想也是,他当了十年哈佛大学的生物系主任,在那个位置上,学术上要争先,政治上要争宠,压力无处不在,危机时时潜伏,他不减压怎么活!我从老板身上学了这招,偶尔使用,非常灵验。而且,我还做了延伸,有时与同事谈话,我选择下班后去公司的酒吧,借助酒精的功力,双方都能放松,都能说出真实想法,这种谈话不仅轻松接地气,而且往往因为心理距离被拉近而富有成果。

▶ *招数四：到舒适区待一会*

这里的关键词是让自己心理上舒适。让自己舒展、减负，充充电，逃避一段时间，没准儿回来时，导致你巨大压力的那事儿已经发生了变化或根本不复存在了，那你不就赚了？我经常劝朋友一定要定期找空去休休假，休假的时候找自己最愿意干的事儿。读书也好，旅游也罢，狂吃滥睡，通宵游戏，怎么开心怎么来。

还记得我当年刚到美国的时候，独自一人，在离主校园两小时车程的偏远实验室，方圆百里地都没个中餐馆让我打打牙祭。语言关、开车关、孤独关、学业压力关、发表文章关，都竖在我面前，挑战没商量。新环境蜜月期一过，压力逐渐膨胀，我意识到这样下去我要变成压力的奴隶。

于是通过千万里之外的朋友牵线，我联系上了主校园的几个相似专业的同学，一回生二回熟，我在最短的时间内学会了开车，每个周末单程两小时去那个小集体释放压力。因为看到了希望，尽管每个周一到周五要累死累活做实验，我也觉得轻松就在几天后，形成了心理正循环。这个办法被我一直使用，压力大时，放过自己是有效的积蓄能量、充电再战的方法。

▶ *招数五：穷尽罗列法*

压力很多时候源于自己想不开，钻进了牛角尖，越想路越窄，负面情绪越堆越多。选择独处静思，让自己彻底地在牛角尖里逛个够，不失为以毒攻毒的方法，彻底的孤独往往与彻底的思考为伴。

想想手头上的这烂事能坏到什么程度，必要的时候，借助笔把此事不同严重程度的进展会导致的不同后果一一罗列出来，并逐条列出可能的应对方法。这种"穷尽罗列法"的思考方式可以指引着你从牛角尖里一步步走出来。写完之后,你会发现,事情没你想象的那么坏,世界末日没有来。

▶ 招数六:选择休息

很多时候,压力是由过度疲劳引起的。这就好比我们的身体天生都有免疫力,而过劳时免疫力下降疾病就会侵袭而来一样。我们每个人对压力其实也有天然免疫力,但当疲劳指数太高时,身体的处理危机能力则变得迟钝,压力便以排山倒海之势袭来。

这时,选择休息,通过充电来再生压力应对能力是明智之举。睡一大觉多数时候是很有效的,若因压力导致失眠,偶尔用点助眠药绝无大碍,休息好,把自己的电充满格才能恢复力气去对付压力。

▶ 招数七:暂时泻火法

我们需要承认的是,不管我们多么有风度,多么心地善良,这世界上总有丑恶,总有不良公民不断挑战我们的底线。如果我们一味地忍让,对自己太不公平!职场上也不乏这样的人。对付这种负能量的关键是不能感情用事,但是在找出根治的办法之前,我们此时此刻的愤怒需要有个地方着陆。

举个例子,你的一个同事,始终视你不顺眼,故意找茬把你激怒了,你打算启动系统方案解决问题。但是,在气头上时,为了让你自己感觉好受一点,可以写个邮件,拣最狠的话说,把惹你生气的对方骂得体无完肤、一无是处,获得暂时的精神胜利。这个邮件请你暂存放在草稿箱,搁置二十四小时。几乎百分之百,隔天再看时,你会一笑了之。决定不发出去,存起来给自己当教材。你还可能会自嘲:若前一天真把那泄愤的邮件发出去,多失风度!不过在彼时彼刻,此举可以帮助你暂时制怒、转嫁压力、释放情绪垃圾。

说了这么多减压的办法,希望有一款适合你。我们必须想开点,我们不是在所有的时候都有选择。有的时候我们必须与压力和平相处,握手言和。

自己若不勇敢,谁会替你坚强?我们还必须现实些,哪有没有压力的工作?钱多、事少、离家近的活儿从来都很罕见,这是个硬邦邦的事实。职业上行的过程本身就是培养抗压能力的过程,经历了,熬出来了,才能达到"世界虽峥嵘,我心自淡定"的从容境界。

情绪银行理财秘笈

我们每个人的情绪好比银行,快乐的正面情绪好比去银行存钱,不开心的负面情绪好比去银行取钱,让自己这个小银行丰盈的秘诀有两个:一是多存钱,也就是多制造快乐;二是少取钱,也就是减少让不如意干扰快乐的机会,这个过程叫管理快乐。不论是生活中,还是职场上,有效管理快乐,可以大大提高自己的幸福指数。

银行管理的精髓是把存款收益最大化,用到情绪管理上,情绪银行管得好,快乐可以利滚利,可以复制、放大。管得不好,快乐会缩水,会打折、消失。

▶ 如何加速让银行里的钱增多

有两个办法:增加存款和加速生息。增加存款即制造快乐,快乐是可以制造的,心态阳光的高手们尤其擅长于此。

最简单的快乐制造是怀揣一颗感恩的心。我们生活的世界从来就不是顺理成章的,我们职场上的任何一点成绩从来都不仅仅是与自己的努力成正比的,我们的生命中总有大小贵人有意无意地帮助过我们、点拨过我们,即使没有贵人,周围的同僚至少没有坏我们的好事,应对他们心怀感恩,这样,我们无形中便组建了一个团队,帮助我们打造下一步的成功。从此,走向成功的路上我们将不再孤单,成功的路上有人自愿助力,这是多么让人快乐的美事一桩!

心怀感恩还有一个正向作用就是让你适时知足,知足则常乐。毕竟,没有人有责任、有义务帮助我们,这不是天经地义的。人家帮了,我们知足,我们感恩,下回人家还愿意帮。时时感恩,既是"滴水之恩当涌泉相报"的逻辑使然,也是维持自己快乐,制造更多快乐的阳光心态使然。

职场上有个准则,感恩别人要大声说出来。我们取得了些许成绩,在合适的公开场合,对提供过帮助的人公开表扬,让提供帮助的人的上司知晓,把功劳分给帮助你的人,只会让一个功劳变成两个,不会让你的功劳变成半个。这个道理貌似从数学上讲不通,但是生活和职场逻辑不是简单粗暴的加减乘除。这种"自己获益,别人有面"的无本万利的事要多做,多多益善!

▶ 加速生息的办法

加速生息是指利用多个渠道使快乐保持增长。传递快乐可以把快乐感放大,产生复利。有了进步、有了成就分享给家人和真正的朋友,一个快乐就变成了多个快乐,真心希望你好的家人和挚友们往往会给你会心的微笑、真诚的鼓励和通往下一个成功的建议,你便承载着新的正能量,向下一个成功进发。

如此良性循环,你会惊奇地发现,成功的路上,"我要成功"的自我驱动力固然最重要,来自你真心在乎的人的鼓励、认可是制造下一个快乐的有力助推器。

这里多说一句,要努力把"前任"放到分享工作成就的朋友行列,只要Ta之前提拔栽培过你,你都算是Ta的终生徒弟,你小有成绩时的分享,不仅体现了你的感恩之心,而且也是一种优雅的保持联系的方式。毕竟,老板们都喜欢被挂念,特别是当这种挂念是与好消息联系在一起时。

生活是公平的,快乐与不如意好似孪生兄弟,总是形影不离。一件小小的不如意，可以摧毁其他9件高兴事带来的欣喜与快感，这就是有人要从你的情绪银行提钱了，问题是很多时候我们都未必准确地知道这个提款人是谁，Ta就那么不请自来，有时甚至霸道地把我们的情绪全面裹挟。

我们要做的是"保护存款"。保护快乐，减少负面情绪的侵略是快乐管理的主旋律。如果不如意因素来自外部，把它想象成你的情绪资本中的不良资产。我们都是聪明人，投资的时候，要适时剥离不良资产，因不如意事产生的垃圾情绪，我们需要当断则断，剥离人生这个阶段的不良资产，哪怕你需挥泪放手，也绝不含恨持有。因为它会是毒瘤，吞噬你来之不易、苦心经营的快乐资本。快乐是脆弱的，经不起几番不良情绪的折腾。

▷ 如何面对负面情绪

道理从大的方面讲，人人都明白，实践起来却并不容易。其实掰开了揉碎了想一想，负面情绪各种烦恼从何而来？

无非三种可能：第一是自己的事没有朝着期望的方向发展，或者说弄砸了；第二是我们其实没有啥立场干涉别人的事，别人不听或者听得不彻底也让我们生气（这里的别人包括子女和父母）；第三是我们操心、担忧那些根本无法掌控的事儿。

这样想透了，至少我们可以从心里淡化这第二和第三的可能，从行动上"去重点"化，然后边缘化，真正把目光聚焦在自己身上，拿出勇气，去改变可以改变的；放过自己，接受不能改变的。当然，辨别哪些是可以改变的、哪些是不可以改变的，需要经验，需要我们在跌跟头中成长学习。假以时日，我们将越来越能智慧地去明辨。

对付负面情绪最好的办法是防患于未然，或者是在它刚刚开始抬头时把它消灭在萌芽状态。可以尝试以下几种简单可行的做法——

第一,穿能让自己提起精神的衣服,表面功夫做好,能给自己积极的心理暗示。

第二,多靠近正能量的人,远离那些经常抱怨、经常情绪低落的被负面情绪主宰的人。

有的人,属祥林嫂型,自己遭遇些许不如意,逢人便唉声叹气,好似非得下决心把别人的同情心、同理心磨没了;还有的人,自己生活得不好,看别人过得不错,言谈中不无嫉妒地非得挑出点别人的所谓短板,这些人,自带负能量,具有恶性传染力,我们敬而远之为好。

第三,规律性犒赏自己,让小小仪式感带来自我满足的心理需求。

无论生活或者工作,小有成绩时,花点钱,做让自己高兴的事,买东西、旅游、大吃大喝一顿,诸如此类,让每个小小里程碑都有痕迹、有记忆,会增加幸福感,抵消随时可能出现的消极因素。

第四,坚持锻炼,认真休息,保持健康。

身体不舒服,给负面情绪提供了绝佳的土壤和借口。研究证明,负面情绪是有物质基础的,尊重身体信号,不把自己玩命地"人尽其用",是可持续快乐的基础和本钱。

第五,及时寻求帮助,给压力提供出口,让情绪释放。

当负面情绪不能及时表达释放时,各种压力会存在身体内,引发身体的毛病。这些貌似是躯体症状,实则是"精神问题躯体化"。胃被称为第二大脑,很多胃病其实是负面情绪积累造成的表面症状。找合适的人适度倾诉,找个没人的地方大哭一场,寻求医学上的帮助,都是帮助自己走出负面情绪阴影的可行办法。

当你心里找不出让自己快乐起来的理由,或者你有明确的理由不快乐的时候,有个方法可以试试,那就是"假装快乐"一会儿,直到你真正快乐起来。

这一招,我在自己身上验证,屡试不爽。当一件糟糕事袭来,我们情绪低至冰点,要让冰融化,可寻找外力烧把火帮自己升温,但是你往往会发现,在那个时间节点,你连找人的情绪都没有,更好的办法是提取一点自己的热量,把心结上的冰温暖一下,热化一下,这种暂时的情绪预支就是一种假装快乐。

假装快乐可以有很多形式,可以是上微信上发个笑话,坐等微友们点赞;可以是给快过生日的朋友买个礼物,给对方传递过去一份惊喜。做了这些事,你会收获一些朋友自发的注意力,这些注意力会帮自己驱散心情的雾霾。你会发现几小时或者几天之后,你已走出冰点,世界末日并没有发生,这点透支挺值得。

负面情绪虽然可能是不速之客,但是用何种心态面对却是我们自己的选择。负面的东西解决好了可能就转化成了机会,即使解决不了,吃了亏、总结了教训也是日后的财富。有这种积极正向心态的人是会管理快乐的人,是情智两商都高的人。智商多天生,情商却可历练、培养。

从格局层面上讲,快乐应该是生活和职场的主旋律,它来之不易,需要经营,需要管理,需要深刻理解,需要精心弹奏。从功利角度上讲,好情绪具有强大的传染力和遗传力,都说咱们生活在"拼爹拼妈"的时代,那就至少锻炼一下自己的情绪管理能力,让孩子能从咱们身上继承一点良好基因。

从今天起,努力笑对世界,做快乐银行的行长。因为只有自己快乐,全世界才会对你微笑。

负面情绪来袭,要智取

焦虑、紧张、愤怒、沮丧、悲伤、痛苦,你是否曾经历过以上任何一种情绪?反正我有,而且我猜你一定也有,只是程度轻重而已。

上面说的6种情绪是常见的负面情绪。我写这篇文章时正值年初,年初是个几多欢喜几多愁的时段。多数的升职加薪、职称评定等都发生在年初。

如果是好消息自不必说,你自可以偷着乐;若事不遂愿,负面情绪可能会滋生,甚至会泛滥,会排山倒海般袭来。更不消说在外地打拼的朋友返乡探亲时,经济压力、催婚恐惧症等一并席卷。

今天咱就接招,把负面情绪掰开了、揉碎了,看看怎样有效对付它。说到底,咱是情绪的主人,不是它的奴隶,不能被它控制了对吧。

就像即使再健康的人也会偶尔生病一样,负面情绪是我们生活中的不速之客,时不时会造访。有病治病;有负面情绪,我们兵来将挡水来土掩,接住那些凌厉招儿。

▶ **有效调整心态**

● 降低自己本来可能就不切实际的期望值

很多时候,负面情绪来自心理落差。心理落差就是心理预期与现实结果之间的差距,是个简单的减法。心理落差越大,负面情绪越高。也就是说,减少心理落差,可以降低负面情绪。而心理落差怎样计算呢?可以按下面这个很简单的减法公式:心理落差=心理预期-现实结果。

根据减法原理，若想使心理落差变小，可以用两个办法实现。

办法一是提高减数，也就是提高现实结果，而我们都知道现实结果属于不可控因素，咱若真能控制现实结果的话，就没有烦恼了。

那就剩下办法二，降低心理预期这个被减数，这是个完全主观的因素。

心理预期是你自己对某件事情的期望值，这个事情，你可能部分可控，例如考试成绩，多努力可能会考得好；也可能完全不可控，例如中大奖。

无论可控不可控，告诉自己放低期望值，这样的话出现意外惊喜的可能性就会大大增加，负面情绪就将无容身之地。多数时候，高期望值是因为高估了自己，调整期望值其实也是对自我认知的历练。

顺便说一句，对完全不可控的事情抱有期望是一种巨婴心态、赌徒心态或无能者心态，你自己对某件事无能为力，完全指望外界因素，让那件你特别希望发生的事情发生，天下哪有这么大的馅饼，你不失望谁失望？

● 用感恩清单来帮助你发扬阿Q精神

阿Q精神是有效的精神胜利法。即使在你心情最低落的时候，你也一定能找出让你高兴、让你欣慰、让你感恩的事情。

写一个感恩清单，就好像下面这样的：

我有一个好身体，四十好几跑全马还能取得不错的成绩；

我父母就在身边；

我老板信任我，即使我搞砸了，他也会支持我；

我太太工作不错，即使我今天丢了饭碗，家庭也不至于陷入危机……

感恩清单会帮助你重温已经得到的，而减轻去对暂时失去的那些东西耿耿于怀的冲动。其实，几个月后回头看看，多数时候，你会发现：导致你心情低落的那些事儿都不算事儿了。

感恩清单在那时那刻的作用,就是让你去找个理由为自己找回心理平衡。生活本身就是多维的,"塞翁失马焉知非福"这个说法是古人的千年智慧,我们也该适时借用。

▶ **给负能量一个出口**

● 找合适的人倾诉

这个合适的人必须是安全听众,也就是和你没有利益冲突的能真正懂你的人。如果你的负面情绪是因职场引起的,最好不要选择同事当你的听众,免得你事后后悔。

在职场总有利益瓜葛,今天没有可能明天有,负面情绪这种事难免牵扯到某事某人。你无从知道你倾诉的同事和某事、某人是否有千丝万缕的联系,更无从知道你倾诉的同事真正站在哪一边。所以,这个合适的人最好是真正爱护你的职场导师或是与你日常工作离得较远的朋友或职场能人。

很多时候,倾诉只是为了释放压力,并不一定是要找个什么方案出来,你只是需要个情绪垃圾桶去把垃圾情绪倒掉,免得它在体内持续发酵而生成毒素。

有人愿意充当你的垃圾桶,请怀抱感恩心态,同时换位思考,请克制地占用对方的时间和精力,不要轻易地、无所顾忌地随便"巨量倒垃圾"。

● 写心情日记,把坏情绪付诸笔端

在焦虑、烦躁、愤怒的时候可以借笔一用,对最烦扰你的那件事探根寻源,将它倾倒出来。同时把自己对这件事情后果的担忧如数写出来。这个心情日记是写给自己看的,所以不用管逻辑,不用图文采,想到哪里就写到哪里,脏话可以说,骂娘也没问题。这是一种释放负面情绪的途径。

通过写心情日记，你会发现，它提供压力出口的同时，也让你发现你所经历的事情没有你想象的那么糟，先前是因为你钻了牛角尖儿，而把路越想越窄。

写心情日记的过程变成了理性思考的过程，你发现自己其实并未真正落到穷途末路的地步。解铃还需系铃人，写心情日记就是尝试自己给自己解扣。

▶ **主动出击，向负面情绪发起进攻**

● 做一件能给自己带来正能量的事

负面情绪是负能量，它把你的情绪带到冰点。你需要找到一件能带给你正能量的事儿来中和负面情绪带来的负能量。这个"事儿"，因人而异，无关功利，能让自己开心就行。

可以简单到去喝一杯暖心的饮料，请半天假去看场电影，抑或花些钱买件心仪已久却一直不舍得买的东西，要不就放下减肥包袱，狂吃一顿美食，不差钱的同志还可以来一场说走就走的旅行。爱谁谁！先把自己的情绪指数从负值拉升到零以上再说。

负面情绪让你焦躁，让你不适，那么反其道而行，去舒适区待一会儿可能会给你正能量。舒适区就是能让你把紧绷的弦儿放松的地方，快乐老家是个选择，短暂休假的暂时逃避也是对自己的呵护，这些都是为自己充电、获取正能量的可行办法。其中有各种选择，只要适合你，都是最佳选择。

● 让身体放松，精神就会放过自己

许多时候，当我们过于疲惫时，身体开始变得迟钝、开始不听使唤甚至罢工，想做的事因为身体跟不上、力所不能及而做不好，你会对自己心生不满，这给负面情绪提供了绝佳的土壤。可以给身体一点喘息复原的时间，身体舒服了，心情自然会转好。

每个人都有让身体放松的独特办法。有人选择运动,运动可以通过积极的躯体疲劳来改变神经反馈,从而改善抑郁、烦躁这些负面情绪。

同时,运动还给人达到目标的满足感,也算是一种正能量,如上文中第一条所说,负能量因此被抵消。有人也会选择喝点酒,让紧绷的神经放松,有好友作陪则更佳。

酒逢知己千杯少,情绪下脚料在推杯换盏中也就顺便被处理了。也有人干脆选择葛优躺,怎么舒服怎么来,让筋骨放松,让肌肉休息,让全身每个细胞都放假!这也算是彻底放过自己、积蓄能量、充电再战的好办法。

- 远离携带负能量的毒性人

如果你是一个容易受周边环境影响的人,那么请你提高警惕性和免疫力,对你身边的人做好甄别。有一种人,惯性释放负能量,是一种精神污染源。这种人,生活中有之,职场上亦有之。请敬而远之。他们或怨声载道,或愤世嫉俗,或叹世道不公,或怨生不逢时。总之全世界都欠他们的。

和他们谈话,你如入死胡同般毫无成果和收获;心情低落时,你若找他们分享,他们比你更偏激,让你盲点更大、心情更糟。我们需要带上一双慧眼,识别和远离这种毒性人。这种人本身未必是坏人,但刻薄和偏激真的不是心情低落的你所需要的。

- 让自己的快乐源多元化

这是个需要长期修炼的任务。快乐来源多元化和投资多元化是一个道理。投资的时候,我们讲究"不能把所有的鸡蛋放在一个篮子里",而要对股票、债券、房产、保险作均衡投入,这样的话,东方不亮西方亮,即使一项投资收益受损,还有其他几项来起缓冲作用,保证你的投资大局不崩盘。

同样的道理,无论在生活中还是职场上,我们需要发掘多个让自己快乐起来的渠道。得空时可以画一个快乐图谱，也就是勾画出什么因素能让你快乐。

可以参照下面的因素：朋友贴心，父母健康，孩子出息，工作顺心，投资成功，薪水中上游，个人口碑好，旅游通，孩子升学通，关系网密集，有力挺的上司和下属，配偶对自己的工作支持，外语好，有同事缘等。

列出这些快乐源因素之后，再对各项快乐源所需的投入进行打分，对产出投入比高的优先投入时间和精力，把它们作为核心快乐圈，其他的作为外围圈。如同用心投资一样，用心培植快乐源。假以时日，你会发现，你不会再轻易地为一件糟心事就坏了心情，因为你还有那么多其他的好事让你的心情得以缓冲。

说了这么多对付负面情绪的办法，供大家参考，拍砖也欢迎。如能给大家一点启发，也算我这四个小时的字没白码。

其实，我更想说的是，对付负面情绪，不必时时用力过猛。就如同有时感冒不吃药，过个七天也会自然痊愈一样，相信身体的自愈力，只要真正有勇气与负面情绪握手言和，它是打不倒你的。

祝大家每天都怀揣童话，忘掉不堪，自带阳光，随时灿烂。

比兴趣和热爱更重要的

经常听到有人说,自己职场不成功,是因为从事的工作不是自己喜欢的。潜台词是:如果找到自己喜欢的事儿,Ta 一定能做好。叫我说,这种人是被某些毒鸡汤灌多了,把兴趣爱好片面夸大,拿来做自己不长进的借口。

诚然,人生最幸福的事儿之一是维持生计的工作恰是自己所热爱。既开心又挣钱,何等惬意。然而,理想固然可以很丰满,现实却往往很骨感。

"做我所爱"这等任性是需要职业资本的。在尚未到达此高度之前,尝试去"爱我所做"不仅更接地气,还可以挖掘出自己前所未知的潜能。同时,当你做到一定段位,你会赢得更多的选择权,选择去做自己真正有兴趣和热爱的事情。

与其去浪费时间空想那个连自己都不知道在哪儿的所谓能发挥自己最长板的热爱的事业,不如先做起来。著名高科技公司"脸书"(Facebook)有句口号叫 Doing is better than perfect,如果说做自己热爱的事是 Perfect,那先做起来就是 Doing。显然,Doing 比 Perfect 更接地气。

那么怎么使自己保持持续的动力去做那些未必是最喜欢的事儿呢?

▶ 承认"做我所爱"是理想状态,而非常态

之所以说"做我所爱"是理想状态,至少有以下两个原因——

● 原因之一是很多时候你没有选择

特别是在职业初期,说得接地气一点,追到梦想的前提是生活有保障。没有饭票,谈何花哨！在人生的某个阶段,特别是初级阶段,你有你喜欢的事业,你喜欢的事业却不一定喜欢你！你需要去打开许多别的门先挣饭票,而积累资本去开启那扇最终你想打开的门。用两个例子说明。

例一,20世纪八九十年代出国的人,当然也包括我在内,都有体会。那时出国难度很大,很多学子在出国专业的选择上比较被动,往往把哪个专业容易出国放在对哪个专业更有兴趣前。因为如果我们感兴趣的专业如果是热门专业的话,也可能是他国本土学生的首选,和他们竞争,我们的机会就少了。而先选择非热门专业,出了国门之后,通过学习、通过见识、通过朋友,逐渐积累选择权,再去做自己有兴趣的事情。如果一味让兴趣当道,硬挤热门的话,当初很多人恐怕永远踏不出国门。

例二,我经常听有的职场人说喜欢做管理工作,也就是"管人"的工作。一步做到管理工作的几率是小之又小的,几乎所有人都要从基层做起,从"被人管"做起。我经常和员工说：想做管理者最短的捷径是做一个好员工,把自己的工作做得出色,自己优秀了,才有可能去领着别人优秀。

● 原因之二是兴趣是变化的、是动态的

很多时候,特别是年轻的时候,以为自己热爱某个事业,而事实往往是因为有距离所以产生美。一旦让你朝九晚五,以此为生,你的兴趣可能逃跑得很快。

我认识一位女士,在一家中型公司做中层,收入不错。她热爱跳舞,也热心教朋友的孩子们跳舞。她觉得日日上班时间上没有灵活性,想辞职去专职教跳舞,给自己打工。我劝她慎重,我说："反正孩子们主要是周末有时间,你何不先尝试用周末教跳舞,这样试试生意模式,也确认一下自己确实愿意做这个事。"她听了我的劝，先用周末的时间，兼职做舞蹈教练。结果干了三个月之后就放弃了。

她的原话是："专职当舞蹈教练真不是我的菜。"我细问后得知，她没有想到的是：第一，当舞蹈老师要与许多难缠的家长打交道；第二，因为她没有拿过重量级大奖，所以课时费有限，如果全职做，肯定收入不如现在；第三，开班可不仅仅是上课那么简单，要想把名声做出去，需要经常带孩子们出去参加各项比赛，还要搞关系、拿名次，她不愿意当孩子王又不善于去走关系，嫌太复杂……还好，她当初没有一时冲动辞职了事。

▶ 有些"我所不爱"之事是必须做的

我自己就是个例子。中学时，我自恃数、理、化、语文、英语全线优秀，对历史因为没兴趣，所以不重视，对它的关注仅仅停留在死记硬背、应付考试上，虽然分数不低，却从来没有用心记忆与消化其中的内容。成年以后，特别是做了管理工作之后，终于明白历史知识不仅必要，而且重要，于是花好多功夫通过读书、旅游、请教专家、逛博物馆来恶补，得来的碎片化感性认识多多少少使我的历史知识逐渐连贯起来，但还是感觉远不如当年系统性用心学习的效率高。

我经常感慨，年少不更事，其实并不知自己兴趣在哪，或者说当时没有体会到，即使没兴趣的事，对将来也可能很重要，也得下功夫。若只跟着兴趣走，可能有些知识将成为你的终生短板。

在职场上也一样，很多单位都提供岗位轮转的机会。这样有助于员工培养自己的全面能力。即使你的最长板、最大兴趣点是销售，也可以花些时间去钻研物流市场、财务这些方面的知识，即使你对这些部门没啥兴趣，寻求在这些岗位锻炼的机会，逼自己走出舒适区(参见《舒适区舒服，却不是该常待的地方》一文)不仅会提高你的全局观，增强你策略性思考的能力,还会使自己的履历更丰满立体,毕竟我们所处的时代需要的是"一专多能零缺陷"的全能人才。

▶ **及时并有形的自我激励很有效**

在从"爱我所做"向"做我所爱"进发的旅途中,会有挫折、岔道这些客观存在的困难;也会有自我怀疑、委屈、愤怒这些主观的负面情绪。在这个过程中,仅凭阿Q精神坚持不下去,必须有实打实的激励机制。说白了,让自己的努力得到回报。有的时候,你所在的单位有这样的激励系统,但毕竟外界的激励可遇不可求。所以,很多时候激励要靠自己。

有效激励需要及时并可见。激励内容务必是自己喜欢的。这样的规律性重复刺激就像给自己打鸡血一样,能获得持续的动力,在很多时候,与是否喜欢做那件事已经关系不大了。

我有个保持多年的习惯:每当工作上发生里程碑事件时,就去买个像样的东西鼓励自己,期许未来。这是我在二十多年前听了香港女友的随意一说之后立下的小规矩,逐渐成了小迷信。她说位于新起点时,花点钱有好运。于是我在博士在读期间第一篇论文在国际期刊发表时,花费六十九美金(这在当时对我来说是一笔巨款)买了个用了二十年的钱包,几年前才退役。我十多年前第一次当总经理时,买了新秀丽的行李箱,今天还在用。后来再次担当重任时,添置了品牌的米色风衣,至今经典。

这样的例子,在过去十年,又发生过好多次。回头琢磨当年女友那句话,花点钱会有好运有什么根据吗?其实无非是投入钱财买了开心,好心情就是生产力,花钱买了激励,简单如此。让对自己的犒赏经常陪伴左右,时时提醒自己:努力就有结果,自我驱动力就这样变得可持续了。

▶ 和追求上进的人在一起，让微环境推着你走

追求上进的人多数有些相似，那就是永不安分，不怕折腾。追求上进如他们，如果已经在做自己所爱的事情了，会去探索更多的自己所爱，或者把所爱的事业做得更大更强；如果他们还处在寻找真爱的路上，也一定有一些小窍门把他们维持在高能区。

和这些人为伍，你会近朱者赤，让自己置身于持续成长的环境中，有自我驱动力和外界微环境两股力量推动你进步。

话说回来，优秀的人是有圈子的，不是你想进就能进的。你必须自己不差，才能进入初级的优秀圈子，再随着自己的升级，进入更高级的优秀圈子。

关键的关键，是这些高人会帮助你发现自己的长板，找到自己真正的兴趣所在，给出中肯靠谱的建议，让你在"做我所爱"的路上步伐更快，走得更远。

我们都听过"不要给人生设限"这句话。这句话有道理。从某种意义上说，过于单一的兴趣和爱好，也是在给自己的人生设限。

兴趣和爱好是非常主观的心理暗示，如果一味地跟着兴趣走，被爱好驱使，在容易迸发激情的同时，也有阻挡人生多种可能性的风险。所以，应该把兴趣和爱好当成终生的探索。一直走在路上，看不够的，是沿途的所有风景。

送你一碗去油腻的清澈鸡汤

这篇文章的开头先分享个我专栏文下面令我捧腹的读者留言。

一个读者说:"一直以为邢军是一个逻辑满分的大叔,没想到是一个超气质的姐姐。"这件事咱得好好说说。先道个歉,爹妈给我起了性别标记不明显(或者说反向标记)的名字,让大家误解了。再说"超气质"这事儿,自从 2015 年流行"主要看气质"这句话以来,满大街就把"气质"这一词滥用到和"隔壁老王"一样,差不多俯首皆是了,所以这词儿不算褒义词。姐姐这称呼受用,虽然暴露年龄,但也基本属实,估计我比这位读者年龄大的几率是百分之二百。所以,容我奉上迟到的握手。

我自写专栏以来,四个半月时间,弹指一挥间。二十个周六的晚上,在规定的时间(晚上 9 点到 12 点),规定的地点(我的书桌),专心于每周二发布的专栏写作。

说来惭愧,本人当所谓"文人"多年,却从来没有过专属于自己的正儿八经的书桌。家里书房最好的位置,永远都让给公子们,从台面到椅子到采光都无比讲究。光线要能够保护眼睛,椅子要足够柔软,高度要不高不矮正合适,书读得咋样尚不知,各款读书硬件先朝着一流看齐。

我自己,读书无数卷,文字千百万,却从未想给自己整个有模有样的书桌。厨房角落那张小小写字台算是我每天晚上和周末花时间最多的地方,那就是我的朴素书桌。那个小角落,是美国人通常用来拆信和付账单用的小台面,被我小才大用,成了全能工作台。

回想这么多年,多数时候,我的所谓"写字的地方"通常都是在厨房边。这大概与我经常一心多用有关。厨房往往是家里的中心,肚皮填饱吃好,肠胃不抱怨,则天下太平。我这个家庭女警,经常一边工作一边或者身体力行或者发号施令地给家人准备各色美味;也经常一边拿着听筒开电话会,一边捣鼓点健康美食安抚疲劳的夜间大脑;更多的时候,晚上笔耕不辍,需要休息,我会顺手整理下垃圾,擦干净灶台,热杯豆浆牛奶,再顺手抓上红枣、枸杞、桂圆、糯米放进定时高压锅,静候其几小时后自动启动,次日的豪华早餐也不过是如此方便的举手之劳。

小小的几尺长的书桌,无数重要的电子邮件从这里飞向远方,千百万的草稿从这里变成铅字。儿子的成绩单,家里的各款账单税表,通通从这里流水线般被审阅处理。简单实用的几个抽屉,文具、支票、邮票、零钱、信封、胶带一应俱全,信手拈来。最大的好处是它的枫木质地,原木色调,耐脏且不怕磕碰。即使我这主人时不时犯懒癌,也不会轻易露馅。

自从有了"职场邢动力"专栏的承诺,每周六的晚上九点,我会和书桌亲密相对。我构思素材的时候,一边想象着厨房那边慢炖快炒,一碗一盘的人间烟火,一边在厨房这边精雕细琢,一字一句的职场春秋,把苟且与诗和远方糅在一起,加工处理,就烹制出了每周一篇三千多字的文章。我家可爱的汪星人瑞斯,总是贴心地陪伴左右,小家伙让我的文字多了一些温度。

我家的汪星人瑞斯,是我们两年多前从动物庇护所接回来的,我的"小三儿"(三儿子)。

必须承认,面对"奴隶社会"公众号的精英读者,我颇有些诚惶诚恐,既受人之托,则必全力以赴。以拨云见雾、剥壳见笋为宗旨,谢绝所有油腻废话,争取做到干货当道,直奔职场热点和痛点。

每周一篇,挑战的确不小。且不说从今年起,我在工作上的管理职责加大,白天晚上工作时间几乎没余闲,单说家庭义务,也在持续加码中。我家老大,今年面临升大学。专栏开篇之时,他正处于水深火热的大学申请准备阶段,我也跟着共同焦虑,家里时而鸡飞狗跳。然而,办法总比困难多,我还是坚持着写下来了,而且还会继续写下去。今天碰巧看到朋友分享的一篇文章,题目叫作"惜命的最好方式不是养生而是折腾自己"。虽然我对这种说法不尽赞同,然而我认可适度的折腾是对生命的另类尊重,人的成长过程,就是在貌似不可能中,给自己去逐步加码的过程。得寸后考虑进尺,其实我们每个人都有不小的弹性和韧劲,不挖掘不知道,一旦自我挑战成功,成就感和自信心都会上个台阶。

感谢所有认识的朋友和不认识的读者的阅读、鼓励、转发、批评和建议。感谢一诺的无条件信任;感谢费腾和志芳两位编辑经常不眠不休,配合我的疯狂节奏;感谢我的两位密友,默默地做无名英雄,自愿每周末当第一读者,给出中肯犀利的各种建议。专栏文章系列虽然费时费力,但是这些文字,让我觉得时间和精力花得很值,我自己至少在以下三个方面有收获——

第一,把体会去其糟粕取其精华,把经验系统化。

这么多年,既当领导又做下属,纵横两轴的零散经验比比皆是,掉过坑也摔过跤,好在咱还不算笨,从吃过的亏中,归纳总结,总有些东西可以提炼,总有些东西可以透过现象看本质,透过皮毛看精髓。幸运的是,俺从小被爹娘教育,说"得语文者得天下",虽然一直学理科,但积累了一点文字功底,用理科的逻辑把脑子里的那点料用文科的方式汇诸笔端文字化,倒也是件愉悦的事儿。下笔的过程也是一个自我批评的过程。因为要写出来给那么多人看,必须倒逼自己去把那些我平常自以为正确的东西再思考一遍,世上虽没有完美的理论,但是经过三思的东西,通常可信性会大一些。

第二,对教育孩子有用。

我的两个孩子都处于青春期,一个十八岁,即将进入大学,一个十四岁,即将步入高中。受我父母的影响,我一直努力去做孩子们的导师。写专栏的过程中,我家老大经历了申请、面试几个阶段,他承受焦虑，收获喜悦，也做出抉择，这些亦是他将来职场会面临的挑战。我用专栏文章中的一些道理，陪伴他走过了这人生中最重要的章节之一。无论是时间管理（《8条干货让你的时间翻倍》），还是面试准备（《你不可不知的6个面试潜规则》《揭秘面试6大陷阱问题，帮你绕过那些经典"坑"》），抑或是正确缓解压力（《滚蛋吧，压力君！》），这些文章，都从侧面给儿子提供了一些帮助。

能被极难取悦的零零后接受，我这个当妈的有点受宠若惊，准备继续和天下许多自愿"犯贱"的父母一样，追着他成长的脚步，奉上岁月为我们打磨出的智慧。这，算是超出我预期的额外收获。

第三，可以帮我偷偷懒。

因为平时的积累和专栏的归纳，我应邀在公司内外的论坛中做职场、管理，或者领导力之类的演讲时，我的准备工作变得相对容易。因为原料早已被预先炮制，拿起一个应景的话题延伸出去，可以洋洋洒洒脱稿讲上几十分钟，只是将中文变成英文而已。有时，同事或朋友找我商讨职场问题，因为有专栏的系列文章，很多问题的讨论也变得更有条理，更有效率，更加有的放矢。所以，在留言里致谢的朋友们，真的不用客气，因为我自己也是，而且首先是专栏文章的获益者。

我的四篇文章成为"10万+"爆款文，它们是：《8条干货让你的时间翻倍》《这个原则，让你在职场如鱼得水》《对付小人和负能量的5个有效招数》《你不可不知的6个面试潜规则》。这四篇最受欢迎的文章有个共性，就是戳到了生活和职场的热点或者痛点：熟谙规则抓住机会，时间管理事半功倍，灵活处事把握有度，提高警惕保护自己……

如果说这四篇文章有些许联系的话，大概可以这样归纳：通过解读规则，把机会收获囊中；再通过有效利用时间，拿捏原则，把事情处理妥当，同时，支好警觉的天线，保护好胜利果实。若此，职场顺利，人生开挂。

你的人生世界杯怎样巧妙晋级？

在职业经理人不断奋斗晋级的过程中，职业选择是需要持续考虑的重要问题。

在不同的职业阶段考虑的重点不同。初入职场时，因为经验、资历、眼界都有限，所谓的选择很多时候是机会挑你而非你挑机会的"被动选择"。羽翼渐丰后，职业选择的主动权将逐渐回到自己手中，这时你的进阶思考以及在后续职业发展过程中持续不断的反思，至关重要。

职业的选择包括对领域、行业、公司以及老板的选择，是否能做对这四个自宏观至微观的选择，直接决定了你在职业发展的路上能走多远。职业的选择还包括在不同人生阶段对职业的前瞻性眼光，这会深远影响你的幸福指数。

这里先做两个小小的声明。一是下面例子中关于领域、行业的定义不是按照严格定义来的，而仅仅是在本文职业选择的语境下的粗犷定义，若不准确请大家不要较真。第二，因为我个人的工作一直与健康领域有关，所以这方面的例子举得多一些，绝对没有小看其他行业的意思。正相反，我对新兴的领域充满憧憬和敬畏，不敢班门弄斧。

▶ **对领域、行业、公司以及老板的选择**

我们先来看看领域和专业。

领域特指专业方向，例如健康、信息技术、金融，这些都是典型的职业领域。行业是在领域下一层面的略加细分的亚领域，例如，健康领域下面包括制药、医疗器械、诊断、生命科学等诸多行业，而信息技术领域下面包括移动通信、云计算、软件等行业。领域与行业的划分并不是非黑即白的精准科学分类，在这里强调领域与行业的概念是因为在职业选择时，选择领域大方向，选择有前景的行业非常重要。并不是所有的领域都有同样的生命周期，也不是同一领域里的所有行业都有着同样的光辉前景。

比如，三十年前恐怕很难有人能预测到胶卷行业会因为智能手机的兴起而遭遇灭顶之灾，十年前我们大概也想不到今天微信居然如此霸道地渗透到了我们生活的每个细枝末节，如今在早市摆摊的大妈都要求微信支付。职场人需要凭着职场智慧以及通过咨询资深人士，来确保自己着陆于"正确的"领域及行业。

领域的选择很多时候受制于自己的专业。比如，学医的人比较容易进入健康领域，而学电脑的人进入信息技术领域则更水到渠成。但这并不是绝对的，比如，学生物信息学的人可以轻松地游走在健康与信息技术两大领域中并可做出进一步选择，而学药学的人除了可以在健康领域发挥特长外，也完全有可能在金融领域中的某些特定行业，例如在专做制药行业风险投资的投资银行行业找到立足之地。

不论是选择领域还是选择行业，很重要的一点是不仅要把目光停留在今天兴旺发达的领域和行业上，更多的是要能预测此领域、此行业在明天能否还朝阳依旧。

举一个例子。中国作为全球新兴市场的代表国家，在经历了多年的GDP高速增长、人民生活水平逐年提高的繁荣之后，中国人的经济能力大大提高，对健康的追求与投入成为不可阻挡的大趋势。所以健康领域将在未来十年保持高增长这个判断几乎是没有悬念的。而城镇化的加速、日益普及的流行生活方式、国家医保覆盖面的不断扩大等因素，必将成为制药行业——健康领域中的支柱行业的重大利好。同时，我们也注意到，随着精准医疗概念的深入，老百姓对个体化医疗的了解日益加深，所以投身这个行业应该是不错的选择。

选对了领域和行业，加入到该行业的哪一家公司更是大有学问。

应该综合研究并把综合评分高的公司作为自己以后跳槽的目标。说到行业内的高综合得分公司，大家往往容易想到领头羊公司、高大上的公司，这确实是一条思路。加入业内前几名的公司，可以提高眼界、增加见识，名声也好听，这是传统思维。

其实，我们的思路可以更开阔一些：在选择公司时，除了考虑名声和规模大小外，还有很多重要的因素应该考虑：例如公司的后续产品线，公司被并购的风险，公司领导层在业内的影响力等。对很多靠技术吃饭的公司来说，创新是生命力，后续在研产品线是公司可持续发展的源动力。如果后继产品乏力，即使该公司今天还很风光，明天也未必有前途。

如果该公司是上市公司，可以上该公司的网站去看看投资人对该公司产品线的评价，并留意该公司股价过去几年的表现，公司领导层在媒体的活跃程度往往也说明了该公司在业内的影响力。

中型及小型公司有时存在被并购的可能。其实并购本身对公司并非风险，而往往是利好，因为并购往往是大型公司吃掉竞争对手或寻找互补产品的手段，被收购公司的投资人有可能因为此次并购而获得丰厚收益。但公司并购对被并购方的员工来说是风险，尤其当两家公司的产品线相近时，裁员风险很高，而被并购的一方被裁员的可能性更大，况且，两公司行政职能部门一定会有重叠，并购后几乎不可避免要削减人力成本。当并购发生的时候，风险与机遇并存，所谓"乱世出英雄"，是否应该加入这种有并购可能的公司，很大程度上看自己所处的人生阶段、自己的综合实力，还有家庭的风险承受能力。

年轻的时候，年龄就是最好的资本。若自己实力强，在行业内抢手，则你身处什么样的"乱世"都可神情自若；若你是家庭唯一的收入来源，老的小的衣食住行都绑在你身上，那么在你择业的时候，在现阶段确保风险可控是明智之举。

领域、行业、公司都选好了，恭喜你，思路清楚！但做一份工作，最终还是要落地的，工作时你是要向具体的某个老板汇报的。

如果你有选择（在你职业最初的几份工作中，你可能完全没有选择），这个选择非常重要。跳槽的过程就是重新选择老板的过程。通常老板可以左右你职业发展的上升道路，以及你未来的学习机会和曝光机会，可以说，老板很大程度上决定了你的职场幸福指教，所以，在可以选择老板的时候，一定要睁大眼睛，看个清楚。

选择老板可以本着几个原则：第一，肯提拔下属，给下属发展机会。第二，勇于担当，善于保护下属。第三，在公司内有影响力，能要到资源。第四，综合人品好，业内口碑好。

跟着这样的老板，只要努力，通过自己的优秀成绩与老板建立起互信，你的职场路会越走越宽。所谓"你只负责精彩，其他老板安排"。

▶ 对职业的前瞻性眼光

在职业规划的时候，前瞻性眼光至关重要。这我在《车行老司机点醒我的8个人生道理》一文中有过详细解读。前瞻性眼光需要的是对职业未来趋势的正确理解和解读，核心是得确认职业的难替代性。没有任何一个职业是完全不可取代的。但是职业难度是有门槛的，自己的价值若在门槛之上，便具备了竞争力。

在互联网泡沫的1999年，我先生曾和我说过：十年后，得益于互联网，许多职业都得消失。他点名的几个职业今天看来不是已经退出了历史舞台，就是正在走向独木桥。

快餐店的点菜员是他当时举的一个例子。我在机场和许多地方已经见证。餐桌上人人一个iPad，顾客用iPad点餐，去前台取餐，用自助机自主结账，吃饭前后不见服务员。共享经济诞生了诸多新职位，却也挤掉了无数的传统饭碗。爱彼迎（Airbnb）成为世界上最大的没有一间客房的房源平台，优步（Uber）则俨然一个没有一辆出租车的全球出租业巨头。

在人人隐身互联网的今天，我们应该时时思考的是：我从事的工作五年、十年后是否还存在，若答案不是肯定的，趁早找资深的行业专家咨询并进行相应充电，让危机感驾驭你的行动力，从今天做起。从这个角度讲，保持终身学习力，才是真正持续的竞争力。

职业选择时还有许多其他因素要考虑。比如兴趣应占多少比例，毕竟，能够"选我所爱"是需要通过持续努力才能得到的奢侈项；再比如选择职业时怎样才算是生活和事业的平衡；还比如职业选择时可以怎样借力？

职业选择是职场人的大作业。当然，只有优秀的人才能有主动选择权，业绩平庸的人永远都处在担心自己是否被选择或被放弃的惶恐之中。所以，把自己变得优秀才是最重要的，干一行，爱一行，专一行，精一行，在每一个岗位上都应把自己的努力最大化，力争成为专家。如果做到了这一点，会有很多橄榄枝向你伸过来，你将有许多选择。

你有选择说明你被需要，被需要是幸福的。生活如此，职场更如此。

脆弱时刻，我曾获赠的金玉良言

周六的晚上，我躺在沙发上，脑子里回想起这些年让我获益的金玉良言，特别是在那些脆弱和迷茫的时候获得的前辈辅导。这些指教，有的循循善诱，有的一针见血，既客观又感性，既有战略高度，又有实操可行性。我把它们梳理出来，一来供持续自省，二来供大家参考。

▶ 当遭遇挫折

几年前，在几个月的时间里，我接连遭遇不顺利，像是被魔咒包围。"喝凉水都塞牙""躺着也中枪"大概就是那种感觉。前一个跟头还没爬起来，就又撞上另一个趔趄。我感觉身上的正能量在被一点点消耗，拍桌子骂娘的心思开始泛滥。好在理智始终没有缺席，我决定寻求帮助。

A 是我信任也信任我的大佬，他是犹太人，智慧犀利。我和他约了1个小时的时间。结果他在见面开场时就和我说："我把后面的会议推了，所以你不用赶时间，慢慢说，我们把话说透。"这一句话，已经给了我巨大的精神鼓励，我慢慢地梳理着最近发生的事，和盘托出我心里的不解和苦闷。

他认真地听了我的诉说，中间问了不少问题，支了不少具体招数。谈话最后，他和我说："其实，一桩桩事情都是真实存在的，貌似你也有理由愤怒拍案，但是，你显然已经被自己的情绪劫持，钻进了牛角尖，带着这样的心态，本来你有理的事情，怕是也会落得各打五十大板的结果。所以，送你一句话：When nothing goes right, go left（这句话译成中文就是：换个思维，从牛角尖跳出来）。"我好像额头上被点了酒精，顿时清醒。

之后，我用了两个月的时间，调整心态，拿出耐心，把问题逐个解决，世界再次柳暗花明。我和他约了个午饭时间汇报近况，他由衷地为我高兴。茶足饭饱之后，他给我浇了一小瓢冷水。

他说："上次只和你说了上半句，今天补上下半句：When everything goes right, nothing is left（中文的意思是，等所有事都顺风顺水时，可期待的好事可能也就所剩无几了）。"这两句话合在一起，精华其实就是宠辱不惊方能渐行渐远。午饭后，我从网上下载了他说的那两句话，电邮给了他并附上了我的理解。

前一句告诉我们，当诸事不顺时，眼里见到的具体事情都是黑暗的，但只要稍退一步，就会发现大环境中还是有明亮的一面，只要你善于发现、善于利用。后一句告诉我们，当一切皆顺时，映入眼帘的都是阳光与明亮，但黑暗很可能也隐身在背景中，随时准备渗透，需提高警惕。A大佬即时回复了我的邮件，连着三个大拇指赞，我小有得意的同时，一直用此哲理自勉。

▶ 当遇上坏人

多年前我曾遭人排挤算计，我真实地领教了这世界上确实有天上掉下来的坏人，骨子里冒坏水的小人。

B领导看得明白，约我喝了场下午茶。他和我说："如果你觉得有人排斥你或者不如你期望的那般友好，别放心上，让大格局指导你的方向。我们生活在一个充满竞争的社会，有胸怀者得天下。当你用以德报怨的心态对待小人，即使小人不买账，别人门儿清着呢，这可是建立个人品牌的好机会，用好它。还要注意，只选择值得打的仗去打，选择性争取，选择性让步，选择性大胆挑战，选择性暂时失语，有取有舍才有可能做到真正的收放自如。"

我谢过B领导后,发挥了点阿Q精神,鼓励自己:我们要成功,需要朋友、需要好人,但是要取得巨大的、长久的成功,可能更需要敌人和小人,他们让我们动脑,让我们保持机警,让我们发挥正常情况下用不到的潜能。在和小人周旋的过程中,我们学会了擦亮眼睛,提高格局,自我治愈,充电再战。心结解开了,便能继续与人为善。

▶ 永不失去锋芒

我一度吃了"大胆说话"的亏以后,开始告诫自己要小心谨慎。C老大观察了一段时间后问我:"你是否为了'维稳'而收起了锋芒?"我点点头。

他说:"做你自己,没锋芒就不是你了。大胆去干,觉得对的就去做,我是你的空军,你是地面部队,你不必每一个碉堡都拿下,只要拿下的多过错过的,我就永远是你的清障保护伞。"他是这么说的,更是这么做的。这么多年,每每忆起这段情景,我仍会热泪盈眶。

这件由"锋芒"引起的辅导涵盖了三个关键信息——

第一,一定要通过努力先拿下几个碉堡,才有人愿意当你的空军。

第二,有了空军保护之后你要加速前进,拿下更多碉堡,如此良性循环,你会幸运地遇上不止一个愿意保护你的空军,因为你让空军有成就感。

第三,当你混到具备当空军资格的时候,就多付出些精力来选拔、培养精锐部队,保护提携,共同制胜。

▶ 初来乍到咋处事

多年前我踏上一个新岗位时,前老板D谆谆教导:你的脑力、思维和执行力都是你的强项,但请记住,任何优点发挥到极致都可能自伤。在履新时,若使用不当,长处也会引起祸端。你初来乍到,不要急于表达,提醒自己要慢半拍。因为你若既快又说对了,有人也许会因为不阳光的心理,滋生嫉妒甚至怨恨,从一开始便对你设防。你若图快说错了,会落下莽撞和无知的恶名。所以,先把你的大小聪明暂时存放在脑子里生利息,虚心当好大海绵,把你的好奇心和学习意愿调到最高档。腹中多料者永远走得远。

他的结语是有知者无畏,超有知者永远得赢道。D老板送了我一个钥匙扣,上面写着"The harder you work, the luckier you get",译成中文是"你越努力,越会被幸运眷顾"。

我想起了一句话:只有付出十分努力,才能看上去毫不费力。的确,有些貌似运气好,实则是爱拼才会赢。这个钥匙扣我一直使用着,我在哪它在哪,印在上面的那句话成了我的座右铭。

▶ 表态需如高端定制

一次重要决策会后,F老大把我叫到一边。他说:"能不能改一改你身上中国式的孔子作风(这里F把Confucianism用他蹩脚的中文直译了),你可以更奔放,更大胆,更直接,更霸气。"

他说得我摸不着头脑,一直以来我的个人品牌似乎都是大胆敢说,直奔主题,这是哪儿跟哪儿呢?不过我缓过神来后第一反应是先纠正他的说法。我说:"在这个上下文中Confucianism不应该译为孔子作风,而应该叫儒家思想。"

老大虚心表示接受,不过他接着说:"让我不带拐弯儿地给你一步到位的反馈。"他说:"我们刚才做决策时,大家众口一词,做出了一个决定,明明有显著瑕疵,结果没人出面反对。你是唯一敢于挺身而出唱反调的,我当时很高兴,但你的说话调调要改一下。"

哦，这下我想起来了。当时说的是一个投资产品的机会，大家都赞成。我根据以往经验，觉得大家对结果预估太高，对投资回报比太过乐观。但当时会议议程紧急，即将结束，我没有时间逐条分析为什么不该这么高，就说了一句"My gut feeling tells me this is too optimistic"，译成中文就是："我的直觉告诉我这有点太乐观了。"

F老大提醒我：你的个人品牌向来都是靠数据说话而不是靠直觉。你在时间有限但又必须表态的时候要说"My experience tells me"（中文叫作"我的经验告诉我"），而不是"直觉告诉我"，因为经验是基于你的商业智慧及无数的临场实践得来的，虽然直觉很多时候也来自经验，但是，如果讨论桌上有人对你的职业经历和丰富经验不了解的话，他们可能未必把你的直觉当回事，所以，在重要的商业讨论会上，还是要记住把你内在的自信通过言语的霸气传递出来。F老大真是一针见血，本人照单全收！

反思一下，在不同场合的表态，就像时装界的高端定制，需要款款不同。该留余地的时候，把话说圆；事关重要商业决定的时候，则必须旗帜鲜明、斩钉截铁。至于何时做缓释胶囊，何时做连发子弹，你的选择皆在历练中。

▶ **反思使人进步**

G是我无比敬重的知性女高管，做什么像什么。我曾经问过她有没有什么小习惯让她受益，我想借鉴。

她几乎是脱口而出："每个周末，拿出5分钟做个小功课，反思一下这个星期做得对的和做得不对的事，想一想若有机会重新来过，哪件事你会有所改进，因为这个是自我反思，不必向任何人汇报，所以对自己诚实是这个过程的灵魂，否则就失去了意义"。

然后，她话锋一转，说："别忘了咱们忙活半天是为了啥，当好妈妈才是第一要务,别只对工作精益求精,要经常抽空想想怎么样可以把妈当得更出色。We always can be a better mom."最后这句话真的是亮了。这些年,我经常提醒自己,任何职场常青树都有退休的时候,唯有当妈妈是个永恒的职业。

这么多年来,我最感谢的,是这些不断给我提携的亦师亦友的领路人。他们是我的职场空调,冷的时候给我温暖,热的时候又跟我吹点冷风。当我泄气的时候给我打气,当我得意的时候给我提醒。我把这些辅导消化并提炼,自己受益的同时,也帮助下属、教育孩子,让这些智慧发挥雪球效应,越积越大。

也许有人会问:去哪里找那么多指路明灯?

答案就是:自己先把事情做好,赢得个人品牌,你越优秀别人则越愿意伸出援手。同时,把前辈的教诲付诸行动,并及时反馈,会使提供辅导的人受到鼓励,以后还愿意给你提供帮助。如此良性循环,在职场升级的道路上,我们会越行越远,越走越高。

在薄情的微信朋友圈中深情地活好

那天,一个前同事给我发短信问:"姐总,新老板驾到,同事们都加了 Ta 微信,我觉得我也该加,但是不想让 Ta 看到我个人生活的很多面,我在朋友圈挺活跃,我不了解新老板,暂时也没兴趣和 Ta 走太近成为好朋友,怕 Ta 看到我丰富的生活误解我对业务不够专注,你懂的。我到底该不该加 Ta 微信好友?"

首先交待一下,这个前同事,不算太外向,生活很精致,由于家境好有点小奢侈爱好,不是自来熟,但人品好、工作能力强,同事中间,有很欣赏她的,也有羡慕嫉妒恨的。她是个别人需要点时间发掘她的内秀以建立互相信任的同事。"姐总"一称呼就是她几年前发明的,当时她说"叫姐不够尊重,叫总又不够亲切,以后就叫你姐总吧",这件小事说明她是心思缜密的人。

我给她的回答是:"老板的微信还是加吧,因为不加挺奇怪的,但是如果你有顾虑,从第一天起就不要把朋友圈内容对 Ta 可见,千万不要可见以后再屏蔽,那是愚蠢的。或者,你如果有顾虑,就最近一段时间在朋友圈低调一点,花点时间了解老板后再作决断。"这段对话让我感慨——有一种情商叫微信朋友圈商。

如何处理微信朋友圈,还真有些技术含量,我分享的一点一面之词,未免带有偏见,欢迎大家拍砖。

相信很多人都收到过这样的微信:"我今天被清了,你也清清吧。找到微信里的设置,粘贴我的信息发送就行了,谁的发送显示失败了,就是把你拉黑了,你扔掉那些'尸体'就可以了。"

说实话，收到这样的信息我很不舒服。"尸体"二字看得我心惊肉跳。我能收到这信息说明我没把发信人拉黑，却要接受这份充满不信任的"搜身检查"。除非是那种见个人就要拉进自己微信朋友圈的人，否则在朋友圈的人好歹远近都算是个相识的人，怎能咒人变成尸体呢！

被人拉黑或者屏蔽，心里不舒服，情有可原。但其实想想，在人人隐身的互联网时代，拉黑屏蔽没啥值得大惊小怪的。就如同手机可以拒绝某些号码，电子邮件可以选择不接受某个地址的来件一样。

只是微信有个听起来悦耳的朋友圈名分，既然是朋友，却把我拒之门外，让人多了一分气急败坏。静下心想想，别人把你拉黑、屏蔽无非几个原因，对号入座，心结可能就解开了——

▶ 人家压根就没把你当朋友

也许当年你请对方加入你的朋友圈时，对方不好意思当面拒绝，加你是为了不驳你面子，事后搞个小动作把你屏蔽，不管什么原因，反正人家谢绝你参观 Ta 的生活。这种不爱理你的人就别去打扰了，免得赔了笑脸还失了尊严。

▶ 不方便

不方便的时候多着呢。某些上级和下属之间就是典型例子。试想想，朋友圈本来是个放松的小圈子，弄个老板在暗处盯着，让人写个东西、发个照片都得思忖半天，偶尔想狂妄一下还怕老板给上眼药，多累！所以，领导请见谅，您老人家还是别看我在虚拟空间瞎掰了吧。

这当领导的也是难做，一堆下属在圈儿里，说个话都得摆个谱，哪句话说得不够正经会被人说掉份儿，想晒张和家人的照片，却正好满足了某些人的偷窥欲,什么他老婆长得丑,她老公一点都不帅,这孩子咋捡了两人缺点长之类的唾沫星子能把人淹死,所以干脆不和你们玩儿,图个清静!

普通同事、朋友之间也可能有些不便。只要在同一个朋友圈里,厚谁薄谁都不好办。赞谁评论谁都会被放在阳光下晒着。这是个讲究面子工程的人情社会,网络上公开的亲疏冷暖并不是人人都能吃得消的。所以,拉黑、屏蔽几个敏感人物也算是避嫌的策略之一。若想传情达意,还是见面好成一家人吧,在虚拟世界,咱们还是默默地老死不相往来吧。

若被早都快忘了模样的初恋情人或是旧日相好硬拉进朋友圈,则更尴尬。不忍心让你看到没有你的日子我过得很潇洒,不想刺激你脆弱又想八卦、比试的玻璃心,因为不仅俺老公比你帅,俺媳妇比你美,更重要的是,俺自己天天都在朋友圈精彩绽放。所以,出于好意,还是请你不要涉足我的生活,连虚拟空间也不要。

▶ **你发的东西没水准**

那些精神垃圾,占用我花真金白银买来的宝贵流量,占用我本来就不大的手机屏幕。分享的内容今天是明星八卦,明天是耸人听闻、不着边际的所谓惊天内幕,后天就满屏充斥负能量,这个不顺眼,那个不公平,把受害者心态赤裸裸地暴露在朋友圈。你真该好好感谢那些至今还没把你踢出朋友圈的人,而不是去咒骂那些拉黑、屏蔽你的人,人家没做错!

▶ **无心的错误**

我就干过这事儿,归咎于儿子。有一段时间我偶然发现很多原来朋友的信息看不到了,仔细查看原来是不少朋友被我在毫不知情的情况下拉黑了。大概是儿子觉得手机上的绿格好玩,无意中替我拉黑了不少人,我虽挽救了不少,但到今天我也不知道是否还有朋友还在被儿子打入的"黑名单"里。

这虽是小概率事件,却非不可能。我的微信朋友圈名单通常是经严格甄选的,在群里的都是朋友。若每个被我无意拉黑的朋友都恨我入骨的话,俺在朋友圈没法混了!

微信这个强大的社交平台处处透露着世界,处处折射着人性。和所有其他事情一样,微信分享讲究适度。

这个度,见仁见智。但总有几个大原则——

数量的度:如果你有正规的工作,动辄每天十条二十条的分享会给人你工作不卖力和你对信息不过滤的负面印象。

质量的度:微信朋友圈是个人名片,是适时适度抒情的平台,是和朋友们保持互动的频道。既然如此,稍微花点心思,确保自己的分享有基本涵养和技术含量是对自己个人品牌的保护。

点赞的度:说微信分享,不能不提点赞。自媒体的最大优点就是可以刷存在感,点赞无疑是为你的关注留下正面的证据。点赞可是个技术活儿,因为不同人发的东西水准实在是相差十万八千里。若坚持心里的点赞高标准,则必然对朋友厚此薄彼,在透明的网络世界里,这是要得罪人的。

我读过有的人的烦恼倾诉留言:"某某明明是我闺蜜,她的朋友圈我经常关注点赞,为啥她从来不在我的朋友圈发声呢,她在别人的朋友圈里可活跃了!"得了,这点赞变成了礼尚往来的工具,变成了隐形的礼物,有来无往非礼也。

想来也不无道理,点赞被生生赋予了好比贴近领导、关注下属、保鲜友情等诸多功能。可这"赞"和世间万物一样,用得多了就滥了,好比处处留情等同于滥情,处处点赞意味着失去了标准。

与其不加选择地蜻蜓点水般平均用力、处处留赞,落下个"职业点赞党"的名分,不如花点时间多读些深度好文,用心写几句评语会更彰显个人水准。因为加了心思的评语,是对朋友真正的关注和时间给予,而给予是最好的沟通。

网络世界里,咱别太较真儿。拉黑、屏蔽与点赞,是咱无法掌控的别人手指间传递的冷暖,耿耿于怀浪费太多脑细胞。

微信朋友圈这事儿,你情我愿是底线,礼尚往来是中位线,推动友谊、成就他人是天际线。忙碌的我们,无法天天活在天际线,能活在中位线,生活就已很美好。咱也别忘了尊重别人的底线,拉黑和屏蔽,就是人家不愿意了,随它去吧!

一件事,想不通是自寻烦恼,满腹凉薄;想通了就是面朝大海,春暖花开!

车行老司机点醒我的8个人生道理

讲个轻松点的我在美国亲身经历的小故事。中间贯穿的,是放之四海而皆准的职场大道理。平平常常的一番对话,貌似一桌家常便饭,营养却不啻一锅鸡汤。

话说有一天我去车行做保养,车行有专车送客户回家。司机是乐呵呵的老先生。我和他说:"你的名字若翻译成中文,可以叫马文,有能文能武的意思。"这把他美得够呛,以至于他和我聊了一路。征得了他的同意,我把它写出来与大家分享。老爷子说的虽是大白话,却句句经典,真是个活得明白的好老头。

四十多年前,马文高中毕业即参军服役四年,其中两年是在越南战场的枪林弹雨中度过的。经历生死考验之后,他并没有落下及时行乐的"后遗症",而是把亚洲人吃苦耐劳的优秀品质完全移植到了自己身上。在亚洲生活的两年,他看到了太平洋彼岸完全不同的世界。

他年轻的时候就有"过好日子时要为难日子做准备"的忧患意识,这和许多从未出过国门的美国人是完全不同的。他说:"勤劳节俭,不向命运低头,用双手改变自己的生活是他从亚洲得到的最好的人生馈赠。"他还说:"有文化可以吃文化饭,我没多少文化,照样可以发挥优势,过上不差的日子。"

启发之一:行万里路堪比读万卷书,增见识,长志气,会换位思考,更善付诸行动。学历不足,实践来补,市井聪明有时比书本聪明更重要。

马文退伍后结婚,太太在美国著名的零售巨头 Target(塔吉特)公司当售货员。马文当兵时曾在每天辛苦操练的同时,找战友帮忙,简单学过修车。他凭着这点特长和太太朋友的介绍，前一天退伍，第二天就在 Target 公司的汽车维修部找到了换机油的工作。在别的退伍军人还在为生计发愁时，他已经开始了新婚和新工作双喜临门的崭新生活旅程。有心的他，又在换机油时偷师学艺，把修车的活计了解了个差不多。

启发之二：朋友多了路好走，关系介绍最靠谱。交对朋友是通向成功康庄大道的有效门票。艺多不压身，多一门手艺就多一只饭碗，多一项技术就多一个机会。

干了几年后，马文发现美国有些地方开始出现专门经营某款名牌车的专业车行，决定放弃 Target，去投奔新机会，到名牌车行去工作。太太不同意，说零售巨头保险系数高，是铁饭碗，放弃这个去加入车行太冒险，天知道名牌车行能不能活下来，能活多久。他说太太只会围着锅台转没眼光，又劝太太说美国经济正走向好转，买好车的人会越来越多。还拿着夫妻俩要分散就业风险，不能在一家公司工作等道理说事儿，说服了太太，加盟了他后来一干就是三十年的专业车行。

结果呢，Target 汽车维修部因盈利不佳，被公司作为非核心业务剥离，不久后就彻底关门了。而他加盟的车行越做越大，从当初的几个人发展到现在的几百号人，这个规模对车行来说真的不小了。

启发之三：貌似安全的真不一定安全，风险与回报永远成正比，年轻时年龄是冒险的资本，该跳出去时就要跳出去，前瞻性眼光是影响职业生涯的最重要因素。

这里讲一个小插曲，他说他太太像很多女人一样只会围着锅台转、完全没眼光时，我和他说，中国也有个如出一辙的揶揄女性的说法，叫作头发长见识短，你真的这么看吗？老爷子机灵地眨眨眼说："当然不！我女儿可优秀了！"我和他开玩笑说："同是一家人，在你这里评价相去这么远，何况你优秀的女儿有一半基因来自你太太，这样说你太太不公平啊！"

启发之四：人人都有偏见，很多是无意识偏见，如这个例子中马文明显的偏见，老婆是人家的好，孩子永远是自己的最好！职场上，也往往是这样，哪个人和我们秉性脾气接近或者哪个优点突出，我们就容易偏心而把优点扩大化，反之亦然。偏见有时会严重影响我们的判断和决策，我们需要经常自省，调整自己的无意识和有意识偏见。

话说这位老爷子三十年中从在车行洗车做起，到转岗去卖零件，到做普通维修，再到最核心的精修。直到几年前，马文开始对全电脑化诊断维修有些力不从心，却想继续为车行发挥余热。他跑去找老板，自荐做接送客人的专职司机。他说："我最大的优点是长了一张有安全感的脸和有一副稳重柔和的脾气，我的年龄也会让客人直觉开车不会冒失莽撞。咱的客户都讲究，我本人就代表着出入平安。"老板一下子就被他说服，老爷子乐呵呵地在六十多岁的年纪干起了接送客人这一行当。

启发之五：一定要在不同的职业阶段对自己做精准定位，最关键的是要巧妙地把自己的定位"卖"出去。站在领导的角度想，你能给 Ta 带来什么价值，同时自己又能获益，这样的双赢才是最好的谈判砝码，才是成功出售自己的关键。

我问马文这三十年在车行工作印象最深的是什么，他说是车行奖励他的欧洲之旅。十年前，他有幸作为优秀员工，被公司奖励去德国总部参观并附带欧洲旅游，那荣誉之旅使他终生难忘。

启发之六：奖励机制中，金钱不一定是最好的，制造一场难忘的经历可能是更好的褒奖，这种激励效应长久，且有巨大的传播效应。

你看，连我这八十竿子打不着的外人都知道了这个车行厚待员工，多么划算的公司免费广告！

下车时，我给了老爷子十美元小费。我说："我该谢你，因为和你聊了一路，一篇职场随笔已经构思成型，这点钱算我的心意。"老爷子说："真是谢谢，我有份不错的工资，送你本是我的本职工作，你却给了我额外的惊喜，你把我的一天点亮了！"

启发之七：感恩所有帮助过你的人，你的职场幸福指数会保持在高段位。

其实，在我们的对话中，马文说的这一句话最击中我的心：我能从战场回来，我的每一天都是赚来的，得好好过。

最核心的也是最有亮点的启发之八：只要活着，生命就有无限美好的可能。成长就是学会全面接纳这个世界的过程。

不论生命今天是给你一束阳光，还是明天突然晴转冰雨，让你从头到脚彻骨寒冷，你都要奋楫笃行。沐浴美好时咋办？不得意忘形，告诉自己，任何命运的馈赠，都暗中标着价格，你没比别人聪明多少，趁天时地利人和，继续流汗过生活；遭遇劫难时咋办？面对，承认，放下，前行。绝不组团当怨夫怨妇，更不与生活死磕。风雨兼程时，需要携暖前行，那就温一壶酒暖身，打起精神，消耗点卡路里，再抖擞上路。生活从来不负宠辱不惊之人，职场又何尝不是如此呢！

留美20年，一路走来的4点置顶提示

写这篇文章的灵感来自前几天发生在我家里的一件事。正在申请大学的儿子接到了一所不错的学校的来信，要他提供额外信息。这是好事儿，说明人家对儿子有兴趣。他写好了，说给我这个业余作家看看，让我提提意见。我一看就气不打一处来，他写的内容平铺直叙，三言两语，纯属没有热情、没有逻辑、没有特点的"三无"产品。

我机关枪似地发问："你若真对这个学校有兴趣的话，就麻烦你用心去写。制造点高潮，让你能从众多的竞争者中脱颖而出。如果我是招录官，我会立马把这份材料扔进垃圾桶，因为非常明显，你没用心、你不在意、你缺乏动力！"枪林弹雨横扫过去，把儿子说哭了，他和他爸爸说："我在妈妈眼里好像一文不值。"他带着委屈又写了一稿，放在我桌上，我也没理他。

实情是，我那天正遇上两件棘手的烦心事，儿子不巧撞在了枪口上，成了我的出气筒。

睡了一觉，我后悔不已。第二天果断诚心诚意地面对面向儿子道歉。我说："妈妈昨天经历了别的麻烦事，对你撒气的悍妇行为完全错误，我们一起再来过。"我认真地给他提了一点建设性意见，他把材料及时修改好发了出去。看得出儿子理解、信任我，没因这件事对妈妈存有任何芥蒂。

▶ 认识面子的平等和里子的平衡，针对性做有用功

我做了一场自我反省。这种家长与孩子之间真正的平等意识，及

时认错、纠错的意识是我到美国以后逐渐耳濡目染形成的。家长放下身段，放下强权，非但不会削弱威信，反而会赢得孩子的尊重。家是个连理都讲不清的地方，尊严多数时候没用。

鼓励孩子和我们平等对话，培养他们挑战权威的信心，这是从根本上帮助孩子树立自信。这也是美国亲子文化骨子里的东西。在美国的教育理念里充斥着"平等合理"的诉求。

例如幼儿园里小朋友抢玩具，老师调解时第一句是问："谁最先拿到这个玩具的？"认为谁先拿到就归谁先玩。

再如，美国家长在孩子很小的时候就把他们当成独立个体而通过讲道理来说服和教育孩子。孩子若不肯吃饭，父母会说若不吃饭，今天就不会有任何零食，让孩子做出选择，并恪守定出的原则。结果是，美国的孩子要达到什么目的，会学家长稚声稚气地讲道理、讨价还价，"讲理"训练从娃娃抓起。

同样的，所谓的追求平等也适用于职场。作为非美国人浸淫在美国企业文化中多年，我认识到面子上的平等和里子上的时而平等时而不平等，并明白了有的放矢地去做有效努力很重要。

面子上的平等让人很舒服，比如我们从来都可以直呼CEO的名字，不用加某某总、某某博士等头衔，直接叫名字亲切自然，也直观地拉近了平等的关系。

里子上的时而平等，比如在公司的绝大多数会议中，不需太过顾虑级别关系，可以提出异议、挑战权威，只要你讲得有道理，就可能被采纳。

里子里的时而不平等是多元的。首先，在跨国公司，语言是我们的劣势，而在职场上没有人会因为英文不是我们的母语而对我们网开一面，所以就可能出现讲母语者其实仅有六分内容，却可以渲染成十分，而我们明明有十分内容却被折扣成六分的情况。再者，种族和文化的差异自然形成它的圈子，这是无形的隔阂。很多职场的重要决定并不发生在会议室的公开讨论中,而是发生在酒吧的同事聚会或者无数个一对一的老友式职场谈话中。

我们对这种所谓不平等要做的是放平心态,跨国打拼是我们自己的选择,积极适应比仅仅被动的诟病有意义得多。我们可以找另类突破口。我会把有效进行职场交际单独撰写成文作专题讨论。

在非自己母语的国家打拼,可以从逼自己走出舒适区开始,从团结其他少数族裔开始,从主动邀请当地同事吃饭聊天开始,从恶补我们从小没有接触过的红酒文化、橄榄球规则、民主党、共和党理念开始,共同的谈资多了,距离自然拉近。同时,一步步用自己过硬的工作表现赢得尊重,成为本领域的专家。你肚子里越有料,你的职场不可替代系数就越高。

▶ 置之死地而后生的能力

我初到美国学习和初入美国职场的经历到今天仍然历历在目。到一个陌生的国家留学或者工作的根本意义在于,有准备好对自己进行全面碾压的勇气:从语言到智商,从适应能力到抗压系数,从对抗孤独到愿赌服输。

把自己想象成一个弹簧,即使暂时遭受挤压,只要你是那块材料,暂时的困难反而会锻造你的韧性,日后一旦发力会像优质弹簧一样实现大的飞跃。这一切,需要打碎自己的玻璃心,不把自己太当回事儿,脸皮厚点好走路。

还记得我刚到美国做博士后时,自认为英文还不错,结果要当助教时,发现基本的英文口语都差别人一大截。现在想起来,我很感恩那些被我辅导的哈佛本科高材生没有去投诉我,因为我蹩脚的口语时时词不达意。我当时意识到口语这个严重挑战时,找了俩美国女孩做分租室友,我邀请她们分享中国美食,她们帮助我纠正口语、讲解文化。彼时克林顿性丑闻正传得沸沸扬扬,堂堂大国总统被要求向全世界坦白最难以启齿之事,全面颠覆了我的所谓价值观。室友们给我解释美国司法系统,帮助我理解晦涩的法庭语言,这简直是免费美国文化速成!

刚入职场时,在偌大的会议室,明明我是这个小领域里面的小专家,却没法准确地把专业术语与日常用语连接起来,形成口语化表达,总是感觉隔靴搔痒。后来我用了一个笨办法,在会议室里我把美国同事说的话全部速记下来,回去死记硬背,学人家怎么把一个概念讲成故事,照葫芦画瓢。苦练两年,偷师学步成功,我套用他们的表达方式,换上自己的业务概念,并且利用良好的中文表达基础,强化讲话逻辑,更简练、更直奔主题。

直到今天,我还要求两个儿子纠正我的英文发音和口语表达,两个小老师以给我挑刺儿取笑我为乐。我经常反击他们:"你爹你妈带着半生不熟的英文和两个箱子到美国,你俩小子语言无忧、生活不愁,胆敢不比你爹妈做得更好,小心收拾你们!"哈哈大笑之后,儿子们也有了不少同理心,他们总是乐于帮助国外来的同学和其他有需要的朋友。

▶ 终身学习,培养综合竞争力

学习是一场终身的修行,而兴趣和好奇心则是修行的最大动力。

美国作为世界上最发达的国家,几乎天天都有新生事物产生,金融、政治、经济、制造、创新、高科技……或好的或坏的。勇于打开自己的头脑天线,广采博收,一辈子抱着海绵心态,吸收新知识、新理念,会取得职业的不断进步。

其实看看我们进入职场后做的工作,有多少是与学生时代的学习直接相关的?恐怕一半都不到。职场上真正考验的,是我们的终身学习能力。非主流学习带来的收获和培养的领导力往往才是一个人的综合竞争力。有了这些,你会更快地接受新知识,保持终身的学习力。而且，因为知识面广，你往往会成为一个更有趣的人，而这，才是职场上愈行愈远的核心竞争力。

▶ 心怀谦卑，又保有自信

生活如此，职场更如此。

因为见过最高精尖的人才，见过最多元的思维和创新，我们会意识到其实自己知道的那一亩三分地儿是多么渺小，我们的未知远多于已知。这种谦卑会让我们保持持续的学习心态和求知欲望。

从另一个方面讲，因为我一路走来，边学边看，所以取得了一些见识；因为我闯过舒适区，挑战过自己的能力甚至极限，所以即使遇到陌生的东西，碰到从未接触的难题，也可以结合经验，通过联想和对比，作出合理的猜测和解释，离答案愈行愈近。增长阅历，是我积累自信的过程。

如果问我出来闯世界最大的收获是什么？我会说：长见识。行过万里路，会让你有资格去评判、去挑战读过的万卷书。职场上，实践为王，实实在在地做出了业绩，你就有底气去挑战理论，甚至建立自己的新理论。

图书在版编目(CIP)数据

决战职场:跨国公司总裁邢军给你的贴心忠告/邢军著. —上海：复旦大学出版社，2021.10
(2021.10 重印)
ISBN 978-7-309-15950-9

Ⅰ.①决… Ⅱ.①邢… Ⅲ.①成功心理-通俗读物 Ⅳ.①B848.4-49

中国版本图书馆 CIP 数据核字(2021)第 190300 号

决战职场:跨国公司总裁邢军给你的贴心忠告
JUEZHAN ZHICHANG:KUAGUOGONGSI ZONGCAI XINGJUN GEI NI DE TIEXIN ZHONGGAO
邢　军　著
责任编辑/刘西越

复旦大学出版社有限公司出版发行
上海市国权路 579 号　邮编：200433
网址：fupnet@fudanpress.com　　http://www.fudanpress.com
门市零售：86-21-65102580　　团体订购：86-21-65104505
出版部电话：86-21-65642845
上海盛通时代印刷有限公司

开本 787×960　1/16　印张 22.25　字数 288 千
2021 年 10 月第 1 版第 2 次印刷

ISBN 978-7-309-15950-9/B · 748
定价：68.00 元

如有印装质量问题，请向复旦大学出版社有限公司出版部调换。
版权所有　　侵权必究